내가 사랑한 파리의 작은 미술관

아주 특별하고 멋진
파리 탐방기

내가 사랑한 파리의 작은 미술관

신정아 지음

HU:iNE

지은이의 말

마. 침. 내. 파리의 작은 미술관 탐방기 첫 번째 권을 세상에 내놓게 되었다. 책을 기획한 시점부터 치자면 거의 8년 만이다. 그사이 나는 취재를 핑계로 파리에 여러 번 갔고, 여기 소개된 여덟 군데의 미술관을 포함해 많은 미술관을 방문했다. 때로는 하릴없이 그야말로 놀며, 쉬며, 걸으며 파리 거리를 돌아다녔다. 약속된 책의 집필은 더뎠지만, 개인적으로는 소중하고 행복했던 시간이었다.

파리는 내게 특별한 도시다. 유학생으로 20대 후반부터 30대 초반까지 약 5년 반의 시간을 보냈던 곳이라 그런지 언제 가도 마음이 편한 제2의 고향 같다고 할까. 그 시절 내가 학위논문을 쓰면서 시간 날 때마다 틈틈이 방문했고, 소중히 마음에 담아 두었던 파리의 장소들은 대부분 작가의 집, 화가의 아틀리에, 미술관을 포함해 개인과 시대의 흔적이 어우러진 장소들이었다. 그런데 이번에 책 집필을 위해 여러 차례 다시 찾은 파리에서도 내 마음이 가닿는 지점은 여전히 예전과 다르지 않았다. 시간이 많이 흘렀지만 늘 그랬듯 나의 관심사는 문학과 예술, 사람과 역사에 머물러 있었다.

파리는 미술관의 도시라고 할 만큼 많은 미술관이 있다. 방대한 소장 규모를 자랑하며 시대별 걸작들을 소장하고 있는 이른바 파리의 3대 미술관, 즉 루브르 미술관, 오르세 미술관, 퐁피두센터 내 국립현대미술관을 필두로, 예컨대 아시아 미술은 기메 미술관이나 세르누치 미술관, 아프리카나 오세아니아의 토착 미술은 케 브랑리 미술관 하는 식으로 특정 지역의 미술에 특화된 미술관도 여럿 존재한다. 그래서일까. 파리 여행 관련 블로그에는 언제나 미술관에 관한 글들이 무수하게 올라오고, 서점 진열대에는 제목은 달라도 파리 미술관 답사, 산책, 순례, 탐방이 주된 내용인 수준 높은 책들이 이미 여럿 나와 있다. 특별히 코로나 팬데믹 사태가 끝나고 난 후에는 그간 억눌려 있던 여행 수요가 폭발했는지 파리의 미술관에 관한 책들이 한꺼번에 쏟아져 나왔다.

이런 상황에서 파리의 미술관에 관한 책을 또 한 권 써내는 것이 과연 어떤 의미가 있는 것일까? 이 질문은 이 글을 쓰는 내내 내 머릿속을 떠나지 않았다. 고민 끝에 내가 찾은 방법은 바로 작은 미술관에 집중하자는 것이었다. 상대적으로 규모는 작지만, 소장품의 질이나 공간 자체의 예술적, 역사적 가치로는 부족함이 없는 미술관 중 내게 각별한 곳을 골라 소개하기로 한 것이다. 그렇게 해서 일종의 '내가 사랑한 파리의 작은 미술관' 목록이 완성되었고, 그 첫 번째 파트가 독자를 만나게 되었다.

예술 작품과 오브제들을 소장한 미술관에는 때로는 그 작품들을 수집하는 데 평생을 바쳤던 수집가들의 꿈이 녹아 있고, 또 때로는 그곳에서 직접 생활하며 작품 활동을 했던 예술가들의 삶의 흔적이 깃들어 있다. 파리의 작은 미술관에 관한 글을 쓰면서 내가 항상 염두에 두었던 한 가지 목표는 바로 이들의 이야기를 놓치지 말자는 것이었다. 독자들이 이 책에서 미술관에 걸린 작품들의 가치에 더해 그 작품을 만들고 수집하고 전시했던 사람들의 삶과 열정까지 알아봐 준다면 저자로서 더할 나위 없이 기쁘겠다.

책이 나오기까지 많은 분들의 도움을 받았다. 제일 먼저 이 책을 쓰는 동안 지원과 격려를 아끼지 않고, 원고 마감 기한이 한참 지난 후에도 끝맺음을 못하고 끙끙대던 필자를 끈기 있게 기다려주신 한국외대 지식출판콘텐츠원에 감사드린다. 특히 원고를 세심하게 살피고 정성껏 매만지고 묶어서 독자들을 만나게 해주신 장혜정, 박미현 두 분 선생님과 최재영 디자이너께 큰 빚을 졌다. 파리의 작은 미술관 탐방기 두 번째 파트는 게으름 피우지 않고 빨리 쓰겠다고 감히 약속드린다. 이 책에 실린 글 중 일부를 한국외대 프랑스학과 전공 수업인 '프랑스 예술입문' 강의와 서울시민대학 강좌, 그리고 경북대에서 기획한 '프랑스 도시탐방' 특강에서 수강생들과 함께 나누었다. 그때마다 강의 내용에 관심을 표하고 성원을 보내 준 수강생들 덕분에 힘을 낼 수 있었다. 오래도록 결과물도 없이 책 쓰는 이야기를 할 때마다 궁금해하고 응원해 준 동료들과 친구들에게 고마움을 전한다. 무엇보다 책 집필을 핑계 삼아 파리에 갈 때마다 집에 초대해 맛있는 음식을 해주고, 필요할지 몰라 준비했다며 이런저런 자료를 찾아 건네던 나의 오랜 친구 로르, 사빈, 블라디와 아닉에게 마음 깊은 곳에서 우러나는 감사를 보낸다. 마지막으로 이 책을 쓰면서도 언제나처럼 '바쁘다'를 입에 달고 살던 내게 아무 말 없이 그저 일상을 함께 하고 매번 해야 할 일들과 책임을 나누는 것으로 힘이 되어준 사랑하는 가족에게 진심을 담아 이렇게 말하고 싶다.

"이 책의 출간으로 내가 무언가를 이루었다면 그건 온전히 당신 덕분입니다."

때맞춰 피고지는 꽃들이 마음을 물들이는 2024년 여름

신정아

차례

PART 1 수집가의 꿈

01 오랑주리 미술관

02
마르모탕 모네 미술관

03
니심 드 카몽도 미술관

PART 2 화가의 집

06
귀스타브 모로 미술관

07
낭만적 삶의 미술관

08
몽마르트르 미술관

PART 1

수집가의 꿈

Musée de l'Orangerie

01 오랑주리 미술관

주 소 Jardin des Tuileries, 75001 Paris

관람시간 월, 수-목, 토-일 09:00~18:00(화 휴무)
금 09:00~21:00

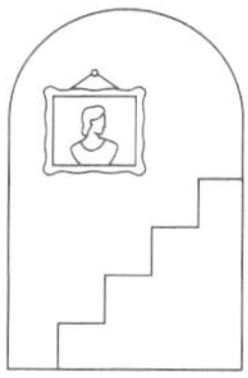

오랑주리 미술관에 가기 위해 아침 일찍 호텔을 나섰다. 튈르리 정원 한쪽에 자리 잡은 아담한 직사각형 모양의 오랑주리 미술관은 다리 하나만 건너면 도착할 수 있는 강 건너 오르세 미술관과 더불어 우리나라 사람들이 무척이나 좋아하는 미술관 중 하나다. 19세기 말부터 제1차 세계대전 발발 전까지 경제적으로 크게 번성한 프랑스에서 문화예술이 가장 찬란하게 빛났던 아름다운 시절, 즉 '벨 에포크' 시대의 작품들을 한눈에 볼 수 있는 오르세 미술관처럼 2010년부터 오르세 미술관의 부속 미술관으로 운영되고 있는 오랑주리 미술관 역시 인상주의 작품들이 전시의 한 축을 이루고 있다.

사실 말이 부속 미술관이지 오르세 미술관에 비해 규모만 작을 뿐, 특별 제작된 전시실에 모셔 놓은 클로드 모네Claude Monet의 말년 대작 수련 시리즈를 비롯해 인상파, 후기 인상파, 파리파로 이어지는 프랑스 회화의 전성기 작품들이 대거 전시되어 있어 오랑주리 미술관에는 일 년 내내 예술 애호가들과 관광객들의 발길이 끊이지 않는다. 특히 파리에 관광객이 몰리는 여름철이면 파리 시내 관광지와 명소들이 대부분 그렇듯 이곳에도 관람 시작 시간인 오전 9시가 되기 전부터 입장을 기다리는 관람객들의 줄이 길게 늘어서기 시작한다. 그래서 나는 파리에서 하루 일정 중 미술관 관람이 포함되어 있을 때면 가능한 한 아침 일찍부터 움직여 개관 시간 전에 목적지에 도착하는 것을 선호한다. 그래야 조금은 여유롭게 보고 싶은 것을 다 챙겨 보고 나올 수 있기 때문이다. 물론 하루에 두 개 이상의 미술관에 들러야 한다면, 둘 중 한 곳에서는 긴 줄을 서야 하는 수고를 피하긴 어려울지도 모르겠다.

튈르리 정원과 위대한 세기의 정원 조경사 르 노트르

출근하는 사람들로 붐비는 지하철을 타고 콩코르드역에 도착했다. 서둘러 7번 출구를 찾아 밖으로 빠져나온 후 튈르리 정원 안으로 들어선다. 눈을 돌려 바라보니 정원을 가로질러 센강 쪽 모서리에 오늘의 목적지인 오랑주리 미술관이 서있다. 시야가 탁 트인 1월의 튈르리 정원에서 들이마시는 차가운 아침 공기가 쨍해서, 그야말로 정신이 번쩍 드는 기분이다.

날씨가 제법 쌀쌀한 겨울 아침 출근 시간이 겨우 지났을까 싶은

데 정원 여기저기에선 스포츠복 차림으로 달리기를 하는 사람들이 눈에 띈다. 반면 정원 중앙의 팔각형 모양 인공 호수 주변에 가지런히 놓인 의자에 자리를 잡고 앉은 사람은 아직 보이지 않는다. 잠시 후 기온이 좀 더 올라가면 파리 사람들이 가족이나 연인과 함께 혹은 혼자서 햇볕을 즐기러 나와 저마다 의자를 하나씩 차지하고 앉아 편안한 휴식의 한때를 보내게 될 것이다. 도심 한가운데 이렇게 멋진 정원이 있다니, 대도시 파리가 내가 사는 서울과는 달리 도보 여행객과 도시 산책자에게 친화적인 공간이라는 생각이 드는 것은 이처럼 시내 곳곳에 자리한 접근성이 용이한 쉼터들 덕분이다. 다른 건 몰라도 이것 하나만큼은 파리 사람들이 참 부럽다.

동남쪽으로 루브르 박물관부터 북서쪽으로 콩코르드 광장을 일직선으로 잇고 있는 튈르리 정원은 파리 도심에 자리한 전형적인 프랑스식 정원으로 파리의 정원 중 가장 오랜 역사를 자랑한다. 프랑스어로 '튈르리tuilerie'는 기와 공장이라는 뜻으로, 16세기 궁전과 정원이 들어서기 전 이 넓은 터에는 기와 공장이 자리 잡고 있었다. 프랑스 문화예술의 르네상스 시대를 연 왕으로 평가되는 프랑수아 1세의 며느리이자 앙리 2세의 왕비였던 카트린 드 메디치Catherine de Medici가 1564년 이곳에 튈르리 궁전을 지었다. 이탈리아 피렌체의 명문 귀족 메디치 가문 출신으로 프랑스 왕가로 시집 온 왕비는 궁전의 부속 정원을 자신의 고향 이탈리아 양식으로 조성하게 했다. 1871년 파리 코뮌Paris Commune 당시 화재로 소실되기 전까지는 튈르리 궁전이 이 아름다운 정원의 주인이었던 셈이다.

한데 처음에 이탈리아식으로 만들어졌던 튈르리 정원은 17세기에 들어서 루이 14세 시대를 거치면서 완전히 프랑스식으로 변모했다. 이른바 튈르리 정원의 프랑스화를 설계하고 수행한 조경사는 다름 아닌 프랑스식 정원 양식의 창시자이자 완성자인 앙드레 르 노트르André Le Nôtre다. 그는 카트린 드 메디치의 건축가이자 풍경화가였던 피에르 르 노트르Pierre Le Nôtre의 손자로, 젊은 시절 당대 다른 예술가들처럼 이탈리아 유학을 마치고 돌아온 후, 이탈리아와는 달리 넓은 숲과 평지로 이루어진 프랑스 지형에 적합한 조경 양식을 구축하는 데 평생을 바쳤다. 그 결과 탄생한 것이 바로 기하학적 대칭과 완벽한 균형을 자랑하는, 그런 이유로 때로는 지나치게 인공적이라는 비판을 받기도 하는 프랑스식 정원 양식이다.

건축가 르 보Louis Le Vau, 화가이자 장식예술가인 르 브룅Charles Le Brun과 함께 바로크 시대 프랑스 고전주의 건축의 3인방 중 하나로 불리는 르 노트르는 재무총감 니콜라 푸케Nicolas Fouquet의 소유였던 보 르 비콩트 성을 지은 것에 뒤이어 17세기 루이 14세 시대 최고의 건축물인 베르사유 궁전의 정원을 설계하고 대규모의 정원 공사를 직접 지휘하여 환상적인 모습으로 탄생시켰다. 연대를 살펴보면, 루이 14세의 명에 따라 베르사유 궁전 정원 공사에 착수한 것이 1661년, 그리고 튈르리 정원의 리모델링을 맡은 것이 1664년의 일이었으니, 이 천재 조경사는 왕명에 따라 방대한 규모의 정원 공사를 동시에 두 개씩이나 진행하고 있었던 셈이다. 까탈스러운 성격에 건축과 관련해 요구사항이 많기로 유명했던 루이 14세의 마음에 흡족할 만한 정원을 만들기 위해 어쩌면 세기의 정원 예술가는 남몰래 수많은 불면의 밤을 지새웠을지도 모르겠다. 이런 상상 때문일까. 나는 괜스레 애잔한 마음이 들어 조금 전 지나온 공원 출입구 옆에 서 있는 르 노트르의 조각상에 조심스레 다가가 가만히 얼굴을 들여다본다. 덕분에 오늘 우리가 이처럼 아름다운 정원을 볼 수 있게 되어 고맙다는 인사를 마음 속으로 전하면서.

앙드레 르 노트르의 조각상

왕실의 오렌지 정원에서 미술관으로

기왕 이야기가 나온 김에 오랑주리 미술관으로 사용되는 건물의 역사도 간략하게 살펴보기로 하자. 이름에서 이미 어느 정도는 예측 가능하듯이 '오랑주리'라는 이름으로 불리는 이 건물은 1852년 건축 당시에는 예술 작품 전시가 아니라 튈르리 정원의 장식용 오렌지 나무를 겨울철 추위로부터 보호하려는 목적으로 지어졌다. 나폴레옹 3세의 명에 따라 피르맹 부르주아Firmin Bourgeois라는 이름의 건축가가 설계를 맡은 이 건물은 단 4개월이라는, 당시로는 기록적으로 짧은 공기를 거쳐 완공되었다.

1870년 프랑스와 독일 프로이센 왕국 사이에 보불전쟁이 발발하고 나폴레옹 3세의 군대가 참패하면서 프랑스에선 제2제정이 몰락하고 제3공화국이 들어섰다. 이듬해 봄 파리의 민중들은 프로이센과 맺은 굴욕적인 강화조약에 반대하며 봉기를 일으켰고 파리 코뮌이란 이름하에 자치정부를 세워 무정부주의와 사회주의 이념에 입각한 통치를 시작한다. 하지만 민중의 영광도 잠시, 1871년 5월 21일 파리로 진입한 정부군은 비무장 시민들에게까지 닥치는 대로 발포를 했고, 파리 전역에 바리케이드를 치고 항전하던 파리 코뮌은 처참했던 마지막 '피의 일주일' 끝에 완전히 진압되었다. 프랑스 역사상 최초의 민중에 의한 통치가 70일 만에 막을 내리게 된 것이다. 치열했던 전투 과정에서 튈르리 궁전이 화재로 소실되었다. 그 후 국가에 귀속된 오랑주리는 겨울철 오렌지 나무를 보호하는 동시에 음악회나 전시회는 물론 원예 박람회, 연회 등 다양한 행사가 벌어지는 다목적 공간으로 활용되었다. 운명의 해인 1922년이 오기 전까지는 말이다.

자, 그렇다면 제1차 세계대전이 끝난 지 얼마 되지 않은 그때 대체 무슨 일이 일어났던 것일까? 당시 81세의 노구로 극심한 시력 저하에 시달리면서도 붓을 놓지 않고 작업에 열중하던 인상파 회화의 대가 클로드 모네가 제1차 세계대전 종전을 축하하기 위해 한창 작업 중이던 대형 수련 연작 벽화를 국가에 기증하기로 했다. 그런데 관련 실무를 맡은 위원회에서 이 작품을 다른 곳이 아닌 바로 이곳, 오랑주리에 전시하기로 결정을 내렸다. 1922년 높이 2미터, 전체 길이가 91미터에 달하는 모두 여덟 폭으로 구성된 모네 말년 대작의 오랑주리 기증이 공식화되었다. 그에 따라 건축가 카미유 르페브르Camille Lefèvre는 기증자 모네의 뜻을 받들어 이 위대한 작품을 전시할 두 개의 타원형 공간을 오랑주리 안에 구현하는 데 전력을 다한다. 마침내 1927년 5월 17일 오랑주리 미술관을 대표하는 '클로드 모네 미술관'이 대중에게 공개된다. 하지만 누구보다 이 순간을 기다렸을, 빛을 그리는 노화가는 안타깝게도 몇 달 전 사망하여 자리를 함께할 수 없었다.

개관 이후 모네의 수련 대작 상설 전시와 여타 의미 있는 기획 전시를 병행하던 오랑주리 미술관은 1960년부터 1965년까지 한 번, 이어 1978년부터 1984년까지 또 한 번 대대적인 공사를 시행한다. 오늘날 모네의 작품과 더불어 오랑주리 미술관의 대표적인 상설 전시를 구성하는 '장 발터와 폴 기욤 컬렉션'을 위한 공간을 마련하기 위해서였다.

그리고 내가 프랑스 유학 마지막 해를 보내던 2000년, 오랑주리 미술관은 다시 문을 닫고 공사를 시작하여 드디어 2006년 5월 17일 기존의 상설 전시관 외에도 일시적인 기획 전시 공간과 오디토리움, 도서관 등을 갖춘 새로운 모습으로 탈바꿈하여 재개관했다. 2007년 파리에 도착해서 설레는 마음으로 다시 문을 연 오랑주리 미술관을 서둘러 찾았을 때, 어쩐지 너무나 현대적으로 변모한 이곳이 내 기억 속의 그때 그 미술관이 아닌 것 같아서 잠시 당황했던 것이 생각난다.

그로부터 한참 뒤, 코로나가 한창이던 2020년 오랑주리 미술관은 새롭게 전시실을 단장했다. 가장 큰 변화는 미술관의 한 컬렉션을 담당하는 수집가 폴 기욤Paul Guillaume이 소장했던 아프리카 오세아니아 조각에 할애된 전시실이 새로 생긴 것이고, 그 외에도 그림 간 간격을 넓히고 채광을 조절하여 전시의 편의를 더한 것이다. 실제로 2023년과 2024년 다시 찾은 오랑주리 미술관은 무언가 이전과는 다른 분위기였고 해마다 작품의 배치에도 조금 변화가 있었다. 그러나 미술관의 외관이나 내부 구조가 변했다고 한들, 혹은 전시실에 걸린 작품들이 조금 달라졌다고 한들 그게 뭐 그리 대수겠는가. 오랑주리 미술관이 소장한 작품들은 늘 오랑주리의 소장품으로 남아있을 것이고, 언제든 그곳을 찾을 때 전시실에 걸려 있는 것을 발견한다면 그것만으로 기쁘고 반가운 마음이 들 테니 말이다.

도메니카의 세 남자, '장 발터와 폴 기욤 컬렉션' 기증의 뒷이야기

프랑스를 비롯한 유럽에서 방학 기간이 끝난 겨울의 평일 아침이라 그런지 다행히 오래 기다리지 않고 미술관 안으로 들어섰다. 유리창으로 들어오는 자연광 덕분인지 실내가 상당히 밝다. 덩달아 기분이 좋아진다. 보안 검색을 마치고 표를 보여준 뒤 입장하면 0층에 바로 모네의 수련 대작이 걸린 전시실이 보인다. 이곳은 한번 들어가면 쉽게 나오기 어려운 마성의 공간이니 마지막에 들러 실컷 보기로 하고, 우선은 계단을 따라 왼쪽으로 카페와 서점을 지나 한층 더 아래 전시실로 내려간다.

입구로 들어서면 제일 먼저 폴 기욤을 그린 두 점의 초상이 우리를 맞이한다. 왼쪽에 걸린 초상은 네덜란드 출신으로 프랑스에서 활동한 키스 반 동겐Kees van Dongen이 그린 초상화다. 폴 기욤과 키스 반 동겐은 이 초상화가 그려지기 훨씬 전부터 서로 알고 지낸 사이였다. 독일과 연합국 사이에 제1차 세계대전의 마지막 전투가 지속되던 1918년 3월, 폴 기욤은 반 동겐의 작품 25점을 전시하는 개인 전시회를 개최했다. 이후 얼마 지나지 않아 파리에 정착한 반 동겐은 초상화가로 경력을 쌓아 간다. 그로부터 12년 후, 다시 말해 이 초상화가 그려진 시점에 폴 기욤은 유명한 미술품 수집가이자 딜러가 되었고 반 동겐은 세상이 알아주는 예술가가 되었다. 그의 초상화에서 폴 기욤은 레지옹 도뇌르 훈장을 달고 있는 모습이다. 그는 1930년 4월 7일 잡지 「파리의 예술」 편집자이자 미술 평론가로 활동한 공로를 인정받아 이 훈장을 받았다. 회색과 청색이 미묘한 조화를 이루는 이 그림에서 자신감 넘치는 태도의 폴 기욤은 시선을 멀리 관객 너머로 두고 있다. 세련된 슈트의 청색은 나비넥타이, 눈동자 색, 머리카락 일부로 이어지고, 머리 주변으로는 회색 배경색을 밝게 처리하여 인물의 얼굴을 잘 드러내고 있다. 왼쪽 가슴에 달린 선명한 붉은 리본은 레지옹 도뇌르, 즉 명예의 군단의 상징물로 마치 화가의 서명인 듯하다.

오른편에 걸린 또 다른 초상화는 앙드레 드랭André Derain의 작품이다. 배경부터 시작해 전반적으로 짙은 청색이 주조를 이루는 이 그림에서 폴 기욤은 아까 반 동겐의 그림에서와 마찬가지로 푸른색 슈트에 포켓스퀘어와 역시나 푸른색인 나비넥타이를 착용한 우아한 모습으로, 관객의 시선으로부터 4분의 3 정도 몸을 돌린 채 화폭 너머 어딘가를 바라보고 있다. 어느 전시의 카탈로그였을까. 무릎 위에 펼쳐진 책 위에 왼손을 올려두고 오른손으로는 다 꺼져가는 담배꽁초를 쥔 모습이 자못 흥미롭다.

폴 기욤은 위대한 수집가이자 화상이었다. 후기 인상파, 신인상파 그리고 자신의 동시대인 20세기 전반기의 작품에 이르기까지 여러 화가의 걸작이 높은 심미안을 가진 그의 손을 거쳐 세상의 빛을 보았다. 그리고 그가 소장했던 작품 중 146점의 그림이 국가에 유증되어 1984년부터 이곳 전시실에서 관람객을 맞이하고 있다. 이 수집가의 천재적인 안목이 아니었다면 오랑주리 미술관 상설 전시의 한 축을 담당하고 있는 이 아름답고도 환상적인 근대 회화 컬렉션을 보

키스 반 동겐, 〈폴 기욤의 초상〉•, 1930

앙드레 드랭, 〈폴 기욤의 초상〉, 1919

지 못했을 테니, 이곳에 걸린 그의 초상화를 볼 때마다 새삼 감사한 마음이 드는 것은 어쩌면 당연한 일이겠다.

그렇다면 실질적으로 폴 기욤의 소장 컬렉션이 어쩌다 '장 발터와 폴 기욤 컬렉션'이라는 이름으로 불리게 된 걸까? 거기엔 그의 가정사가 관련되어 있다. 폴 기욤은 1920년 파리에서 쥘리에트 라카즈Juliette Lacaze라는 여인과 결혼했다. 그는 아내에게 일종의 애칭으로 도메니카라는 이름을 붙여주었다. 폴 기욤이 43세의 나이에 병환으로 사망하자 도메니카는 남편이 병석에 있을 때부터 사귀고 있던 건축가 장 발터Jean Walter와 재혼했다. 그런데 문제는 그게 아니었다. 전

• Kees van Dongen, Portrait de Paul Guillaume, 1930 © ADAGP, Paris - SACK, Seoul, 2024

남편의 컬렉션을 상속받는 과정에서 추리소설이나 신문의 사회면에 등장할 만한 사건이 일어났던 것이다.

사연은 이렇다. 폴 기욤은 만일 아내가 자신의 아이를 갖지 못할 경우 자신이 소장하고 있던 컬렉션은 어디든 재단에 상속되도록 한다는 내용을 유언으로 남겼다고 한다. 이를 알게 된 도메니카는 막대한 금전적 가치를 지닌 전 남편의 컬렉션을 상속받기 위해 거짓 임신을 가장한 데 이어 심지어 임신 확인 증명서까지 발급받았고, 마침내 한 아이를 입양해 장-피에르 기욤Jean-Pierre Guillaume이라는 이름을 붙이는 믿기 어려운 일을 감행했다.

한데 '세상에 이런 일이'라는 프로그램에 나올 법한 그녀의 기행은 그것으로 끝이 아니었다. 1957년 어느 일요일 그녀의 두 번째 남편 장 발터가 식당에서 점심을 먹고 나오다가 차에 치이는 사고가 발생한다. 이때 도메니카는 의아하게도 구급차 부르길 거부하고 자신의 차로 환자를 병원에 이송했고, 병원 응급실에 도착했을 때 환자는 이미 사망한 상태였다. 여기서 주목할 것은 교통사고를 당한 남편을 실은 바로 그 차에 다른 사람도 아니고 그녀의 새로운 정부였던 의사 모리스 라쿠르Maurice Lacour가 함께 타고 있었다는 사실이다.

설상가상으로 1959년에는 양아들 장-피에르 기욤이 의사 라쿠르와 도메니카의 동생 장 라카즈Jean Lacaze를 살인 미수 혐의로 고발하는 사건이 일어났다. 재판 끝에 라쿠르는 투옥되었고, 도메니카는 막대한 재산과 능란한 수완 덕분에 간신히 혐의를 피할 수 있었다. 소문으로는 폴 기욤 컬렉션을 국가에 기증하는 것을 전제로 도메니카가 무죄 처분을 받았다는 얘기가 돌았는데, 실제로 이 사건 직후 기증 작업이 진행되기 시작한 것으로 미루어 그 얘기가 그저 소문만은 아니었을지도 모르겠다. 막장드라마는 한국 텔레비전 연속극에만 있는 게 아니었나 보다. 많은 변화가 생기긴 했지만, 폴 기욤의 생전 소장 컬렉션은 1977년 도메니카의 사망 후 국가에 귀속되었다. 그리고 기증자의 뜻에 따라 그녀의 '남편들'인 폴 기욤과 장 발터 컬렉션으로 명명되었다.

이곳 오랑주리 미술관에는 도메니카의 초상이 두 점 소장되어 있다. 하나는 앙드레 드랭이 그린 〈커다란 모자를 쓴 폴 기욤 부인의 초상〉이고, 다른 하나는 마리 로랑생Marie Laurencin이 그린 〈폴 기욤 부인의 초상〉이다. 그중 앙드레 드랭의 초상화는 2019년만 해도 전시실 초입에 같은 화가가 그린 남편의 초상과 나란히 걸려 있었는데 무슨 이유인지 현재는 앙드레 드랭 전시실에서 다른 초상화들 사이에 자리를 잡고 있다. 어쨌거나 두 사람 사이의 일을 생각하면서 도메니카의 초상을 바라보면 인생사라는 게 그리 단순하지 않구나 싶어 나도 모르게 착잡한 마음이 든다.

수집가가 사랑한 화가 모딜리아니

본격적으로 전시가 시작되기 전에 폴 기욤과 관련한 또 하나의 흥미로운 볼거리를 마주치게 되는데, 그것은 다름 아닌 미니어처로 만들어 놓은 폴 기욤의 아파트다. 실물들을 축소해 놓은 작은 모형에 불과하지만 그 안을 들여다보면 어머나, 이런 세계도 있구나! 하며 부러움 섞인 감탄사가 터져 나올 만하다. 이토록 아름다운 예술품들에 둘러싸인 집에서 책을 읽고, 밥을 먹고, 손님을 접대하고, 일상을 살아가는 기분은 과연 어떨까? 그런 생각을 하며 나는 폴 기욤이 살아생전 어떤 작가와 작품들을 좋아했는지 확인해 보려는 심산으로 이 조그만 모형의 세계를 유심히 들여다본다. 그림을 수집하고 사고파는 일이 업인 사람이라도 자기 집 거실 벽에 걸어둔 그림에는 다른 그림과는 달리 뭔가 특별한 애정을 품지 않았을까. 삼면의 벽을 가득 메운 그림들 사이에서 내 눈에 띈 작품이 있었으니, 그것은 바로 1915년 모딜리아니Amedeo Modigliani가 그린 젊은 시절 폴 기욤의 초상화다.

이탈리아 출신의 화가 모딜리아니가 파리의 화상 폴 기욤을 만난 것은 1914년의 일이었다. 1906년 고향을 떠나 파리에 정착한 모딜리아니는 조각가 콘스탄틴 브랑쿠시Constantin Brâncuși와 파블로 피카소Pablo Picasso, 그리고 아프리카 조각상의 영향을 받아 독창적인 그림을 그렸지만, 파리 화단은 그에게 냉담했고 당시만 해도 지나치게 '현대적인' 그의 그림을 이해하는 사람은 아무도 없었다. 모딜리아니는 생계를 위해 어쩔 수 없이 그림을 헐값에 판매하면서 근근이 생활했다. 당시 스물셋의 나이로 막 화상 일을 시작했던 폴 기욤은 이런 그를 위해 몽마르트르에 아틀리에를 구해주고, 무한한 신뢰를 가지고 계속해서 그림을 사주는 등 전폭적인 지지를 아끼지 않았다. 짧은 기간이나마 돈 걱정 없이 그림을 그리게 된 데 대한 감사의 마음이었을까. 모딜리아니는 1915년부터 1916년까지 이 관대한 후원자의 초상을 넉 점이나 그림으로 남겨놓았다. 폴 기욤의 아파트 모형에서 발견한 초상화 실물은 현재 오랑주리 미술관에서 관람객을 만나고 있다.

초상화 속 폴 기욤은 흰 셔츠에 넥타이를 맨 슈트 차림으로 입을 살짝 벌린 오묘한 표정으로 우리를 바라본다. 그의 왼손에 무심히 들린 담배는 자기 확신에 가득 찬 전도유망한 젊은이의 순수한 치기를 보여주는 것 같아서 나도 모르게 엄마 미소가 절로 지어진다. 그림 왼쪽 아래에는 이탈리아어로 '새로운 조종사'라는 뜻의 '노보 필로타Novo Pilota'라는 말이 새겨져 있다. 아마도 이 젊은 후원자가 이제 막 비행기 조종간이나 배의 키를 잡은 것처럼 본인의 운명은 물론, 더 나아가 현대 미술의 운명의 고삐를 틀어쥐고 힘차게 나아가길 바라는 모딜리아니의 염원이 반영된 것이리라. 실제로 1914년부터 1916년 초까지 폴 기욤은 모딜리아니의 그림을 구입한 유일한 구매자였다.

다른 얘기지만 만일 비운의 화가 반 고흐Vincent Van Gogh에게도 그런 화상이 있었다면 어땠을까? 말하지 않아도 그의 그림들의 진가를 알아봐 주고, 변함없이 신뢰를 보내며, 생활고에 시달리지 않고 창작에 전념할 수 있도록 재정적인 도움까지 주는 사람이 있었다면? 만약 그랬다면 지금 우리가 알고 있는 것과 완전히 다른 반 고흐의 이야기를 들을 수도 있었을까? 생각이 꼬리를 물지만 모두 부질없는 일이다. 뼈아프게도 지나간 일에는 만약이란 게 없다.

아메데오 모딜리아니, 〈폴 기욤, 노보 필로타〉, 1915

앙드레 드랭의 전시실에서

전시실 입구의 폴 기욤 초상화를 그린 앙드레 드랭 역시 모딜리아니만큼이나 이 젊은 화상과 돈독한 관계를 유지했다. 드랭은 두 사람 모두와 친분이 있던 시인 막스 자콥Max Jacob과 기욤 아폴리네르Guillaume Apollinaire의 소개로 그를 처음 만났다. 1900년대 초반 앙리 마티스Henri Matisse와 함께 이른바 '색채 혁명'을 일으키며 야수파의 대표 화가로 이름을 떨쳤던 드랭은 1911년경부터 다시 스타일을 바꿔 전통으로 회귀한 상태였다. 이 화가와의 만남 이후 폴 기욤은 1916년 파리 빌리에가의 갤러리에서 드랭의 개인 전시회를 개최한다. 1920년대 프랑스 회화 전통의 가장 뛰어난 대변자로 여겨졌던 드랭은 1924년부터 시작해 폴 기욤이 사망하던 해인 1934년까지 그와 전속 계약 관계를 맺었다. 덕분에 폴 기욤은 생전 드랭의 그림을 수십 점 소장할 수 있었다.

오랑주리 미술관에는 초상화와 정물화, 누드화 등 상당히 많은 수의 드랭 작품이 전시되어 있다. 그중 내가 좋아하는 그림 하나는 만돌린을 연주하는 흑인 청년을 그린 〈만돌린 연주자〉다. 기억을 되새겨 보면 타히티에서 유색인 원주민을 화폭에 담은 폴 고갱Paul Gauguin의 작품을 제외하고 인상파부터 파리파로 이어지는 프랑스 근대 회화에서 흑인이 등장하는 그림을 찾기가 그리 쉽지 않다. 1863년 발표 당시 뜨거운 논란을 불러일으켰던 에두아르 마네Édouard Manet의 〈올랭피아〉에 흑인 하녀 로르가 등장하긴 하지만, 여기서 그녀는 환하게 빛을 받으며 침대에 누워있는 주인공, 즉 백인 코르티잔 올랭피아

앙드레 드랭, 〈만돌린 연주자〉, 1919

에게 손님이 보낸 꽃다발을 가져다주기 위해 존재하는 일종의 배경에 불과하다. 그녀 뒤로 펼쳐진 어두운 색의 벽이 배경으로 서 있듯이 말이다. 혹시나 하는 마음으로 이곳 전시실을 쓰윽 훑어보지만 흑인 인물의 모습은 보이지 않는다. 그런데 드랭이 젊은 흑인 음악가의 초상을 화폭 전면에 내세운 것이다!

사람들 말로는 드랭이 이 그림을 그린 것은 지난 세기 화가들과 자신을 견주어 보기 위해서라고 한다. 예컨대 오르세 미술관에 걸려 있는 마네의 〈피리 부는 소년〉 같은 걸작을 그리고 싶었다는 것이다. 하지만 눈앞의 그림을 오롯이 감상하고픈 사람에게 그런 비교는 불필요하다. 커다란 눈망울과 꼭 다문 입술, 그리고 무언가에 열중한 시선은 관람객의 눈길을 오래도록 청년의 얼굴에 머무르게 한다. 그가 입은 하얀 셔츠의 밝은 색채와 대비되어 더 어둡게 보이는 젊은이의 팔뚝에는 만돌린 줄을 짚느라 힘줄이 팽팽히 서 있다. 그림 속 청년은 어떤 마음으로 만돌린을 연주하고 있을까? 청년의 만돌린 연주를 상상하며 조용히 귀 기울여 본다.

여기서 내 눈길을 오래 사로잡는 또 다른 그림은 이탈리아 코메디아 델라르테의 캐릭터 중 하나인 아를르캥을 실물 크기로 그린 〈기타를 든 아를르캥〉이다. 이 작품에서 아를르캥은 화려한 다이아몬드 문양의 옷을 입고 이각모를 쓴 채 왼쪽 다리에 기타를 올려놓고 구름이 낀 하늘 아래 청록색과 황토색으로 칠해진 언덕 위에 서 있다. 무심한 표정으로 관객이 아닌 다른 곳을 응시하며 마치 자신이 만지고 있는 현의 소리를 듣고 있는 것 같은 이 사내의 모습은 화려한 의상과는 달리 우울함과 쓸쓸함의 분위기를 자아낸다. 구체적이고 실제적인 시공간을 가늠할 만한 대상을 찾아볼 수 없는 비현실적 풍경은 그림 속 우수에 젖은 곡예사와 함께 그를 바라보는 관람객을 현실 세계에서 끌어내 멀리 공상의 나라로 데려가는 듯하다. 두드러지게 밝은 흰색으로 처리된 옷깃과 양말의 색채 효과는 관람객이 느끼는 시공간의 낯선 느낌을 배가시킨다.

오랑주리 미술관에는 이 그림 외에도 같은 주제를 다룬 드랭의 그림이 한 점 더 있는데, 폴 기욤의 주문으로 그려진 〈아를르캥과 피에로〉가 그것이다. 〈기타를 든 아를르캥〉보다 규모가 크고 두 명의

앙드레 드랭, 〈기타를 든 아를르캥〉, 1924

인물이 등장하는 이 그림은 드랭의 대표작 중 하나로 오랑주리 미술관 지하층의 긴 복도 전시실 끝 벽면에서 만나 볼 수 있다. 이 두 그림에서 관객에게 깊은 인상을 남기는 광대 아를르캥 캐릭터는 드랭뿐만 아니라 피카소와 함께 일하기도 했던 스페인 화가 살바도Jacinto Salvadó를 모델로 한 것이다.

그림에서 시선을 거두며 생각해 본다. 루브르 미술관에 걸려 있는 18세기 '페트 갈랑트Fête galante' 회화의 대가 앙투안 와토Antoine Watteau의 〈피에로 질〉부터 이곳에서 만난 드랭의 〈아를르캥과 피에로〉까지 왜 매번 광대 캐릭터를 담은 그림들을 볼 때면 마음 한구석이 쓸쓸해지는 걸까? 타인에게 웃음을 주는 일을 직업으로 삼은 사람들은 자기 삶의 고뇌와 슬픔을 어떻게 처리하는 걸까? 가장 울고 싶은 날에도 최선을 다해 무대에서 웃음을 지어야 하는 사람의 마음을 나로서는 헤아리기가 어렵다. 하긴 일과 삶 사이에서 균형을 잡는 일이 어찌 곡예사나 예술가나 배우만의 문제겠는가. 이는 모든 인간이 평생 신중하게 수행해 나가야 하는 본질적인 과업일지도 모른다.

르누아르와 아들

오귀스트 르누아르Auguste Renoir는 인상파 화가 중에서 폴 기욤이 가장 많은 작품을 소장하고 있던 작가다. 1919년 78세의 나이로 사망한 이 노작가의 그림을 높이 평가했던 젊은 화상은 1920년대와 1930년대 그의 작품을 공격적으로 매입했다. 그리고 그렇게 사들인 작품 중 많은 수를 재판매하지 않고 자기 집 벽에 걸어두었다. 따스한 색채로 삶의 환희와 기쁨을 표현한 작가 르누아르의 작품들을 이곳 오랑주리 미술관에서 여럿 만날 수 있는 것은 그 덕분이다.

르누아르의 작품 중 내가 가장 좋아하는 그림은 그의 어린 아들들이 모델로 등장하는 그림이다. 르누아르는 아내 알린 샤리고Aline Charigot와의 사이에서 아들 셋을 두었다. 아버지의 예술적 기질을 물려받은 걸까. 첫째 피에르는 영화배우, 둘째 장은 영화감독, 셋째이자 막내인 클로드는 도예가로 활동하게 된다. 르누아르는 자신의 아이들을 즐겨 그렸는데, 딸이 없어서인지 세 아들을 마치 여자아이처럼 머리도 기르고 핀도 꽂고 장식을 해서 그린 것이 흥미롭다. 어찌됐든 화가의 부정父情이 담긴 손길로 탄생한 그림 속 꼬마 주인공들은 모두가 하나같이 귀엽고 사랑스럽다.

반갑게도 이곳 오랑주리 르누아르 전시실에서도 둘째 아들 장과 막내아들 클로드의 어린 시절 모습을 만날 수 있다. 먼저 〈가브리엘과 장〉이라는 제목의 그림을 보자. 그림에는 15살부터 한 집안에서 같이 생활하면서 아이들을 키우고 르누아르에게는 영감을 주는 뮤즈이자 헌신적인 모델이었던 가브리엘 르나르Gabrielle Renard가 장과 피규어 놀이를 하는 장면이 담겨 있다. 장을 무릎에 앉힌 가브리엘의 왼손에 암소 모양의 피규어가 들려 있는 게 보인다. 아마도 농장 놀이를 하고 있던 모양이다. 이 그림은 1895년에서 1896년 사이에 어린 아들 장을 모델로 마치 유년 시절의 앨범을 작성하듯 그린 일련의 작품 중 하나이다.

훗날 〈게임의 규칙〉, 〈위대한 환상〉 등의 영화로 프랑스 시적 리얼리즘 시대를 대표하는 영화감독으로 성장하게 되는 장 르누아르는 이 시절을 이렇게 회상한다. "제가 아주 어렸을 때, 그러니까 세 살, 네 살 혹은 다섯 살이었을 때, 아버지는 딱히 어떤 포즈를 선택하지 않으셨어요. 대신 제가 얌전히 있을 수 있는 순간들을 이용하셨던 거죠." 물론 르누아르가 편히 그림을 그릴 수 있도록 어린 모델의 주의를 끌 만한 일을 찾아내는 건 늘 수완 좋은 가브리엘의 몫이었을 것이다. 어쨌거나 이 그림을 볼 때면 장 르누아르 같은 위대한 감독에게도 이런

르누아르, 〈놀이 중인 클로드 르누아르〉, 1905

어린 시절이 있었구나, 하는 당연한 사실을 새삼 깨닫는다. 그래, 누구든 처음부터 어른으로 태어나는 것은 아니잖아. 어린이였던 장 르누아르의 천진난만한 표정을 바라보고 있자니 문뜩 나의 어린시절이 그리워진다. 내게 있었던 어린이의 눈과 마음이 지금은 다 어디로 가버린 걸까? 왠지 서글퍼지려는 마음을 서둘러 다시 붙잡는다.

다른 두 점의 그림의 주인공은 막내아들 클로드다. 르누아르는 60세의 늦은 나이에 얻은 막내 클로드를 '코코'라는 애칭으로 부르며 애지중지했다. 가장 많이 그림 속에 담은 것도 그였다. 〈놀이 중인 클로드

르누아르〉라는 그림에서 긴 머리를 리본으로 묶은 클로드는 장난감 병정놀이에 몰두하고 있다. 르누아르 특유의 부드러운 터치와 색감으로 표현된 귀여운 소년의 모습에서 어린 아들을 향한 늙은 아버지의 사랑이 흠뻑 묻어난다. 둘째 아들 장의 회상에 따르면 이 장난감 병정들은 맏형부터 막내까지 형제의 손을 거치며 전해졌다. 르누아르 역시 어린 아들들만큼이나 이 장난감을 좋아했다고 한다. 그래서인지 이 장난감 병정들은 늘 화가의 작업실 바닥에 흩어져 있었다고 전해진다. 이런, 그 정도라면 장난감 중에서는 가히 가보 급이라 할 만하지 않은가.

또 다른 그림인 〈광대 복장을 한 클로드〉에서 막내 코코는 조금 더 자란 모습이다. 붉은색 광대 옷을 입은 클로드는 아버지의 요구에 따라 포즈를 취하고 있다. 르누아르가 그림을 위해 어린 아들에게 특별한 포즈를 요청하는 일은 매우 드물었다. 그러니 당시 여덟 살밖에 안 된 클로드가 우스꽝스러운 광대 옷을 입고, 무엇보다 다리에 딱 달라붙는 타이즈를 신은 채 오랜 시간 똑같은 자세로 서 있어야 하는 이 상황을 좋아했을 리 만무했다. 클로드의 기억에 따르면, 이날 더는 못하겠다는 아들과 조금만 더 참으라는 아버지 사이에 엄청난 실랑이가 벌어졌고 협박과 회유가 뒤따랐다. 결국 아버지가 유화물감 상자와 기차 모형을 사주겠다고 약속을 한 다음에야 그는 타이즈를 조금 더 신고 있기로 했다. 선물 때문에 양보는 했지만 분한 건 어쩔 수 없었나 보다. 여전히 빛나는 금발 머리와 새하얀 얼굴에 복숭앗빛 뺨을 가진 귀여운 꼬마는 앙다문 입에 금방이라도 울음이 터질 것 같은 눈망울로 정면을 응시하고 있다. 보는 관람객 입장에서는 이 상황이 무척이나 재미있다.

오랑주리 미술관을 가장 최근 방문했던 2024년 1월에는 안타깝게도 위의 세 그림 중 〈놀이 중인 클로드 르누아르〉밖에 보지 못했다. 아쉬운 마음에 미술관 안내를 맡은 직원에게 물어보니 '없는 그림은 지금 세계 어딘가에서 열린 특별전에 나가 있는 거예요.'라는 답변이 돌아온다. 그렇구나. 늘 일어나는, 그리고 어쩌면 당연하기도 한 일인데도 살짝 아쉬운 마음이 드는 건 어쩔 수 없다. 뭐, 다음에 또 오라는 뜻으로 생각하자. 애써 아쉬움을 달래본다.

르누아르의 그림을 좋아하고 언젠가 남프랑스를 여행할 기회가 생긴다면 카뉴쉬르메르 마을에 있는 르누아르 미술관을 꼭 찾아가 보길 권한다. 르누아르가 가족과 함께 말년 12년을 보낸 이 집에

카뉴쉬르메르 르누아르 미술관의 정원 풍경

들어서면, 미소를 머금은 채 어린 아들과 실랑이를 벌이며 그림을 그리고 있는 노화가의 모습을 금방이라도 만날 듯하다. 실제로 그곳에서 〈광대 복장을 한 클로드〉가 그려졌다. 마을 언덕 위 울창한 올리브 나무로 둘러싸인 회색 벽돌 건물 집 정원에 놓인 벤치에서 지중해의 시원한 바람을 맞으며 앉아 있노라면 그림 속의 꼬마가 불쑥 나타나 말을 건넬지도 모를 일이다.

마리 로랑생과 여인의 초상

마리 로랑생은 오랑주리에 전시된 유일한 여성 화가다. 로랑생의 그림이 걸린 아담한 크기의 방에 들어서면 파랑, 초록, 핑크와 회색이 묘하게 어우러지는 색조에 윤곽선이 흐릿하게 처리되어 몽환적인 분위기를 연출하는 그녀 특유의 그림이 관람객을 맞이한다. 귀에 익은 어느 유행가 가사처럼 "미라보 다리 아래 센강이 흐르고 우리들의 사랑도 흘러간다."라는 유명한 구절로 시작하는 기욤 아폴리네르의 시 「미라보 다리」의 주인공이자 그의 연인이었던 마리 로랑생은 20세기 초입 몽마르트르 언덕 위 '세탁선'을 닮은 전설적인 아틀리에 '바토 라부아르Bateau-Lavoir'에서 피카소, 장 콕토Jean Cocteau, 모딜리아니 등 세계 곳곳에서 모여든 젊고 유능한 예술가들과 교류하면서 파리 예술계의 명사가 된 인물이다.

1912년 뜨겁게 사랑했던 아폴리네르와 결별한 마리 로랑생은 제1차 세계대전이 발발하던 1914년 어느 독일 귀족과 결혼한다. 그렇다. 우리가 연애시로 알고 있는 「미라보 다리」는 사랑의 기쁨이 아니라 이별의 아픔을 노래한 시였다! 결혼으로 국적을 상실한 그녀는 전쟁으로 인해 원치 않는 망명을 떠나야 했다. 망명기의 대부분을 스페인에서 보낸 그녀는 1920년 남편과 이혼하고 나서야 꿈에 그리던 파리로 다시 돌아올 수 있었다. 망명 시절 그녀는 관능적인 지중해 남부 여성들을 화폭에 담으며 외로움과 상처를 달랬다고 한다. 하지만 화가의 음울한 심경이 반영된 듯 어두운 회색 톤이 주조를 이루는 이 시기의 작품들에서는 어쩔 수 없는 쓸쓸함이 묻어난다. 파리로 돌아온 그녀는 온전히 작품 활동에 몰입했고, 아름다운 파스텔 풍 색채감을 특징으로 하는 그녀만의 독자적인 스타일이 완성된다. 특별히 우아한 매력이 넘치는 초상화가 상류층 여성들에게 호평을 받으면서 마리 로랑생은 1920년대 초상화가로서 높은 인기를 구가하게 된다.

오랑주리 미술관에도 그녀가 그린 두 점의 초상화가 걸려 있다. 먼저 앞서 잠깐 언급했던 〈폴 기욤 부인의 초상〉이라는 제목의 그림을 보자. 제목에서 알 수 있듯 이 그림은 화상 폴 기욤의 부인 도메니카를 그린 것이다. 폴 기욤은 파리로 돌아온 아폴리네르의 전 연인과 면식이 있는 사이였고 다시 활동을 시작한 그녀의 그림을 구매하는 화상이었다. 당시 마리 로랑생의 초상화를 소유하는 것은 파리 상류층 부인들에게 일종의 로망이었다. 로랑생의 초상화 한 점을 집에 둔다는 것은 부와 명성을 상징했다. 그러니 도메니카가 로랑생이 그린 자신의 초상화를 갖고 싶었다 한들 그리 놀라운 일은 아니다.

로랑생의 그림 속에서 도메니카는 몸을 살짝 기울인 채 의자에 앉아 생각에 잠겨 있다. 핑크빛 민소매 드레스와 핑크색 스카프는 뒷면의 회색빛 배경과 대조를 이루면서 그림 오른편의 핑크색 커튼과 공명한다. 그야말로 핑크빛의 향연이다. 그런가 하면 이 그림에도 로랑생 그림의 단골손님인 동물이 어김없이 등장한다. 암사슴을 닮은 커다란 회색 개 한 마리가 무릎 위에 놓인 꽃다발 아래 얌전하게 앞발을 포개고 있다.

흥미로운 것은 대개의 경우 그림 속 여인들의 얼굴을 비슷하게 양식화해서 표현하는 로랑생이 이 그림에서만큼은 모델의 실제 얼굴의 특징을 강조해서 표현했다는 점이다. 짙은 갈색 머리, 다소 길쭉한 얼굴형, 커다란 눈과 눈썹 모양은 도메니카의 실물과 흡사하다. 그런 점에서 의뢰자였던 도메니카가 행여 완성된 그림에 만족하지 않을 순 있어도, 그림 속 여인이 자신임을 부인할 수는 없었을 것이다.

전시실에 걸린 또 다른 초상화 〈샤넬 양의 초상〉으로 말하자면 얘기가 좀 다르다. 1923년 마리 로랑생은 유럽 순회 중인 러시아 발레단의 발레 작품을 위한 무대 디자이너로 일하고 있었다. 우연인지 20세기 패션의 아이콘이 되는 코코 샤넬Gabrielle Bonheur "Coco" Chanel 역시 같은 극단의 다른 작품 의상 디자인을 맡고 있었다. 당시 이미 부와 명성을 얻고 있던 코코 샤넬은 파리 사교계에서 떠오르고 있는 여류 초상화가 마리 로랑생에게 초상화 제작을 의뢰했다. 로랑생은 오른손으로 머리를 받치고 멍하니 앉아 있는 샤넬의 모습을 초상화에 담았다. 물론 자신의 그림에 단골로 등장하는 동물들도 빼놓지 않았다. 모델의 무릎에 앉은 흰 복슬강아지, 하늘에서 코코 샤넬을 향해 내려오는 것 같은 멧

비둘기, 그리고 그 비둘기를 향해 뛰어오르는 또 다른 개까지, 무려 세 마리의 동물이 그림 오른편을 차지하고 있다. 작품 전반을 감싸며 조화를 이루는 초록과 파랑 그리고 핑크빛 색채는 모델의 목에서 아래로 긴 선을 그리며 떨어지는 검은 색 스카프와 선명한 대비를 이룬다.

그런데 완성된 초상화를 본 샤넬은 그림이 마음에 들지 않았던 모양이다. 그림 속 자신이 실제 자기와 닮지 않았다면서 초상화를 돌려보내 버린 것이다. 이런 주문자의 반응에도 로랑생은 그림을 수정하지 않았다. 샤넬과의 타협은 없었다. 그녀는 자기가 그린 그림에 대해서 만족했다. 그리고 샤넬의 초상화를 자신이 간직했다. 그림값 따위를 받지 못한다 해도 상관없었다. 이건 자존심이 걸린 문제니까. 20세기 초반 파리를 대표하던 두 여류 예술가의 팽팽한 기 싸움이 느껴지는 대목이다.

샤넬은 불우한 어린 시절을 보냈던 수녀원의 고아원에서 배운 바느질을 바탕으로 패션업계에 뛰어들어 모진 세파와 우여곡절을 헤치고 독립적이면서도 창조적인 삶을 일궈낸 입지전적 인물이다. 그런 그녀로서는 쓸쓸하면서도 우울한 기운이 감도는 그림 속 여인이 영 자신처럼 보이지 않았을 것이다. 한편 같은 여성으로서, 또 예술가로서 로랑생이 직관적으로 포착해 낸 것은 유명 디자이너 샤넬의 당찬 겉모습 아래 감추어진 한 인간, 한 여인의 외로움과 고독함이었다. 로랑생은 샤넬의 외면이 아니라 그녀의 내면을 들여다보았던 것이다. 이쯤 되면 두 여인의 신경전에서 선뜻 어느 한쪽 편에 서기가 망설여진다. 로랑생이 그린 샤넬의 초상화를 좋아하는 만큼, 그것을

마리 로랑생, 〈샤넬 양의 초상〉, 1923

거부했던 샤넬의 마음도 충분히 이해되기 때문이다.

2024년 1월 오랑주리 미술관에서는 마리 로랑생의 그림을 볼 수가 없었다. 미술관 안내 데스크에 물어보니 필라델피아와 스페인에서 열리는 마리 로랑생 특별 전시에 그림들이 모두 대여되었다고 한다. 그리고는 특별 전시가 끝나는 대로 돌아와 이곳에 예전처럼 걸릴 것이라고 한다. 언제가 될지 모르겠지만 다음 번 오랑주리 미술관 방문 때에는 로랑생의 매혹적인 그림들을 다시 볼 수 있기를 바란다. 이 작품들은 오래도록 마음에 품고 기다릴 만한 가치가 충분하니까.

피카소의 초기작

이번에는 복도 전시실에 걸린 피카소의 그림을 본다. 정열과 에너지의 화신 파블로 피카소, 그는 다작과 다양성의 화가로 유명하다. 회화와 조각을 포함해 그의 작품 수를 전부 합치면 대략 3만여 점에 이른다고 한다. 세계 곳곳 어디를 가든 피카소 그림은 있다는 얘기가 과장만은 아닐 것 같다. 개인적인 취향이지만 나는 피카소의 초기 그림들을 좋아한다. 소위 '청색시대'와 '장미시대'라고 칭해지는 시기의 그림들 말이다.

파리와 양친이 살고 있는 바르셀로나를 왕래하던 젊은 날, 가난하고 상처받은 사람들, 뒷거리의 영락한 사람들, 고독하고 외로운 노인 등의 인간상을 짙은 청색이라는 한 가지 색의 변주 속에서 표현한 작품들, 다시 말해 '청색시대'라 불리는 이 시기 그림의 주된 정조는 슬픔과 멜랑콜리다. 시인 기욤 아폴리네르는 이를 두고 "눈물에 흥건히 젖은 예술, 촉촉한 계곡의 푸르름"이라 표현했다던가. 놀라운 것은 슬픔과 멜랑콜리의 정조 가운데서도 단단한 현실감이 흔들림 없이 자리를 지키고 있다는 사실이다.

오랑주리 미술관은 피카소의 작품 여러 점을 소장하고 있다. 때마다 전시실에 걸리는 작품이 달라지긴 하지만 그중 대표작을 꼽으

파블로 피카소, 〈포옹〉[*], 1903

라면 1903년, 즉 청색시대에 그려진 그림 〈포옹〉을 들 수 있다. 여기 얼굴이 보이지 않는 두 남녀가 서로를 끌어안고 있다. 포옹은 인간의 제스처 중 가장 따스한 행위일 것이다. 그런데 그림 속 두 남녀의 포옹을 보고 있노라면 뭔지 모르게 가슴 아리는 슬픔이 느껴진다. 알몸으로 서서 서로의 어깨에 얼굴을 파묻고 있는 두 남녀. 보기만 하는데도 그들의 감정이 마치 파도처럼 내게로 밀려온다. 아마도 아기를 가졌는지 여자의 아랫배가 불룩하다. 그와 대조적으로 뼈가 앙상하게 드러난 여인의 어깨와 가녀린 팔. 내가 느끼는 이 슬픔의 정체는 무엇일까? 벗어날 수 없는 가난 때문일까. 아니면 젊은 날의 불안 때문일까. 절망 속에서 서로를 끌어안는다는 건 어떤 의미일까? 사랑은 이 젊은 연인들을 절망으로부터 구원할 수 있을까? 삶은 절망 속에서도 서로를 끌어안게 하는 사랑을 속이지 않을 것인가? 이런저런 생각으로 어지러워지는 마음을 안고 다시 한번 천천히 그림을 바라본다.

나란히 걸린 피카소의 작품 중 나의 시선을 잡아당기는 또 다른 작품은 〈붉은 배경의 누드〉라는 제목의 그림이다. 이 그림은 1906년 말, 그러니까 피카소의 '장미시대'가 끝나가는 무렵에 그려진 작품이다. 1900년 파리에 와서 당장 내일의 끼니조차 걱정할 정도로 가난한 예술가의 삶을 살고 있던 피카소는 1904년 몽마르트르에서 인생의 첫 여인인 페르낭드 올리비에Fernande Olivier를 만나 사랑에 빠진다. 사랑의 힘이었을까. 그 이후로 피카소는 세상을 어둡고 비관적으로 바라보던 청색시대에서 벗어나, 말 그대로 핑크색과 오렌지색, 장미색이 주조를 이루는 장미시대로 들어서게 된다.

〈붉은 배경의 누드〉에서 긴 머리의 누드 여인은 붉은색 배경 위에서 단연 눈에 띈다. 머리카락 일부를 손으로 붙잡고 고개를 살짝 숙인 여인의 우아한 태도는 과장되게 구부러진 오른쪽 팔꿈치처럼 왜곡에 가깝게 도식화된 신체 형태와 대조를 이룬다. 얼굴선과 이목구비는 곡선으로 강조된 데 반해, 마치 두 개의 검은 구멍처럼 아무것도 표현하지 않고 단순하게 처리된 눈은 여인의 얼굴을 흡사 가면처럼 보이게 한다. 가만히 여인의 얼굴을 쳐다본다. 분명히 아직은 인간적인 얼굴이다. 하지만 그 얼굴에는 이미 이듬해 탄생할, 입체파 피카소의 시작을 알리게 되는 걸작 〈아비뇽의 여인들〉의 전조가 드리나 있다.

파리의 표현주의 화가 샤임 수틴

'파리의 예술'이라는 이름이 붙은 긴 복도의 전시실을 둘러본 후 개별 전시실 중 맨 앞에 있는 방으로 들어선다. 이곳에 오랑주리 미술관의 보물이라고 할 만한 샤임 수틴Chaïm Soutine, 발음에 따라 카임 수틴 혹은 하임 수틴이라고 불리기도 하는 화가의 작품들이 걸려 있다.

먼저 반 고흐나 프랑스 야수파를 연상시키는 강렬한 색채와 붓놀림이 관람객의 눈길을 끈다. 하지만 그의 그림이 주는 충격과 전율은 무엇보다 일그러지고 비틀리게 표현된 왜곡된 형상에서 나온다. 그렇다. 수틴은 미술사에서 표현주의 화가로 분류된다. 사실주의나 인상주의처럼 사물의 외면을 묘사하는 사조에 반대해 대상을 통해 자신들의 체험과 영혼을 주관적으로 표현하고자 했던, 지역적으로는 독일을 중심으로 발전했던 20세기 초의 미술 운동 말이다. 무서운 회오리 광풍이 한바탕 휘몰아치는 걸까. 〈누운 나무〉에 그려진 풍경 속의 나무는 땅에 닿을 듯 심하게 휘어진 채 마을의 집들을 압도하며 휘돌아 나가고, 〈집들〉에서 그가 머물던 세레 마을의 집들은 마치 갈대처럼, 아니 홀로그램처럼 흔들린다.

인물들은 또 어떤가? 초상화 속 인물들의 이목구비와 사지는 크기나 비례가 어긋나있고, 어딘가 뒤틀리고 왜곡되어 있다. 두 손을 가지런히 모은 채 오묘한 표정으로 관객을 바라보는 〈성가대 소년〉의 얼굴을 좀 더 가까이서 들여다본다. 우수에 젖은 표정에는 뭔가 비밀을 감추고 있는 듯 속내를 알 수 없는 묘한 긴장감이 느껴진다. 흰 셔츠에 나비넥타이를 매고 두드러지는 붉은 색 양복 조끼를 입은 〈벨보이〉의 주인공은 허리와 엉덩이 사이 어디쯤 손을 얹고 팔꿈치를 둥글게 벌린 채 다소 도발적인 자세로 등장한다. 몸에 비해 기형적으로 작은 얼굴에 달린 귀는 유난히 붉고, 눈과 코는 얼굴 한가운데로 몰려 있다. 불만이 있는 듯 어딘가를 노려보는 인물의 모습에 관람객은 뭔지 모를 불편함을 느낄지도 모를 일이다.

대체 이건 뭐지? '표현주의 화가'라는 같은 이름으로 불리지만 노르웨이 출신의 대표적 표현주의 화가 에드바르 뭉크Edvard Munch의 그림을 볼 때와는 뭔가 다른 느낌이다. 예컨대 뭉크의 〈절규〉에서 우리는 왜곡된 인물 속에 표현된 화가의 깊은 좌절감과 절망적인 심리 상태를 감정적으로 온전히 받아들인다. 그런데 수틴의 그림에서는 그

샤임수틴, 〈벨보이〉, 1927

샤임 수틴, 〈어린 제빵사〉, 1922~1923

런 식의 완전한 감정이입이 일어나지 않는다. 관객을 끌어당기는 동시에 밀어내는 것 같다고나 할까. 감정적으로 빠져들면서도 뭔지 모를 이물감이 남는 게, 아주 생경하면서도 특이한 미적 경험이다.

오늘날 벨라루스라 불리는 민스크 출신의 프랑스 화가 샤임 수틴은 양차 대전 사이 파리의 몽파르나스를 중심으로 활동했던 파리파 화가 중 한 명이다. 가난한 유대인 재봉사의 아들로 태어나 극심한 가난 속에서 유년 시절을 보낸 수틴은 어릴 적부터 그림에 대한 재능이 남달랐다. 화가의 꿈을 안고 스무 살이던 1913년에 파리로 온 수틴은 몽파르나스에 위치한 가난한 예술가들의 거주지, 즉 건물 모양이 큰 벌집을 닮았다고 해서 문자 그대로 벌집, 즉 '라 뤼슈La Ruche' 라고 불리던 비좁은 스튜디오에 기거하면서 작품 활동을 시작했다.

몽마르트르의 바토 라부아르와 함께 20세기 초반 파리 아방가르드 미술의 선두에 서 있던 몽파르나스 그룹의 본산지였던 이 '벌집'에서 수틴은 그림에 대한 열정 하나만으로 저마다 성공을 기약하며 파리로 찾아 들어온 다양한 국적의 무명 예술가들과 교류하면서 예술의 지평을 넓혀나갔다. 이곳에서 만난 동향의 마르크 샤갈Marc Chagall과는 돈독한 우정을 나누었고, 특히 모딜리아니와는 동고동락하며 장래의 꿈을 함께 나누는 절친한 친구 사이가 되었다.

현대 미술사에서 표현주의 양식의 작가로 분류되는 수틴은 하나의 대상을 여러 번 반복해서 그리는 연작 시리즈로 유명하다. 그중에서 1920년대에 그려진 커다란 귀를 가진 성가대 소년이나 요리사, 제빵사, 벨보이 등을 주제로 한 연작들은 파리의 무명 화가 수틴을 일약 세계적인 화가로 발돋움시키는 데 크게 기여했다. 오랑주리가 소장한 〈어린 제빵사〉도 이런 연작 시리즈 중 하나다. 수틴은 어린 제빵사를 주제로 모두 여섯 점의 그림을 남겼다.

당시 파리의 젊고 가난한 예술가들과 교류하면서 재능 있는 작가들을 발굴하는 데 능했던 폴 기욤은 이번에도 수틴의 예사롭지 않은 천재성을 단번에 알아보았다. 1923년 조리용 모자를 쓰고 제복을 입은 커다랗고 비대칭적인 귀를 가진 어린 제빵사의 그림을 마주한 그는 탄복하지 않을 수 없었다. 일그러진 얼굴에 알 수 없는 슬픔과 우수를 담고, 빛나는 흰색 조리복과 대비되는 선명한 붉은 빛의 행주를 두 손으로 공손히 잡은 채, 상체에 비해 너무나 짧고 가는 다리를 마치 태권도장에서 다리 찢기를 하듯 일자로 벌리고 있는 기상천외한 모습이라니. 강한 매혹을 느낀 폴 기욤은 바로 그 그림을 매입했다.

예술사의 흐름을 좌지우지하며 작품을 수집하고 매매했던 소위 '큰손' 수집가들에게는 걸작을 알아보는 매의 눈이 있는 걸까. 당시 파리와 필라델피아를 오가며 미술품을 수집하면서 폴 기욤과 왕래하던 미국의 컬렉터 알버트 반스Albert C. Barnes는 폴 기욤의 아파트에서 수틴의 그림을 보자마자 탄성을 내질렀다. 오, 마이 갓! 이건 완전 대박이야! 그 길로 반스는 수틴이 작업하던 몽파르나스의 아틀리에에 들러 즉석에서 약 60점의 그림을 무더기로 구매했다고 한다. 러시아 변방 출신 가난뱅이 무명 화가가 일약 국제적인 명성을 약속받은 몽파르나스의 스타가 되는 순간이었다. 덕분에 수틴은 한동안 생활비 걱정 없이 그림 작업에 열중할 수 있었다.

오랑주리 미술관에는 모두 22점의 수틴 그림이 소장되어 있다. 폴 기욤이 소장했던 오랑주리의 수틴 컬렉션은 작품 수나 내용 면에서 유럽에서 가장 중요한 것으로 여겨진다. 49년이라는 길지 않은 생을 살았던 수틴은 많은 그림을 그렸지만 스스로에게 만족스럽지 않다는 이유로 자신의 그림을 대거 파괴한 것으로 유명하다. 도달하기 어려울 정도로 높은 예술적 기준을 세워 놓고, 그에 다가가지 못하는 자신에 절망하여 작품을 파괴하던 엄격하고 까다로운 화가 수틴.

역사 속으로 사라질 뻔했던 그의 그림들을 구해 내고, 후세에 전승시킬 수 있었던 것은 일찌감치 그의 진가를 알아봤던 눈 밝은 컬렉터들 덕분이었다. 형식이 변하면 내용도 따라 변하기 마련이다. 미디어 환경이 급속하게 변한 21세기 오늘의 예술 분야에서 컬렉터의 열정과 안목은 어떤 식으로 힘을 발휘하게 될지 궁금해지는 까닭이다.

모네의 수련 대작

마침내 오랑주리 미술관 관람의 하이라이트인 모네의 수련 대작을 보러 간다. 계단을 올라 전시실 입구로 들어서니 아니나 다를까 사람이 많다. 오랑주리에서 가장 인기 있는 작품인 데다 이미 개관 시간을 한참 넘긴 때이기도 하니 전시실이 붐비는 것도 당연하다. 이곳에 걸린 모네의 수련은 모두 여덟 점, 타원형으로 맞춤 제작된 두 개의 전시실에 각 네 점씩 걸려있다. 그림들의 높이는 모두 약 2m, 정확히는 1.97m로 동일하지만 폭은 그림에 따라 조금씩 다르다. 타원형의 전시실 벽을 가득 메운 벽화는 수련이 떠 있는 물과 버드나무 가지, 나무와 구름의 그림자가 어우러진 장관을 선사하며 관람객을 압도한다.

그림을 하나씩 보기 전에 일단 사람들을 피해 가며 가운데 놓인 벤치를 중심 삼아 천천히 전시실을 한 바퀴 돌아본다. 한눈에 다 들어오지 않는 네 폭의 그림을 눈에 담기 위해서다. 이곳에 올 때마다 인간의 시야는 좁고 한정되어 있다는 말을 문자 그대로 실감하게 된다. 벽을 감싸고 있는 네 폭의 그림을 한꺼번에 보고 싶지만 그건 인간의 눈으로는 불가능한 일이다. 대자연의 위용 앞에서만이 아니라 인간이 만든 걸작 앞에서도 이렇게 한없이 작아지는 느낌이 드는 걸 보면, 정말이지 예술은 위대하다.

클로드 모네, 〈석양〉, 1914~1926

각각 〈버드나무가 있는 아침〉, 〈나무 그림자〉, 〈구름〉, 〈버드나무가 드리워진 맑은 아침〉, 〈버드나무 두 그루〉, 〈석양〉, 〈녹색 그림자〉, 〈아침〉이라는 제목을 달고 있는 그림들을 보고 있노라면 모네가 43세부터 86세의 나이로 사망할 때까지 가족과 함께 머물며 작품 활동을 하던 지베르니의 고요하고 평온한 풍경이 머릿속에 떠오른다. 1883년 훗날 인상파 화가들의 가장 열렬한 후원자가 된 화상 폴 뒤랑 뤼엘Paul Durand-Ruel에게 보낸 편지에서 "전 제 맘에 꼭 드는 집과 풍경을 찾을 겁니다."라고 썼다던가. 프랑스 전국을 샅샅이 뒤진 끝에 결국 지베르니를 찾아내고야 만 모네는 곧 이 아름다운 마을과 사랑에 빠졌다. 그 후로 43년 동안 그는 자신에게 끝없이 영감을 불어넣는 지

상천국과 같은 지베르니의 집과 정원에서 그림 그리기에 몰두했다. 이곳 오랑주리에 전시된 작품을 포함해 약 250점 정도의 수련 그림 역시 그곳에서 탄생했다.

여기 걸린 여덟 점의 그림 중에서 대번에 관객의 눈을 사로잡는 것은 아마도 〈석양〉일 것이다. 다른 그림에 비해 훨씬 강렬하고 화려해 보인다. 전반적으로 푸른색 계열의 산뜻한 그림들 사이에서 저 혼자 불타는 듯 노란색 톤으로 우리의 시선을 강탈하기 때문이다. 길게 늘어진 석양의 태양 빛이 연못의 한 부분에 던져 놓은 황금빛의 물결을 바라본다. 시력을 잃어가던 노화가의 눈에도 낙조가 빚어내는 빛의 장관은 사무친 아름다움으로 다가왔을 것이다. 흐릿한 눈 때문에

클로드 모네, 〈구름〉, 1914~1926

형체는 정확히 볼 수 없지만 빛의 화가로 불리는 인상주의의 대가 모네는 그 순간을 놓치지 않고 오직 빛, 그리고 그 빛과 함께 펼쳐지는 색의 향연을 재료 삼아 또 한 폭의 그림을 완성해 냈으리라. "형태에 신경 쓰지 마라. 오로지 색상으로 보이는 것만을 그려라. 그러면 형태는 저절로 따라오게 될 것이다."라는 그의 말이 별다른 설명 없이도 이해되는 순간이다.

이번에는 〈구름〉을 보자. 모네는 여기서 하늘에 떠 있는 구름이 아니라 연못에 비친 구름을 그림 속에 담아냈다. 날씨에 따라 하늘은 모습을 달리한다. 분위기도 달라진다. 어느 날 하늘에 뭉게구름이 떠 있고, 그 구름은 맑은 연못 위에 제 모습을 투영한다. 그러나 구름은 시시각각 형태를 바꾸는 법, 잠시 후면 연못 위의 풍경은 지금과는 다른 배치를, 다른 형상을 띠게 될 것이다. 모네가 포착한 것은 그러므로 지극히 짧은 찰나의 순간이다.

수련을 그린 연작 시리즈니 어쩌면 당연한 일이겠지만 구름이 꽃처럼 피어 있는 그 짧은 한순간의 연못 위 풍경 속에 수련도 제자리를 차지하고 있다. 어렵지 않게 관람객의 시선을 잡아끄는 중앙의 붉은 꽃 몇 송이도 좋지만, 마치 "자세히 보아야 예쁘다. 오래 보아야 사랑스럽다."라고 풀꽃을 노래했던 나태주 시인처럼 마음 단단히 먹고 자세히 보아야 그 고운 자태를 드러내는 다른 꽃송이들을 찾아보는 것도 이 그림을 감상하는 재미 포인트가 아닐까 싶다. "자연의 법칙과 조화 속에 그림을 그리고 생활하는 것 외에 다른 운명을 갈망하지 않는다."라고 말했던 모네. 빛을 그리는 화가 모네는 빛에 따라 시시각각 변하는 지베르니 정원 연못에서 어떤 세상을 본 것일까. 그가 그린 여덟 폭의 수련 대작에는 아마도 죽음을 앞둔 노화가가 보았던 세상의 진실이 오롯이 담겨 있을 것이다.

미술관 내 카페에서의 짧은 휴식

아쉬운 마음을 뒤로 하고 모네의 수련 전시실을 나왔다. 어느새 시간은 12시가 다 되어간다. 때마침 배꼽시계도 요란한 소리를 낸다. 오후 일정도 있고 하니 이쯤에서 점심을 먹고 움직이는 편이 좋겠다. 밖에 나가서 먹을까 잠시 생각하다가 이내 마음을 바꿔 미술관 내 카페에서 해결하기로 한다. 오랑주리 미술관이 자리한 곳은 파리 1구, 루브르 미술관 등 관광지가 밀집한 도심 중의 도심 아닌가. 안 그래도 사람들로 붐빌 텐데 점심시간까지 겹쳤으니 마땅한 식당 찾기가 쉽지 않을 것 같다.

다시 계단을 내려가 왼쪽에 자리한 카페로 들어선다. 여긴 공간이 좀 협소한 게 흠이긴 해도 간단히 먹기에 적당한 요깃거리들이 많다. 참치와 토마토가 든 클럽 샌드위치와 맥주 한 병을 시켜 자리에 앉았다. 세 시간가량 서 있느라 무리를 한 데다 시원한 맥주가 들어가니 갑자기 노곤함이 밀려든다. 그러니까 좀 쉬엄쉬엄하라니까 대체 넌 왜 매번 전투 모드인 거니? 스스로를 타박하다가 픽 웃고 만다. 그리고는 나란 사람이 그렇게 생겨 먹은 걸 어쩌겠어, 그래도 나이가 있으니 몸은 좀 생각하면서 하자, 정도로 타협을 본다.

배도 부르겠다, 목도 축였겠다, 내친 김에 에스프레소 커피까지 한 잔 시켜 마시고는 나가기 전에 서점 전시대를 꼼꼼하게 살핀다. 몇 년 전 이곳에서 청록색과 올리브색 접시를 세 개씩 구입한 적이 있다. 모네의 수련 대작 기증 100주년 기념으로 한정 판매하는 포르투갈 다이닝웨어 브랜드 코스타 노바의 제품이었다. 뭐라고 설명하기 어려운 오묘한 색깔의 접시를 생각보다 비싸지 않은 가격에 득템해서 마냥 즐거웠던 기억이 난다. 혹시 이번에도? 기대와는 달리 그런 행운은 없었다. 빈손으로 미술관을 나서며 아쉬움보다는 돈이 굳었다는 안도감이 드는 걸 보니 어느새 나도 현실주의자가 다 되었나 보다. 세상에 발 붙이고 사는 생활인으로서 현실주의자가 되는 것은 필요한 덕목이다. 하지만 현실이라는 땅에 발을 디디고 가끔은 하늘을 올려다 보며 먼 곳의 풍경을, 높은 곳의 이상을 꿈꾸어 봐도 좋겠지. 그렇게 생각하면 뜻밖의 선물이나 행운을 기대하는 내 마음까지도 소중하게 여길 수 있을 것 같다. 그래, 행운은 다음 기회로 미루고 지금 당장은 두 손 가볍게 빛이 쏟아지는 한낮의 파리로 나가보는 거다.

Musée Marmottan Monet

02 마르모탕 모네 미술관

주 소 2 Rue Louis Boilly, 75016 Paris

관람시간 화-수, 금-일 10:00~18:00(월 휴무)
목 10:00~21:00

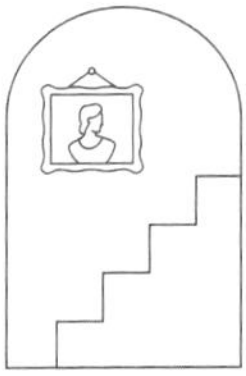

이번 목적지는 마르모탕 모네 미술관이다. 파리 서쪽의 불로뉴 숲 인근에 위치한 마르모탕 모네 미술관은 그 이름에서 짐작되듯 인상파 화가 클로드 모네의 작품을 가장 많이 소장한 미술관으로 알려져 있다. 그런 의미에서 모네를 사랑하는 '덕후'가 파리에 왔다면 인상파와 후기 인상파의 작품들로 유명한 오르세 미술관, 수련 대작이 걸린 오랑주리 미술관과 함께 꼭 들러봐야 하는 일종의 '모네 성지'라고 할 수 있다.

그래서일까. 마르모탕 모네 미술관은 파리 중심가에서 꽤 떨어져 있는 지리적 조건에도 불구하고 빛을 그리는 화가 모네를 찾아 세계 각지에서 모여든 관람객들로 늘 만원이다. 게다가 상설 전시 외에도 매번 미술 애호가들의 이목을 끌만한 기획 전시를 하고 있으니 언제 가든 많은 관람객을 만날 각오를 해야 한다. 물론 인터넷 사이트에서 사전 예약을 해둔 경우라면 입장을 기다리는 줄이 좀 짧을 수도 있겠지만, 그렇지 않고 우연히 혹은 마음이 동해 갑작스레 방문한 경우라면 긴 줄을 서게 될 확률이 높다. 하기야 긴 기다림 끝에 맛보게 될 기쁨과 감동이 크다면야 그깟 줄 좀 서는 것이 뭐 그리 대수겠는가. 춥거나 덥거나 비가 오나 눈이 오나 서두르지도 않고 태연히 자신의 입장 차례를 기다리고 선 사람들의 표정이 그것을 잘 말해 준다.

미술관 가는 길의 풍경

지하철 9호선을 타고 라 뮈에트역에서 내려 1번 출구로 나가면 미술관 방향을 알려주는 표지판이 서 있다. 표지판을 따라 걷다 보면 얼마 못 가 길 건너편으로 옛날 기차역처럼 보이는 작은 건물을 마주치게 된다. 건물 정면에는 프랑스어로 기차역을 뜻하는 'La Gare'라는 이름이 붙어 있고, 실제 기차 역사처럼 시계도 걸려 있다.

지난 2019년 여느 때처럼 별생각 없이 지나가다가 내부 공사가 한창이기에 호기심을 이기지 못하고 안을 들여다봤더니 어지럽게 널린 자재들 사이로 입구 쪽에 서 있는 팻말이 하나 눈에 들어왔다. 팻말 위에 꽂아 둔 종이를 보니 '보다 맛있는 음식과 함께 더 멋진 서비스로 돌아오겠습니다.'라는 말이 적혀 있었다. 그래서 아, 여기가 원래 식당이었구나 싶었는데, 2024년 1월 다시 미술관을 찾아가는 길에 보니 'ANDIA'라는 간판을 단 멋진 식당으로 운영되고 있었다.

그런데 길 건너 지하철역에서 바라본 건물 외면은 하나도 변한 게 없이 그대로다. 과거의 흔적을 고스란히 보존한 채 기차역에서 미술관으로 멋지게 탈바꿈한 오르세 미술관처럼 이곳 역시도 외부의 모습을 건드리지 않은 채 내부만을 리모델링해서 완전히 새로운 공간에서 손님을 맞고 있었다. 이런 모습을 볼 때마다 과거 문화유산을 보존하면서도 현대적인 문화도시로서 위용을 자랑하는 파리의 저력을 느끼게 된다. 다음에 올 때는 식사 시간에 맞춰 이 식당에 들러봐야겠군, 그렇게 기약 없는 다짐을 하며 발길을 돌린다.

기차역 모양의 건물을 왼쪽으로 두고 오른쪽으로는 작은 정원이 펼쳐진다. 길가 양쪽으로는 크게 자란 가로수가 늘어서 있다. 여름이었다면 햇빛을 피하기에 충분한 멋진 그늘이 되어주었을 텐데 지금은 1월 한겨울이라 뼈대만 남은 앙상한 나뭇가지가 쓸쓸해 보인다. 그래도 가지는 풍성해서 나름대로 운치는 있다.

중앙의 가로수 길을 따라가자니 왼편으로 조각상 하나가 나타난다. 프랑스인들이 사랑하는 우화 작가 라퐁텐Jean de La Fontaine이다. 라퐁텐은 왼손에 책을 들고, 오른손은 주머니에 넣고서 미소를 머금은 채 자신의 우화 「까마귀와 여우」에 등장하는 동물 주인공들을 바라보고 있다. 라퐁텐의 발치에서 입에 치즈를 물고 앉아 있는 까마귀는 잠시 후 냄새를 맡고 온 여우의 간계에 속아 아끼던 치즈를 떨어뜨리고 말 것이다. 모든 아첨꾼은 그의 말에 솔깃해서 넘어가는 자들에게 빌붙어서 산다는 걸 잊지 말라는 이 이야기에 담긴 교훈을 떠올리면서 천천히 발걸음을 옮긴다. 저만치에 미술관이 그 우아한 자태를 드

공원에서 만난 라퐁텐의 조각상

러낸다. 반가운 마음에 걸음이 빨라진다. 그런데 오, 이게 무슨 일이지, 생각보다 미술관 입구에 늘어선 줄이 길지 않다. 2019년엔 30분 넘게 줄을 섰던 기억이 있는데 오늘은 운이 좋다. 추운 날씨가 도와준 것일까. 기쁜 마음으로 줄 선 사람들 끝에 자리를 잡는다.

같으면서도 다른, 마르모탕 부자의 이야기

마르모탕 모네 미술관은 프랑스 제2제정기 양식으로 지은 대저택 건물에 자리하고 있다. 미술관이 소장한 작품들만이 아니라 관람객에게 공개된 저택 자체가 하나의 볼거리가 되는 이유다.

19세기 후반 제2제정기 때 나폴레옹 3세와 오스만 남작이 추진한 대대적인 파리 대개조 사업 과정에서 오늘날 파리의 부촌으로 통하는 16구에 속하는 파시가 파리에 병합되었다. 근처 불로뉴 숲에서 사냥을 즐기고 쉬어가는 별장을 짓기에 그만한 땅이 없었기에 부유한 명망가들의 관심이 자연스레 이 지역에 집중되었다. 프랑수아 크리스토프 에드몽 켈레르만이라는 긴 이름을 가진 발미 공작도 그런 사람들 중 한 명이었다. 바람대로 이곳의 넓은 부지를 매입한 발미 공작은 곧 세 채의 저택을 포함한 큰 규모의 별장 건축을 시작했다. 별장이 완공되자 공작은 세 채의 저택 중 두 채를 처분하고, 라파엘가 20번지에 위치한 저택 한 채만 자신을 위해 남겨두었다. 지하 1층에 지상 2층 규모로 몇 개의 부속 건물과 뒤쪽에 아름답게 꾸며진 영국식 정원을 갖춘 아름다운 저택이었다. 그러나 발미 공작이 자기 소유의 저택에서 보낸 시간은 그리 길지 않았다. 건물 완공 후 얼마 지나지 않은 1868년 발미 공작은 세상을 떠났고, 그의 부인과 딸은 저택을 팔기로 결정한다. 1882년 당시 돈으로 이십육만 프랑을 주고 이 집을 구입한 사람이 바로 예술품 수집가 쥘 마르모탕Jules Marmottan이었다.

법학을 전공하고 잠시 파리에서 주식 중개인으로도 일했던 쥘 마르모탕은 수완 좋은 사업가였다. 1870년 경영을 맡고 있던 광산을 그 지역에서 가장 큰 광업 회사로 키워 내기도 했던 그는 이후 에너지와 교통 분야에서 프랑스 여러 회사의 경영인으로 일했다. 동시에 그는 열정적인 예술품 애호가이자 수집가이기도 했다. 그의 수집품 목록을 살펴보면 르네상스 시대 직전에 활동했던 이탈리아, 플랑드르, 독일의 원초주의 예술가들의 작품에 더해 르네상스 시대 작품이 주를 이루고 있다. 이렇게 정성껏 수집한 작품들은 모두 새로 구입한 라파엘가의 저택을 장식하는 데 사용되었다. 하지만 안타깝게도 쥘 마르모탕은 저택을 구입한 이듬해인 1883년 53세의 나이로 사망하고 만다.

아버지가 사들인 멋진 예술 작품들로 꾸며놓은 저택을 유산으로 물려받은 것은 다름 아닌 그의 유일한 아들 폴 마르모탕Paul Marmottan이었다. 스물일곱의 나이에 부친의 막대한 재산을 상속받은 폴은 원래 계획했던 고위 공직자의 길을 포기하고 파리에 정착해 좋아하던 역사와 예술 공부에 몰두한다. 그의 관심은 프랑스 대혁명부터 1830년 7월 혁명에 이르는 시기에 집중되었고, 그와 관련해 저명한 저서를 여럿 발표하기도 했다. 아는 만큼 보인다고 했던가. 역사가로서의 업적은 수집가로서의 폴 마르모탕의 행보에 큰 영향을 미치게 된다. 게다가 그에겐 원하는 것을 실현할 수 있을 만큼 충분한 재산도 있었다. 지식과 더불어 재력까지 갖춘 예술 애호가 폴은 아버지가 그랬듯이 자기 취향을 반영한 예술품 수집에 적극 뛰어든다. 라파엘가의 저택에는 나폴레옹가 일원들의 얼굴을 조각한 대리석 흉상이 들어서고 엄격하게 선정된 고가의 나폴레옹 시대 가구가 자리를 잡는다. 그중에는 한때 나폴레옹 보나파르트가 파리의 거처로 삼았던 튈르리 궁전에서 나온 것들도 있으니 수집가로서의 그의 열정과 집념에 탄복하지 않을 수 없다. 물론 그런 일을 가능하게 만든 그의 재산에 대해선 재차 언급할 필요도 없을 테고 말이다.

회화에서도 그의 관심은 프랑스 제1제정기 시대 화가들을 향해 있다. 1789년부터 1830년까지의 프랑스 회화에 대한 책을 직접 집필하기도 했던 폴은 이미 낭만주의가 발흥한 시기에 여전히 고전주의 방식으로 그림을 그리던, 그래서 대개 '이류 작가'로 일컬어지는 당대 풍경 화가들의 그림을 모아 보기 드문 컬렉션을 완성했다. 그가 자신의 책을 헌정하기도 했던 이들 풍경 화가들의 작품은 마르모탕 모네 미술관으로 변모한 오늘날에도 저택 이곳저곳을 장식하며 꿋꿋하게 자신의 존재를 알리고 있다.

솔직히 말하면 이 그림들이 인상주의 회화와 모네의 그림에 익숙한, 더구나 모네를 보기 위해 이곳까지 찾아온 관람객들의 눈을 사로잡기는 어려울 것이다. 그건 내게도 마찬가지다. 하지만 저택의 방들과 집무실 곳곳에 걸려 있는 이 그림들이 학자이자 수집가였던 폴 마르모탕이 평생의 열정을 바쳐 사랑했던 한 시대에 대한 오마주의 흔적이라고 생각하니 뭔지 모를 숙연한 마음이 든다.

어쨌든 폴 마르모탕이 아버지로부터 물려받은 저택을 대대적으로 고치고 자신의 취향에 따라 개조한 것은 1910년경의 일이었다. 그는 인근의 땅을 매입해 건물을 확장했고, 건물 내부의 침실과 식당, 살롱 등을 제정기를 지배했던 신고전주의 스타일로 바꾸고 나폴레옹 시대 가구와 물품들로 장식했다. 이로써 마르모탕가의 저택은 르네상스 문화에 흠뻑 젖어있던 아버지 마르모탕의 흔적 위에 나폴레옹과 그의 시대에 탐닉했던 아들 마르모탕의 취향이 덧대어진 모습으로 우리에게 전해졌다.

마르모탕 미술관에서 마르모탕 모네 미술관으로, 컬렉션 변천사

한 번의 결혼과 이혼을 거친 후, 재혼의 상대로 생각했던 여성 마리 마르탱Marie Martin이 사망하자 폴 마르모탕은 평생을 독신으로 살았다. 그 말인즉슨 그에겐 사후 유산을 물려줄 직계 자손이 없었다는 얘기다. 평생을 예술 애호가로 살았던 폴 마르모탕은 우리가 나중에 방문할 자크마르 앙드레 미술관의 소유자 넬리 자크마르Nelly Jacquemart와 니심 드 카몽도 미술관의 소유자 모이즈 드 카몽도Moïse de Camondo가 그렇게 했듯 자신의 저택과 그동안 수집했던 소장품들을 문화 관련 공공 기관에 기증하여 그 가치를 보존하고 대중에게 공개하기로 결정했다. 1932년 3월 15일 폴이 사망하자 재산의 소유권은 기증자의 뜻을 실현할 임무를 맡게 된 프랑스 미술 아카데미로 넘어갔고, 미술 아카데미는 건물 내부 공사를 거쳐 2년 후인 1934년 마르모탕의 기증품을 바탕으로 마르모탕 미술관의 문을 연다.

마르모탕 미술관을 관리하게 된 미술 아카데미는 어린 루이 14세가 모후의 섭정을 받던 시기인 1648년에 설립된 왕립 미술 조각 아카데미를 그 전신으로 하여 프랑스 예술 보호와 전통 유지를 목표로 운영되는 유서 깊은 기관이다. 그 권위 덕분이었을까. 아니면 신규 개관한 미술관에 대한 기대 때문이었을까. 마르모탕 미술관에는 개관 직후부터 유난히 많은 개인 소장 컬렉션의 사후 기증이 잇따랐다. 덕분에 미술관은 규모 면에서나 다양성 면에서 점점 더 세를 확장하게 되었고 유명세도 덩달아 커졌다.

그중에서 우리의 눈길을 끄는 것은 미술 아카데미의 관리하에 19세기 아카데미풍의 회화를 주요 소장품으로 삼아 개관한 마르모탕 미술관이 19세기 당시 아카데미가 철저히 외면했던 인상주의 회화를 중심으로 하는 미술관으로 변모하게 만든 기증 사례들이다. 그 포문을 연 것은 바로 빅토린 도놉 드 몽쉬Victorine Donop de Monchy 부인이었다. 그녀의 아버지는 루마니아 태생으로 인상파 화가들이 많이 살던 아르장퇴유에서 활동한 개업 의사로, 당시만 해도 인정을 받지 못해 형편이 어려웠던 화가들의 그림을 구매하면서 후원자의 역할을 했던 조르주 드 벨리오Georges de Bellio였다. 화가 에드가 드가Edgar Degas와 절친한 사이였던 이 예술 애호가 의사는 친구의 조언에 따라 모네에 관심을 갖게 되었고 제1회 인상파 전시회에서 모네의 그림을 두 점 구입했다. 그런 인연으로 의사 드 벨리오는 1894년 사망할 때까지 모네와 친밀한 관계를 유지한다. 슬하에 자식이 없던 빅토린은 1940년부터 1947년까지 여러 차례에 걸쳐 아버지로부터 상속받은 예술 작품들을 마르모탕 미술관에 유증했다. 그녀가 기증한 컬렉션에는 인상파 화가들의 작품 열한 점이 있었고 그중에는 인상주의의 시작을 알리는 모네의 대표작 〈인상, 해돋이〉가 포함되어 있었다.

그런데 이 그림이야말로 마르모탕 미술관의 얼굴을 바꾸는 데 기여한 일등 공신이 아닐 수 없다. 미술사를 살펴보면 의사 드 벨리오가 모네와 그 친구들의 최초 후원자로 이름을 알리던 무렵, 폴 마르모탕과 미술 아카데미는 그들을 공격하는 진영에 서 있었다. 특히 미술 아카데미는 1870년 이후 이 젊은 화가들에게 살롱전 전시 기회를 박탈했고 그 결과 이들은 따로 모여 전시회를 할 수밖에 없었다. 모네의 〈인상, 해돋이〉는 그런 상황에서 제1차 인상파 전시회에 출품되었다가 비평가들의 혹평을 한 몸에 받았던 작품이었다. 그랬던 미술 아카데미가 1940년 빅토린이 기증한 11점의 인상주의 그림을 받아들이면서 마침내 인상주의의 가치를 인정하고, 그에 더해 인상주의에 이름을 빌려준 모네의 대표작의 소유자요 지킴이가 되었다는 사실을 생각하면 역사의 아이러니가 그저 놀라울 따름이다.

인상파와 관련된 두 번째 기증은 1966년 클로드 모네의 둘째 아들 미셸 모네Michel Monet에 의해 이루어졌다. 1914년 형이 사망하면서 클로드 모네의 유일한 직계 후계자가 된 미셸은 아버지로부터 지베르니의 집과 함께 그곳에 있던 작품 전부를 상속받았다. 거기엔 들라크루아, 부댕, 카유보트, 르누아르, 모리조의 그림과 데생을 비롯해 무엇보다 아버지 모네의 말기 작품 대다수가 포함되어 있었다. 아이가 없었던 미셸은 마르모탕 미술관을 유증 수혜자로 지정하고 아버지의 유작과 수집품을 기증했다. 이로써 마르모탕 미술관은 세계적인 인상주의 미술관이자 전 세계에서 모네 작품을 가장 많이 소장한 대표적인 모네 미술관이 되었다.

이후에도 기증은 계속 이어졌다. 1985년 후기 인상파 화가 앙리 뒤엠Henri Duhem의 수양딸 넬리 세르장-뒤엠Nelly Sergeant-Duhem은 모네의 대표작 〈아르장퇴유 산책〉과 폴 고갱의 〈꽃다발〉이 포함된 컬렉션을 기증하였고, 1993년 루아르 일가는 유일한 여성 인상파 화가였던 베르트 모리조Berthe Morisot의 그림 25점과 판화 작품들을 기증함으로써 이 미술관을 단지 모네의 성지만이 아니라 모리조의 작품 세계를 만나기 위해서도 꼭 들러야 하는 귀한 장소로 만들어 주었다.

이렇게 본다면 마르모탕 모네 미술관이야말로 가히 진정한 수집가의 미술관이라 불릴 만하다. 마르모탕을 필두로 많은 수집가가 자신의 컬렉션을 아낌없이 쾌척하였기에 오늘 우리가 이런 환상적인 공간에서 멋진 작품들을 감상할 수 있게 되었으니 말이다. 이미 세상을 떠났지만 그들의 넓은 마음 씀씀이에 경의를 표하지 않을 수 없는 까닭이다. 어쩌면 그들은 재산이란 게 혼자 배타적으로 소유할 때보다 많은 사람과 함께 나눌 때 그 가치가 커질 수 있음을 일찌감치 알아차린 현인들이었는지도 모르겠다. 하물며 그 재산이 인류 공동의 자산인 예술 작품인 바에야 굳이 더 말을 보탤 필요가 있겠는가.

특별 전시실에서

미술관 안으로 들어서면 왼쪽으로 보이는 전시 공간에서 열리는 특별 전시가 눈길을 끈다. 마르모탕 모네 미술관의 경우 미술관이 소장한 모네와 인상주의 작품의 상설 전시도 훌륭하지만, 때마다 참신한 기획으로 꾸며지는 특별 전시 역시 관람객을 미술관으로 끌어들이는 데 큰 역할을 하고 있다.

2023년 10월 18일부터 2024년 3월 3일까지 열렸던 특별 전시는

'베르트 모리조와 18세기 예술'이라는 제목을 달고 있다. 인상파 그룹의 유일한 여성 작가이자 마르모탕 모네 미술관이 애정하는 작가인 베르트 모리조의 작품을 18세기 로코코 양식의 화가로 알려진 와토, 부셰, 프라고나르, 페로노 등의 그림과 함께 전시함으로써 그녀가 아주 젊은 나이부터 이 작가들의 영향을 받았음을 보여 주기 위해 기획된 전시다.

전시실을 들어가서 처음 마주하는 작품은 베르트 모리조의 〈부채를 든 여인 혹은 무도회에서〉이다. 이 그림은 1873년 결성된 '화가, 조각가, 판화가 및 무명 예술가 협회'에서 사진가 나다르의 스튜디오를 빌려 1876년 개최한 전시회, 그러니까 제2회 인상파 전시회에 출품된 것으로 무도회 복장을 한 젊은 여인의 초상을 그린 것이다. 이를 필두로 평상시에 마르모탕 모네 2층에 걸려 있던 베르트 모리조의 그림 여러 점을 비롯해 프랑스와 해외 유수의 미술관에서 가져온 작품들, 그리고 개인 소장 작품까지 총 65점의 작품이 베르트 모리조와 18세기 프랑스 로코코 화가들의 영향 관계라는 주제 아래 한자리에 모여 관람객을 맞이하고 있었다.

솔직히 2024년 1월 마르모탕 모네 미술관을 다시 찾으면서 이런 이벤트가 기다리고 있을 줄은 정말 몰랐다. 이곳 미술관에서 한 해에 두세 번씩 새로운 전시를 진행하는 것은 알고 있지만, 파리가 아닌 곳에 살고 있는 나로서는 때맞춰 원하는 전시를 보러 올 수도 없는 노릇인지라 특별 전시와의 만남은 거의 운명적이라고 생각하는 편이다. 그런데 베르트 모리조의 그림을 좋아하는 나에게 전 세계에 흩어져 있는 모리조의 작품들을 한자리에 모은 전시를 볼 기회가 생기다니! 예기치 않은 행운에 감사하며 수많은 관람객의 인파 속에서도 한 작품씩 천천히 눈을 맞춰 본다.

하긴 생각해 보니 4년 전 코로나 사태 직전에 이곳에 왔을 때도 운 좋게 아주 멋진 특별 전시를 볼 수 있었다. 그때 특별 전시는 '개인 소장 작품전: 인상파에서 야수파로의 여행'이라는 제목으로 특정 미술관이 아니라 개인들이 소장하고 있는 작품들만을 모아 전시하는 흥미로운 컨셉으로 진행되었다. 사실상 개인 소장 작품들은 이런 특별 전시 형태가 아니면 따로 보기가 어려우니 전시 주제에 관심이 있는 미술 애호가들의 관심을 끌 만했을 것이다. 가는 비가 내리던 날로 기억되는데 궂은 날씨에도 불구하고 입장을 원하는 사람들이 정말이지 길게 늘어서 있던 것은 아마도 그 때문이었을까. '인상파에서 야수파로의 여행'이라는 제목에 걸맞게 그때의 전시는 모네, 르누아르, 드가, 카유보트, 피사로 등 인상파로 시작해서 쇠라, 시냑으로 대표되는 점묘파를 거쳐 로트렉, 고갱, 고흐 등의 후기 인상파로 이어졌다가 보나르, 뷔야르의 나비파를 지나 마티스, 드랭, 뒤피, 블라맹크, 반 동겐 등 야수파 화가들의 그림에서 멈췄다.

여러 그림이 좋았지만, 그날 유난히 내 마음에 와닿았던 그림은 모네의 〈붉은 국화〉였다. 우선은 모네 하면 빛을 머금은 흐릿한 파스텔 톤의 풍경화가 주로 떠오르는데, 그의 정물화에서는 풍경화와는 또 다른 멋을 느낄 수 있다. 게다가 붉은색 식탁보 위에 놓인 하얀, 그러나 붉은색 꽃무늬가 새겨져 있는 꽃병에 흐드러지게 꽂힌 붉은

2016년과 2019년 내 마음을 사로잡았던 모네의 〈붉은 국화〉

색 국화라니, 이건 온통 붉은색으로 도배된 마티스의 그림 〈붉은 방〉 만큼이나 강렬하지 않은가. 붉은 국화 뒤쪽 배경을 메운 붓 터치에도 힘이 넘쳤다. 나더러 모네의 그림 중에서 가장 모네스럽지 않은 그림을 하나 뽑으라면 망설임 없이 이 그림을 선택할 것 같다. 그런데 그것 말고도 이 그림이 눈에 들어왔던 이유는 사실 그전에 이 작품의 실물을 본 적이 있기 때문이다. 그것도 외국이 아니라 바로 내가 살고 있는 서울에서 말이다. 그렇다. 2016년 용산 전쟁기념관에서 열린

〈모네, 빛을 그리다 展〉 때 이 작품이 한국에 왔었다. 그때도 나는 이 그림 앞에서 한참을 서 있었다. 특별 전시의 매력은 이런 데 있는 것 같다. 예기치 않은 곳에서 다시는 못 볼 것 같았던 친구를 우연히 만나는 것이라고 할까. 2016년 서울에서, 2019년 파리에서 봤던 〈붉은 국화〉를, 그리고 2024년 처음 발견한 베르트 모리조의 몇몇 그림들을 언젠가 어딘가에서 다시 만날 수 있기를 기대해 본다. 그 순간 그 그림은 프루스트의 소설 속 홍차에 적신 마들렌 과자처럼 잊힌 채 잠자고 있던 내 기억 속 지나간 시간과 공간을 수면 위로 떠오르게 하는 마법을 부리게 될 것이다.

그건 그렇고 갑자기 엉뚱한 생각이 하나 떠오른다. 특별 전시에 나오는 개인 소장 작품들은 평소에는 어디에 걸려 있는 거지? 이렇게 전 세계를 돌며 관객을 만나야 하니 정작 그림의 소유자는 작품을 곁에 두고 볼 시간이 없는 거 아니야? 하긴 돈으로 환산되는 그림의 가치를 생각하면 전시가 없을 때조차도 그림의 소유자가 혼자만의 그림 관람을 하기는 어려울지도 모르겠다. 어느 은행의 금고에 고이 모셔져 있을 가능성이 크니까 말이다. 어쨌거나 앞으로도 많은 전시가 기획되어 숨어 있는 멋진 그림들이 세상에 나오면 좋겠다. 아무렴, 그림 입장에서도 어두운 은행 금고 속에 들어 있느니 사람들의 감탄하는 눈앞에 놓이는 것이 백번 천번 좋지 않겠는가?

인상주의의 시작, 모네의 〈인상, 해돋이〉

매번 새롭게 기획되는 특별전을 다 보고 나면 지하로 이동하게 되는데 그곳이 바로 모네 작품들을 모아놓은 모네 상설 전시관이다. 들어가서 얼마 안 가 미술사의 한 페이지를 장식한 모네의 그 유명한 〈인상, 해돋이〉가 한쪽 벽에 걸려 있는 게 보인다. 이 그림을 실물로 처음 보는 사람들은 아마 세 번은 놀라지 않을까 싶다. 먼저 유명세에 비해 그림의 크기가 상당히 작은 걸 보고 뭐야, 이렇게 작은 그림이었어? 하는 마음이 드는 게 첫 번째다. 이어 자세히 보겠다는 일념으로 그림 앞에 가까이 다가선 순간, 웬걸 이거 혹시 그림 그릴 때 물감이 부족했던 거 아니야? 아니면 설마 칠하다 만 건가? 하는 생각이 들 정도로 마무리가 덜 된 느낌이 드는 게 당혹스럽다. 그림 윗부분 왼쪽에서 약 3분의 2쯤 되는 지점에 칠해진 오렌지색 동그라미는 분명 태양을 그린 것인데 화면의 주조를 이루는 푸른색과 보라색 사이에서 어울리지 못하고 혼자 도드라져 보인다. 이런 당혹감을 지닌 채 그림 뒤로 몇 발짝 물러나 감상을 위한 충분한 거리를 확보하는 순간, 그제야 이 그림의 주제인 해돋이의 장관이 눈에 들어온다. 화폭 상단 하늘을 붉게 물들이는 아침 해는 바다 위에 붉은 그림자를 길게 늘어뜨리고 있다. 그 곁에 작은 배를 타고 유유히 노를 저어가는 사람들. 수평선 위로 해가 떠올라 제 모습을 드러낸 짧은 찰나의 순간, 모네가 거칠고 짧은 붓질을 하느라 손을 바쁘게 움직이며 화폭 위에 담고자 했던 그 순간의 강렬한 인상이 비로소 내게도 전해진다.

이 그림은 모네가 어린 시절을 보냈던 항구 도시 르아브르의 바다를 배경으로 하고 있다. 1872년 11월 짧은 르아브르 체류 중에 라미로테 호텔에 머물던 모네는 창문 사이로 바라본 새벽 풍경을 단 몇 시간 안에 화폭 위로 옮겨 냈다. 그리고 이 그림을 1874년 후일 제1회 인상파 전시회로 불리게 될, 살롱전 낙선 작가들이 모인 무명예술가협회의 첫 번째 그룹전에서 공개하기로 결정한다. 그런데 전시회를 위해서는 전시 도록에 들어갈 제목이 필요했다. 그림의 내용으로 보면 '르아브르의 풍경' 정도가 적당했겠지만, 모네는 이 작품에 그런 평범한 제목 대신 조금 특별하게 '인상'이라는 제목을 붙였다. '인상'이라는 말은 19세기 중반 이후 화가들 사이에 자주 사용되던 일종의 전문 용어로 자연의 세밀한 묘사 대신에 어떤 분위기, 어떤 인상을 표현하고자 하는 풍경화가들의 관심이 반영된 말이었다.

그런데 이 전시회를 취재하러 왔던 풍자 잡지 「르 샤리바리」의 보수적인 기자 루이 르루아Louis Leroy는 모네가 선택한 제목을 보고 단번에 야외에서 그림 그리기를 즐기는 이 '미숙한' 젊은 화가들의 논쟁적인 야심을 읽어 냈다. 그리하여 1874년 4월 25일 자 잡지 기고문에서 조롱의 의미를 담아 '인상주의자들의 전시회'라는 제목을 붙인 후 이들의 그림이 "대상의 본질이 아니라 단지 인상만을 그렸다."라고 강하게 비판했다. 그가 보기에 이 그림은 너무 자유롭게, 너무 쉽게 그려졌던 것이다.

하지만 이 화가들의 열렬한 옹호자였던 비평가 쥘-앙투안 카스타냐리Jules-Antoine Castagnary는 르루아의 글이 발표된 지 정확히 4일 후 일간지 「세기」에 실린 전시회 관련 기사에서 "이 예술가들은 풍경을 묘

클로드 모네, 〈인상, 해돋이〉, 1872

사하는 것이 아니라 그것이 전달하는 감각적 인상을 묘사한다는 점에서 인상주의자들이다."라고 주장하며 인상주의라는 용어에 긍정적인 가치를 부여하였다. 하나의 이름이 탄생하고 그 이름의 가치를 둘러싼 논쟁의 역사가 시작되는 순간이었다. 어쨌든 이 사건 이후로 모네와 그의 친구들은 좋든 싫든 인상주의자로 불리게 되었고, 〈인상, 해돋이〉는 이 그룹을 상징하는 작품이 되었다.

한편 이 그림은 세기의 미술품 도난 사건 중 하나와 관련되어 있다. 1985년 10월 27일 아침 10시경에 파리의 부촌 16구에 자리한 마르모탕 모네 미술관에 변장한 무장 괴한 5명이 나타났다. 그중 세 명이 미술관 경비원을 제압하는 사이에 나머지 두 명이 모네의 〈인상, 해돋이〉를 포함해 9점의 작품을 훔쳐 달아났다. 이 모든 일이 단 몇 분 만에 이루어졌다. 마치 철저하게 준비한 은행털이 강도를 방불케 하는 일사불란한 작전이었다. 프랑스 경찰은 처음에 제국주의 타도와 프롤레타리아 보호를 모토로 하는 반인종주의, 반제국주의 테러 단체 '악시옹 디렉트Action Directe, 직접행동'의 소행으로 추정하고 수사를 개시했지만, 곧 생각을 바꿀 수밖에 없었다. 그도 그럴 것이 도난당한 그림들의 사진이 놀랍게도 일본에서 모습을 드러낸 것이다. 알고 보니 이 사건은 코르시카 범죄 조직 '브리즈 드 메르Brise de mer'가 일본의 갱단과 공모하여 벌인 일이었다. 프랑스 정부는 이 조직들과 도난품 반환 협상을 수차례 벌였지만 별다른 수확을 거두지 못했다. 그러는 사이 속절없이 시간만 흘러갔다. 하지만 하늘이 도운 것일까. 장물로 나온 너무나 유명한 이 그림들을 사겠다고 할 만큼 간 큰 구매자가 아무도 나타나지 않았고, 결국 1990년 코르시카 섬 포르토 베키오의 한 아파트에서 도난당했던 그림 전부가 전혀 훼손되지 않은 상태로 발견되었다. 지금은 아무 일도 없었던 듯이 마르모탕 모네 미술관에 전시되어 있지만 하마터면 영원히 이 그림을 못 볼 뻔했다. 그 생각을 하면 이미 지난 일이지만 휴우, 하고 가슴을 쓸어내리게 된다.

근대를 그리는 화가

나폴레옹 3세의 제2제정은 1870년에 막을 내렸지만 그의 통치기는 파리에 엄청난 변화를 가져왔다. 황제의 명을 받든 오스만 남작의 파리 재정비 사업으로 파리는 중세 도시의 면모를 말끔히 털어 내고 완전히 현대적이며 고급스러운 도시로 탈바꿈했다. 파리에는 곳곳을 잇는 직선으로 연결된 도로가 개설되었고 60만 채가 넘는 저택과 공공건물, 공공주택 등이 건설되었다. 도로 사이사이에는 광장과 공원이 조성되어 쾌적한 공간을 연출했으며, 가로등이 밤길을 환하게 밝히면서 파리 시민들은 밤에도 안전하게 오페라와 발레, 음악회와 연극 공연을 감상하고 무도회장에 드나들 수 있게 되었다. 또한 파리의 골칫거리였던 위생 문제를 해결할 근대적인 상하수도 시스템도 갖추어졌다.

이 모든 것과 함께 파리의 삶을 극적으로 변화시킨 또 다른 요소는 다름 아닌 기차의 탄생이었다. 1849년 파리 동역이 지어진 이래, 도시의 경계선을 따라 여섯 개의 역들이 줄지어 들어섰다. 획기적인 운송 수단인 기차의 등장은 파리 시민들의 공간 감각을 180도 바꾸어버렸다. 기차는 빨랐고 덕분에 그동안 멀게만 느껴지던 지역들이 가깝게 느껴지기 시작했다. 우리나라에 고속철도가 놓이면서 전국이 일일생활권에 들어선 것처럼 기차와 더불어 파리 시민들의 일일생활권이 센강 유원지는 물론 다소 먼 노르망디 지역으로 확대되었다.

빛에 따라 변하는 순간의 인상을 포착하기 위해 야외에서 그림을 그리는 인상파 화가들에게도 기차의 등장은 반가운 소식이 아닐

클로드 모네, 〈트루빌 해변에서〉, 1870

수 없었다. 모네를 위시한 인상파 화가들은 틈날 때마다 기차를 타고 센 강변의 유원지들과 노르망디 해안을 찾아 그곳의 풍경을 있는 그대로 화폭에 담았다. 인상파 화가들은 자신들이 살아가는 시대, 변화된 삶의 공간에서 한순간을 포착해 가감 없이 그림 속에 옮겨 놓는다. 덕분에 그들의 그림 속에는 당대의 발전상과 더불어 사람들이 생활하고 향유하던 삶의 순간들이 고스란히 담겨 있다. 그림으로 남은 시대의 증언이랄까.

먼저 마르모탕 모네 미술관이 소장한 모네의 〈트루빌 해변에서〉라는 그림을 보자. 노르망디의 해변 도시 트루빌은 주말 여가를 즐기기 위해 파리 시민들이 즐겨 찾던 휴양지였다. 1870년 여름 모네는 아내 카미유와 첫째 아들 장을 데리고 트루빌을 찾았다. 그곳에서 트루빌 해변 풍경을 주제로 카미유와 그녀의 조카를 모델로 삼아 세 점의 그림을 그리는데, 그중 하나가 〈트루빌 해변에서〉다.

그림의 전경에는 푸른색 줄무늬가 그려진 흰색 원피스를 입은 두 여인이 크게 자리를 차지하고 후경에는 해변 휴양지를 찾은 많은 사람의 모습이 작게 그려져 있다. 이 인물들 사이로 대각선으로 분할된 바다와 해변이 그림에 공간감과 깊이를 부여한다. 당시 모네의 관심은 야외라는 공간에서 빛의 효과를 연구하는 데 있었다. 인물들의 표현에서 드러나는 디테일 부족은 아마 그런 이유로 설명될 수 있을 것이다. 아니 어쩌면 재료를 아껴야 했던 가난한 무명 화가의 처지가 반영된 것일 수도 있겠다. 어쨌든 전반적으로 회색 주조의 색감은 모네의 초기작에서 보이는 전형적인 특징이지만 자유로운 붓 터치와 재빠른 손놀림에서는 향후 완성될 인상주의 회화의 특징이 이미 드러나 있다.

이제 1875년에 그려진 〈눈 내리는 날의 기차. 증기기관차〉로 눈을 돌려 보자. 모네와 그의 가족은 1871년 파리의 외곽 아르장퇴유에 정착했다. 새로 이사한 아르장퇴유의 집 정원에서 바라본 마을과 주변 풍광은 모네에게 영감의 원천이 되었다. 예컨대 1874년부터 1875년으

클로드 모네, 〈눈 내리는 날의 기차. 증기기관차〉, 1875

로 넘어가는 겨울에 아르장퇴유를 배경으로 열여섯 점의 설경이 화폭에 담기는데, 그중 하나가 바로 〈눈 내리는 날의 기차. 증기기관차〉다.

증기기관차 한 대가 검은 연기를 내뿜으며 흰 눈이 쌓인 철로 위로 들어서고 있다. 이 그림은 기차라는 현대 문물을 주제로 삼고 있다는 점에서 당시 모네가 그린 다른 설경 풍경화와 구별되며, 1877년부터 시작되는 모네의 생 라자르역 연작 시리즈의 탄생을 예고하는 작품으로 여겨진다. 주제도 주제지만 사실 이 그림에 주목해야 할 이유는 색채 화가로서 모네의 재능이 한껏 드러난다는 점이다. 역에 들어서는 기차와 길게 늘어선 목책, 그리고 가로수의 회갈색 톤은 눈덮인 바닥의 흰색 뉘앙스와 강렬한 대비를 이룬다. 하늘을 가득 메운 구름과 기차에서 뿜어져 나오는 연기는 미묘한 톤의 처리를 연습하는 데 좋은 기회가 되었을 것이다. 특히 붉은색으로 칠해진 기관차 정면 하단부와 전조등을 표시하는 두 개의 노란 색 동그라미는 관람객의 시선을 잡아끌며 그림의 색채 구성을 완성한다.

기차를 좋아했던 모네는 기차역에도 매료되어 작품의 소재로 즐겨 그렸다. 19세기 사람들에게 기차역은 여행에 대한 흥분과 동시에 새로운 산업 기술에 대한 동경을 불러일으키는 장소였다. 특히 모네는 인상파 화가들이 노르망디로 스케치 여행을 떠날 때 자주 이용하던 생 라자르역이 확장 공사를 거치면서 철과 유리라는 현대적인 소재로 건축된 것에 깊은 감명을 받았다. 이에 1877년부터 생 라자르역 풍경을 소재로 일련의 연작을 제작한다.

이와 관련해서 재미있는 일화가 전해진다. 생 라자르역의 선로를 덮고 있는 피라미드 형태의 철골 지붕은 당시 과학기술의 탁월한 업적이었다. 이 역을 너무나 그리고 싶었던 모네는 어느 날 깨끗이 정장을 차려입고 역장을 찾아가서 자신을 화가라고 소개한 후 다음과 같은 말로 담판을 벌인다. "난 원래 파리 북역이 좋아서 그곳을 그리려고 했는데 생각해 보니 생 라자르역이 특색 있고 마음에 들어 그렸으면 하니 협조해 주시오."라고 말이다. 이 무슨 뚱딴지같은 소린가 싶었지만, 이 대담한 화가의 행동에 마음이 동한 역장은 그의 요청을 받아들이기로 한다. 그는 시간을 정해 사람들을 통제하고 기차들을 플랫폼에 정지시켰다. 그리고 모네가 원하는 대로 제대로 증기를 뿜어내기 위해 기차에 석탄을 가득 채워 연소시킬 것을 기관사에게 명했다. 역장의 적극적인 도움으로 모네는 매일 역에 나와 생 라자르역 연작 6점을 완성했다. 그중 연기를 가득 내뿜으며 종착역에 들어서는 기차와 선로의 상태를 살피는 인부들의 모습을 담은 〈생 라자르역〉이라는 제목의 그림이 오르세 미술관에 전시되어 있다.

이곳 마르모탕 모네 미술관에도 연작 시리즈 중 한 점이 걸려 있다. 〈유럽 다리. 생 라자르역〉이라는 제목을 가진 이 그림은 역사 내부가 아니라 생 라자르역 근처의 모습을 묘사하고 있다는 점에서 흥미롭다. 그림 후면으로 로마가의 건물들이 보이고, 중간 부분에는

클로드 모네, 〈유럽 다리. 생 라자르역〉, 1875

오른쪽 위에서 가운데를 향해 대각선으로 내려오는 거대한 철제 육교 유럽 다리가 관람객의 눈을 압도한다. 그 사이로 증기기관차에서 뿜어 나오는 연기가 그 시절 기차역의 뜨거운 열기를 우리에게 전해준다. 이 그림을 보고 있자니 당시 모네에게 '생 라자르역' 연작을 그리도록 허락한 이름 모를 역장의 현명한 판단에 박수를 보내고 싶다. 덕분에 지금은 사라지고 없는 그 시절 파리 일상의 한 장면을 생생하게 간직할 수 있게 되었으니 말이다.

수련에 취하다

이런저런 주제로 그려진 모네의 그림들을 감상한 후 오른쪽으로 고개를 돌리면 관객의 눈을 사로잡는 파스텔 톤의 수련 시리즈가 펼쳐진다. 모네가 수련을 많이 그린 것은 익히 알고 있지만 오랑주리 미술관에서 수련 대작을 보고 와서 여기 수련 그림이 많아 봐야 얼마나 많겠어? 라는 생각을 했다면 그건 오산이다. 모네의 성지라는 별명답게 이곳 마르모탕 모네 미술관에는 수많은 수련 작품이 줄지어 늘어서 있어 그야말로 장관을 이루고 있다. 이곳에 있는 그림들 대다수는 모네가 1914년부터 1924년 사이 지베르니 연못의 수련을 주제로 그린 125점의 대형 작품들에 속한다. 알다시피 그중 일부는 작가 생전에 프랑스에 기증되어 1927년 대중에 처음 공개된 후 현재까지 오랑주리 미술관에서 관람객을 만나고 있고 나머지 중에서 작가 사후 그의 둘째 아들 미셸이 소장하고 있던 그림 전체가

전시실에 걸린 수련 작품들

1966년 이곳 마르모탕 모네 미술관으로 이전되었다.

모네와 가족이 살았던 지베르니의 집에는 원예가이기도 했던 모네가 직접 조경한 두 개의 정원이 있었다. 각각 '꽃의 정원'과 '물의 정원'이라 불리는 이 환상적인 공간의 모습은 생애 말년 주로 지베르니에 머물며 그림을 그렸던 모네의 작품 속에 고스란히 드러나 있다. 꽃의 정원에는 계절마다 피는 꽃을 골고루 심어 겨울을 제외하고는 매철마다 서로 다른 아름다운 꽃의 향연이 펼쳐졌고, 근처를 흐르는 앱트 강의 지류에서 물줄기를 끌어다 조성한 연못에는 수련을 심어 그 흥취를 더했다. 얼마 지나지 않아 수련의 커다란 잎과 꽃들이 무리지어 피어나는 연못 주위로 수양버들, 붓꽃, 대나무가 자라났다. 그리고 연못 한쪽 끝에 일본식 다리를 놓아 연못의 풍경을 완성했다.

이곳 마르모탕 모네 미술관에 걸린 지베르니 정원 그림들을 가까이서 들여다보면 〈수련 연못〉, 〈수련, 밤의 효과〉, 〈일본식 다리〉 같은 제목을 단 것도 있지만 그저 〈수련〉이라 간단히 이름 붙은 것들도 많다. 하나하나 꼼꼼히 살펴보기엔 그 수가 너무나 많은 데다 제목도 같고 주제도 동일한 그림들도 여러 점 있어 각각의 특징을 구분하기도 쉽지 않다.

비슷비슷한 정원 그림들에 집중하다 보니 갑자기 현기증이 날 것 같다. 세상에 이런 일이, 그림에도 취할 수가 있구나. 게다가 그중 몇몇은 거의 추상화로 여겨질 만큼 형태가 불분명한 채 거친 붓질로 간신히 색칠만 해놓은 것 같다. 이런 그림들을 보고 있자면 이게 그토록 섬세하게 빛의 뉘앙스를 잡아내던 모네의 그림이 맞나 싶기도 하고, 어쩌면 아직 화가의 손을 더 필요로 하는 미완의 작품이 아닐까 하는 추측도 해보게 된다. 물론 모네가 말년에 백내장으로 거의 실명에 이르렀다는 사실을 떠올리면 거장의 솜씨라고 말하기엔 부족함이 있는 이 그림들의 존재 이유가 충분히 이해된다. 눈이 보이지 않는 어둠 속에서도 오로지 빛, 빛 하나에 의존해 그림 그리기를 멈추지 않았던 노화가의 열정만큼은 한창때에 비해 결코 덜하지 않았을 테니 말이다. 그럼에도 단순히 관람객의 입장에서만 평가한다면 모네의 수련 시리즈 중 최고 걸작은 역시 오랑주리의 수련 대작이다. 그렇다. 이 문제와 관련해선 양보다는 질이라는 말이 확실히 맞다.

나폴레옹 시대 가구와 인상주의 회화의 조화, 다이닝룸

지하에 자리한 상설 전시를 벗어나서 1층으로 다시 올라오면 마르모탕 저택의 생활을 상상해 볼 수 있는 공간을 만나게 된다. 응접실 겸 다이닝룸으로 사용된 방에 들어서면 천장에 매달린 화려한 샹들리에와 한눈에 딱 봐도 진기해 보이는 가구들의 배치가 입을 떡 벌어지게 한다.

어디 그뿐인가. 은은한 푸른빛이 도는 민트색 계열 벽지로 마감된 벽에는 인상주의 회화의 오리지널 작품들이 나란히 줄을 지어 걸려 있다. 샹들리에를 비롯해 방 한가운데 자리 잡은 거대한 식탁, 벽쪽에 놓인 콘솔, 금동 촛대 등은 모두 나폴레옹 시대에 제작된 것으로 폴 마르모탕이 여기저기 발품을 팔아 수집한 가구들이다. 특별히 제작 연도가 1812년인 식탁 위의 화려한 금동 장식용 촛대 그릇은 청동 조각에 금도금을 한 것으로 나폴레옹의 동생 뤼시앵 보나파르트

다이닝룸

의 소유였던 것을 폴의 아버지 쥘 마르모탕이 구입해 아들에게 유산으로 물려준 것이다. 보기만 해도 그 화려함과 섬세함에 놀라지 않을 수 없다.

맨 먼저 귀스타브 카유보트Gustave Caillebotte의 〈파리의 거리, 비 오는 날〉이 눈에 들어온다. 유럽 광장 근처 튀랭가와 모스쿠가의 교차로 모습을 그린 이 그림은 현재 시카고 아트 인스티튜트가 소장하고 있는 동일 제목의 그림을 위한 습작이다. 같은 방 다른 벽 한구석에는 르누아르가 베르트 모리조의 딸을 그린 〈쥘리 마네의 초상〉이 걸려 있다. 르누아르는 1886년부터 베르트 모리조와 우정을 나누기 시작했는데 이 그림은 1894년 열여섯 살이던 쥘리의 모습을 그린 것이다. 그녀가 엄마 베르트와 함께 베베르가의 아파트로 이사를 한 지 얼마 안 된 때였는데, 그림 속 그녀는 아픈 엄마를 걱정하며 슬픈 눈빛을 하고 있다. 실제로 베르트 모리조는 1년 뒤인 1895년 3월 2일 사망했고, 쥘리 마네는 부모를 모두 떠나보내고 혼자 남게 되었다. 클로드 모네, 스테판 말라르메Stéphane Mallarmé와 함께 베르트 모리조의 친한 친구였던 르누아르는 홀로 남은 쥘리를 딸처럼 아끼고 돌보아주었다.

그런가 하면 마르모탕 모네 미술관에는 르누아르가 그린 초상화가 몇 점 더 있다. 그중 대표적인 것이 바로 1873년경 완성된 모네의 초상화 〈신문을 읽고 있는 클로드 모네〉와 역시 비슷한 시기에 그려진 〈모네 부인의 초상화〉다. 〈신문을 읽고 있는 클로드 모네〉에서 파이프 담배를 물고 의자에 앉아 신문을 펼쳐 든 젊은 시절 모네의 모습이 보인다면, 〈모네 부인의 초상화〉에서 입가에 살짝 웃음을 머

오귀스트 르누아르,
〈신문을 읽고 있는 클로드 모네〉, 1873

오귀스트 르누아르, 〈모네 부인의 초상〉, 1873

금은 이십 대의 모네 부인 카미유 동시외Camille Doncieux는 서글서글한 인상의 미인이다. 조금 전 모네 전시실에서 봤던 〈트루빌 해변에서〉의 모델이기도 했던 카미유는 모네의 첫 번째 부인이기 이전에 인상파 화가들 사이에서 모델로 유명세를 떨치고 있었다. 그녀는 르누아르와 마네의 그림에 모델로 등장했고, 무엇보다 남편 모네에게 끊임없는 영감을 준 평생의 뮤즈였다.

1865년 카미유를 처음 만난 순간부터 모네는 운명적인 사랑을 직감했다. 하지만 변변치 않은 집안과 모델이라는 직업이 탐탁지 않았던 모네의 아버지는 결혼을 반대했다. 모네는 부모의 반대를 무릅쓰고 1870년 카미유와 결혼한다. 동시에 부모의 재정 지원은 중단되었고, 무명 화가 모네와 그의 아내이자 모델인 카미유는 다 쓴 캔버스를 다시 긁어 사용할 정도로 경제적 어려움을 겪었다. 그러나 때때로 사랑은 어려운 시기일수록 더 위대하고 놀라운 힘을 발휘하는 법이 아니던가. 두 사람은 극심한 생활고 속에서도 꾸준히 그림 활동을 했고, 사랑하는 아내에 대한 마음이 담겨서인지 카미유를 모델로 그린 50점이 넘는 그림은 부부가 겪은 빈곤과 궁핍을 상상하기 어려울 만큼 화사한 톤을 자랑한다. 1879년 자궁암으로 쓰러진 카미유가 임종을 맞이하는 장면을 그린 〈임종 침상의 카미유〉를 예외로 한다면 말이다.

인상주의 회화의 전당 오르세 미술관에 가거든 이 그림을 꼭 찾아보길 권한다. 사랑했지만 가난 때문에 고생만 하다 젊은 나이에 병이 들어 세상을 떠나는 아내에게 모네가 남편이자 화가로서 마지막으로 바치는 이 그림에서 당시 그가 비평가 클레망소에게 토로했던 복잡한 심경을 느껴보는 것도 좋겠다. "내게 너무나 소중했던 여인이 죽음을 기다리고 있고, 이제 죽음이 찾아왔습니다. 그 순간 나는 너무나 놀라고 말았습니다. 시시각각 짙어지는 색채의 변화를 본능적으로 추적하는 나 자신을 발견했던 것입니다." 아내를 잃는 침통함 속에서도 색채를 집요하게 좇았던 모네는 그렇게 아내의 마지막 순간을 화폭 위에 영원히 고정시켜 놓았다.

마네의 제비꽃 여인, 베르트 모리조

응접실을 나와 나폴레옹 시대 그림을 모아둔 갤러리를 대충 둘러보고 2층으로 올라간다. 내가 애정하는 화가 베르트 모리조의 작품을 보기 위해서다. (내가 마지막으로 방문했던) 2024년 1월에는 베르트 모리조 관련 특별 전시가 열리고 있어 2층의 많은 그림이 자리를 옮겨 1층 특별전시실에 걸려 있었지만, 3월에 이 전시가 끝나면 원래의 자리로 돌아갈 것이니 마르모탕 모네 미술관을 방문한다면 꼭 여유를 가지고 2층을 둘러볼 것을 권한다.

베르트 모리조. 그녀는 19세기 후반을 뜨겁게 장식했던 인상파 화가 중 유일한 여성 화가다. 로코코 미술의 대가 장 오노레 프라고나르Jean-Honoré Fragonard의 증손녀뻘인 베르트는 언니 에드마와 함께 어려서부터 루브르 미술관에서 그림을 모사하며 그림 공부를 했다. 하지만 당대는 아무리 재능이 있어도 여성이 전업 화가로 자유롭게 살 수 있는 시대가 아니었다. 자유로운 집안 분위기 덕분에 자매는 풍경화의 거장 장 바티스트 카미유 코로Jean-Baptiste-Camille Corot에게 사사하는 등 부모의 적극적인 지원을 받았다. 하지만 동시에 부모는 딸들이 그림에 너무 몰두하지는 않기를, 그리고 무엇보다 너무 늦지 않은 나이에 한 남자의 얌전하고 현명한 아내가 되길 바랐다.

베르트 모리조가 활동하던 19세기 후반에도 여전히 여성은 국립미술학교인 에콜 데 보자르에 들어갈 권리가 없었다. 또한 누드모델을 써서 그림을 배우거나 그릴 수도 없었다. 재능이 있든 없든 여성이 나이가 들면 결혼이 거의 유일한 선택지였고, 결혼과 함께 화가의 꿈도 같이 사라졌다. 어린 시절 동생 베르트보다 더 재능이 있다는 말을 들었지만, 주변의 압박에 못 이겨 결혼을 선택하면서 그림을 완전히 접은 언니 에드마의 경우처럼 말이다.

그런 언니와 달리 베르트는 '그림을 핑계로 결혼을 거부하는 고집쟁이'라는 얘기를 들어가면서도 끈질기게 자기만의 그림을 완성하기 위해 노력한다. 각고의 노력 끝에 그녀는 마침내 이름만 들어도 쟁쟁한 인상파 화가들 사이에서 자기만의 고유한 스타일을 가진 여성 화가, 아니 여성이라는 말을 굳이 붙일 필요가 없는 한 명의 뛰어난 화가로 남게 되었다.

그렇다면 베르트는 언니 에드마와 달리 시대의 요구에 저항하며 비혼의 여성 화가로 남았던 걸까? 그 답은 '아니요'다. 당대 사람들이 보기에 혼기를 놓친 노처녀 베르트는 서른셋의 나이로 결혼을 했고, 다행히 남편의 외조 덕분에 예술가의 길을 포기하지 않을 수 있었다. 예상하겠지만 그것은 사랑으로 한 결혼이 아니었다. 예나 지금이나 사랑 없는 결혼은 흔한 것이니 그 자체가 크게 문제 될 것은 없었다. 다만 그녀가 결혼한 상대가 다름 아닌 그녀가 사랑했던 사람의 동생이었다는 사실만 뺀다면 말이다.

화가로서 베르트 모리조는 운이 좋은 편이었다. 1864년 〈와즈 강변의 추억〉과 〈오베르의 오래된 길〉이라는 두 점의 작품을 살롱전에서 처음 선보인 후 그녀는 내리 6회 연속 살롱전에 입선했다. 하지만 그녀의 그림에는 아마추어 같다는 평판이 붙어 다녔고 그녀는 이런 평판이 못마땅했다. 1865년 살롱전에 출품되어 세기의 스캔들을 일으킨 마네의 〈올랭피아〉를 본 모리조는 그의 그림에 완전히 매료되었다. 마네야말로 자신이 간절히 원하던 고유한 스타일을 찾는 데 도움을 줄 수 있을 거라는 확신이 생겼다. 모리조는 마네를 동경했고 마네는 그녀에게 모델이 되어달라고 부탁했다. 둘은 그림 작업을 같이 하면서 자주 어울렸고, 마네에 대한 모리조의 애정도 덩달아 커졌다. 마네 역시 차가워 보이지만 속으론 뜨거운 열정을 품고 있는 이 당당하고 아름다운 여성 화가의 매력에 빠져들었다.

정신적으로 또 예술적으로 진정한 상호 교감을 나누었던 이 두 사람은 아마도 결혼에 골인했을 수도 있었다. 마네가 유부남이 아니었다면 말이다. 그렇다. 모리조를 만났을 당시 마네는 이미 자신의 피아노 가정교사였던 쉬잔 렌호프Suzanne Leenhoff와 결혼한 상태였다. 게다가 둘 사이에는 레옹이라는 십 대의 아들까지 있었다. 세상의 잣대로 보면 두 사람의 사랑은 결코 이루어질 수 없는 것이었다. 마네는 자신의 막냇동생 외젠을 모리조에게 소개했다. 모리조의 그림을 높이 평가하고 그녀를 좋아했던 외젠 마네는 모리조에게 청혼했다. 외젠은 속정이 깊은 남자였다. 아내 모리조가 남자 동료들과 어울리거나 그림을 그리느라 집안일을 소홀히 해도 불평하지 않았다. 전시회를 여는 일처럼 힘든 일이 있을 때는 물론이고 평소에도 묵묵히 아내 곁을 지키며 도움을 주었다. 비록 사랑해서 한 결혼은 아니었지만 모리조도 그런 외젠과 정이 들었다. 둘 사이에서 딸 쥘리가 태어났다.

외젠과 결혼함으로써 마네가의 일원이 된 모리조는 화가 마네에 대한 변함없는 신뢰와 사랑을 가지고 예술가로서 지속적인 영감을 주고받았으며, 가족으로서 할 수 있는 최선을 다했다. 지병인 매독이 악화되어 힘들어하는 마네 곁에서 모리조는 고통스러운 순간들을 함께 했다. 그리고 1883년 마네가 쉰다섯의 나이로 사망하자 모리조는 마네 예술의 위대함을 알리는 데 매진했다. 그의 그림을 사들이고 꾸준히 전시회를 열었다. 그녀의 정성이 한몫한 것일까. 마네의 사후 얼마 되지 않아 세상은 그에게 열광하기 시작했다. 고인이 된 마네는 그렇게 해서 생전에 그토록 원하던 대가의 반열에 올라서게 되었다.

어쩌면 마네와 모리조의 관계는 이 세상에서 이룰 수 없었던 사랑을 예술적 교감과 영감의 교류로 승화시키는 과정이었을지도 모르겠다. 실제로 모리조를 모델로 삼아 그린 마네의 작품들을 보면 뭐라고 딱 집어 말할 순 없지만 사랑으로 고양된, 강렬하면서도 부드러운 에너지가 느껴진다. 마네가 모리조를 모델로 제일 처음 그린 작품은 현재 오르세 미술관에 걸려 있는 〈발코니〉다. 이 작품에는 모두 네 명의 인물이 등장한다. 발코니에 있는 세 남녀와 뒷면 어두운 실내 왼쪽에 어렴풋이 보이는 한 소년이 그들이다. 흥미롭게도 세 남녀는 같은 공간에 있으면서도 각자 다른 곳을 바라보고 있다. 그중 그림 앞쪽 왼편에 흰 드레스 차림으로 손에 부채를 들고 있는 흑발의 여인이 베르트 모리조다. 그녀가 팔을 살짝 기대고 있는 발코니 난간의 초록색이 선명하다. 마네는 옆의 두 인물에 비해 이 인물의 얼굴 윤곽을 훨씬 뚜렷하게, 무엇보다 커다란 갈색 눈과 짙은 눈썹을 강렬하게 표현했다. 마네의 손으로 화폭 위에 고정된 모리조의 도도하면서도 고고한 자태가 예사롭지 않다.

하지만 모리조를 그린 마네의 그림 중에서 가장 유명하고, 가장 많은 사랑을 받는 작품은 아무래도 〈제비꽃 장식을 단 베르트 모리조〉라는 제목의 초상화일 것이다. 20세기 프랑스의 시인이자 사상가, 비평가로 이름을 날린 폴 발레리Paul Valéry가 1932년 마네 탄생 100주년 기념 전시회에서 이 그림을 두고 "나는 마네의 작품 중 베르트 모리조의 초상화를 능가하는 작품이 없다고 생각한다."라고 말했을 정도다.

실제로 특별한 장식이 없는 회색빛 커튼을 빼면 검은색이 주를 이루는 이 초상화 속 모리조는 참으로 매혹적이다. 인물이 화폭의 대부분을 차지하고 있는 이 그림은 굉장히 가까운 거리에서 그려졌을 것이다. 다시 말해 그림을 그리는 화가 마네와 모델인 모리조 사이의 거리가 그만큼 가까웠다는 얘기다. 그렇게 두 사람은 그림이 완성되기까지 오랫동안 함께 했을 테다. 모리조는 지척에서 자신을 그리는 마네에게 몰입해 있다. 이 그림에서 마음에 둔 여인을 모델로 그림을 그리는 마네의 심정은 헤아릴 길 없지만, 가슴께에 제비꽃 장식을 달고 화가의 요구대로 자세를 잡고 있는 모리조가 자기를 그리는 남자를 어떤 마음으로 바라봤을지는 말하지 않아도 너무나 잘 알겠다.

마르모탕 모네 미술관 2층 모리조 전시실에도 마네가 그린 모리조의 초상화가 한 점 걸려 있다. 〈누워있는 베르트 모리조의 초상〉이라는 그림이다. 여기서도 베르트 모리조는 역시 검은 옷을 입고 소파에 비스듬히 누워 살짝 미소를 짓고 있다. 마네는 1873년 제작한 이 그림을 모리조에게 선물로 주었다. 아, 이 그림을 보고 나니 알 것 같

에두아르 마네, 〈누워있는 베르트 모리조의 초상〉, 1873

다. 자신을 위해 포즈를 취하는 모리조를 바라보던 마네의 눈빛이 어땠을지 말이다. 그림 속 모리조를 뭐라 형언할 수 없는 아름다움을 지닌 존재로 포착한 것은 다름 아닌 화가의 사랑스러운 눈길이었다.

소소하지만 따스한 일상의 풍경들

모리조와 마네의 관계에 대한 이야기는 호사가들에게 맡겨두고 이젠 모리조의 그림으로 눈을 돌려 보자. 깊고 강렬한 눈빛을 가진 아름다운 여성 모리조는 예술가로서 자의식을 가지고 활동한 탁월한 화가였다.

모리조의 대표작으로는 우선 오르세 미술관에 걸려있는 〈요람〉과 〈나비 채집〉을 들 수 있다. 〈요람〉은 1872년 제작된 작품으로 요람에서 잠든 딸 블랑슈의 모습을 지켜보는 언니 에드마를 그린 것이다. 이 그림은 2년 후 사진작가 나다르의 아틀리에에서 개최된 제1회 인상파 전시회에 출품되어 비평가들로부터 호의적인 평을 받았다. 알다시피 같은 전시회에서 모네가 〈인상, 해돋이〉로 온갖 혹평을 들어야 했고 세잔 역시 비난을 받았던 걸 생각하면 당시 비평가들은 모리조의 〈요람〉에서 향후 '인상주의'라는 이름을 달게 될 새로운 회화의 기운보다는 전통적인 요소를 더 많이 봤던 모양이다. 1874년 발표된 〈나비 채집〉 역시 언니 에드마가 두 딸 잔과 블랑슈를 데리고 나비 채집에 나선 모습을 따듯한 시선으로 담아낸 그림이다.

결혼 전 모리조가 언니 에드마와 조카들을 많이 그렸다면, 외젠 마네와 결혼하고 딸 쥘리가 태어난 후부터 모리조의 그림에는 두 사람의 모습이 등장하기 시작한다. 먼저 외젠이 등장하는 그림을 살펴보자. 이곳 마르모탕 모네 미술관 2층 모리조 전시실에 걸려 있는 〈와이트섬의 외젠 마네〉라는 제목의 그림은 모리조와 외젠이 신혼여행을 떠난 영국 와이트섬에서 그려진 것이다. 모리조는 두 사람이 머물던 호텔 방 거실에 앉아 있는 외젠의 모습을 화폭에 담았다. 이 그림은 모리조가 처음으로 남성을 그린 작품이기도 하다. 남녀 구분이 엄격하고 여성의 자유가 억압되던 그 시절 남성 화가는 여성을 자유롭게 그릴 수 있었지만 그 역은 성립하지 않았다. 에두아르 마네가

베르트 모리조, 〈와이트섬의 외젠 마네〉, 1875

모리조의 초상화를 열 점 넘게 그린 반면 모리조가 그린 마네의 모습을 볼 수 없는 것이 그런 이유다. 모리조는 결혼을 하고 대상을 남편으로 한정해서야 남성을 그릴 수 있었다. 그것도 남편이 아내를 위해 기꺼이 모델이 되어줄 만큼 이해심이 넓은 사람이었기에 가능했다.

어쨌든 모리조는 오로지 남편만을 모델로 삼아 그림을 그렸지만, 여성 화가의 자의식을 가지고 다른 남성 화가들의 작품에서 찾아보기 어려운 새로운 남성상을 제시하는 데 성공했다. 〈부지발 정원에서 딸과 함께 있는 외젠 마네〉라는 그림을 보면 아내 없이 혼자 딸과 놀아주는 외젠 마네의 모습이 등장한다. 분홍색 원피스를 입은 딸 쥘리는 벤치에 편하게 앉은 아버지의 무릎 위에 놀이판을 놓고 모형 장난감 놀이를 하고 있다. 자, 이들을 보라, 아빠 혼자서도 얼마든지 자녀와 재미있게 놀아줄 수 있지 않은가! 르누아르를 비롯해 인상주의 화가들이 즐겨 찾던 파리 근교의 부지발에서 여름 휴가를 보내는 가족의 단란한 한때를 잔잔하게 묘사한 이 그림에서 양성 평등한 부부 관계나 부부의 육아 공동 책임 같은 사회적인 메시지를 읽어낼 수 있다고 믿는다면 나만의 착각일까.

어려서부터 엄마를 잘 따랐던 딸 쥘리는 모리조에게 인생 최고의 모델이었다. 그녀는 딸 쥘리를 모델로 수많은 작품을 남겼는데 이곳 전시실에서도 그중 몇 작품을 볼 수 있다. 파스텔로 그린 〈푸른 저지 원피스를 입은 어린 소녀〉에서 쥘리는 흔들 목마를 앞에 두고 긴 의자에 앉아 정면을 바라보고 있다. 꼬마 소녀가 입은 푸른색 저지 원피스는 전반적으로 밝고 화사한 분위기를 주는 노란색 톤과 조화로운 대비를 이룬다. 〈버찌 나무〉에서 사다리 위에 올라서서 버찌를 따고 있는 사춘기 소녀 쥘리를 만날 수 있다면, 〈쥘리 마네와 그레이하운드 라에르트〉에서는 쥘리가 애견 라에르트와 함께 한결 성숙해진 모습으로 등장한다. 그림 속 쥘리는 검은색 상복 차림이다. 이 그림이 그려지기 1년 전 그녀의 아빠이자 모리조의 남편인 외젠 마네가 병환으로 세상을 떠났다. 그 후 모리조는 딸과 함께 파리 16구의 작은 아파트로 거처를 옮겼는데 그림 왼쪽에 흐릿하게 그려진 루이 16세 시대 스타일 의자와 뒷면 벽을 장식하는 일본 판화 등으로 미루

베르트 모리조, 〈부지발 정원에서 딸과 함께 있는 외젠 마네〉, 1881

베르트 모리조, 〈쥘리 마네와 그레이하운드 라에르트〉, 1893

어 집주인의 취향을 가늠해 볼 수 있다.

하나 더 얘기하자면 이 그림에 등장하는 개 라에르트는 모리조의 절친 중 한 명이었던 프랑스 상징주의 시인 스테판 말라르메가 쥘리에게 선물한 것이다. 사랑하고 존경했던 마네를 떠나보내고 4년 만에 남편 외젠까지 잃은 모리조는 그로부터 3년이 채 지나지 않은 1895년 폐렴에 걸려 숨을 거둔다. 당시 겨우 열여섯 살이던 딸 쥘리의 후견인이 되어준 사람은 말라르메였다. 5년 뒤 쥘리는 드가의 제자이기도 했던 화가이자 판화가 에르네스트 루아르Ernest Rouart와 결혼한다. 둘 사이에 쥘리엥, 클레망, 드니가 태어났고, 이들이 후일 마르모탕 모네 미술관에 자신들이 소장하던 외할머니 베르트 모리조의 작품들을 기증했다.

별책부록의 즐거움

모리조 전시실의 작품들을 꼼꼼하게 둘러보고 밖으로 나온다. 미술관에 들어온 지 벌써 두 시간이 훌쩍 지났다. 다리도 아프고 온몸에서 기운이 빠져나가는 느낌이다. 볼 건 다 봤으니 그만 나가야겠다, 생각하는 찰나 2층에서 아직 발을 들이지 않은 방들이 내 시선을 잡아끈다. 그냥 외면하고 내려가려는데 뭔가 마음이 불편하다. 여기까지 왔는데 그래도 뭐가 있는지 확인은 해봐야 하는 거 아냐? 어떤 의무감 같은 것이 내 안에서 점점 더 목소리를 높인다. 동시에 내 발은 첫 번째 방을 향해 움직인

나폴레옹의 침대

다. 보아하니 여긴 마르모탕이 사용하던 서재다. 벽에는 이름 모를 사람들의 초상화가 여러 점 걸려 있다. 가까이 가서 보는 건 포기한다. 이 방에서 눈에 띄는 것은 단연코 서재의 필수품, 책상이다. 고급스러운 원목 자재, 대리석 비슷한 석판으로 만들어진 상판, 다리 부분에 조각된 섬세한 장식물까지 그저 감탄이 나올 따름이다. 이런 책상에 앉아 책을 보고 글을 쓰면 막혔던 생각도 술술 풀려나올 것만 같다.

부러운 마음을 안고 나오면서 다른 방으로 들어가니 이번엔 벽 한쪽에 놓인 작은 침대가 눈에 띈다. 침대 쪽 벽에는 〈나폴레옹 보나파르트, 제1집정관〉이라는 제목의 나폴레옹 초상화가 걸려 있다. 그렇다. 상상하는 것처럼 이 침대는 바로 나폴레옹과 그의 아내 조세핀이 보르도의 구 대주교 저택에 머물 당시 사용했던 침대이다. 직각의 침대 프레임 앞쪽에는 금도금한 고색의 청동으로 우아한 여성의 얼굴이 새겨져 있고, 뒤쪽에는 신화에 등장하는 그리폰과 리라를 모티프로 한 금도금 화병이 장식되어 있다.

화려하긴 해도 솔직히 이 침대에서 자고 싶다는 생각은 별로 들지 않는다. 베르사유 궁전이나 퐁텐블로 궁전 등에서 왕들이 잤다는 멋들어진 침대를 봤을 때도 그랬다. 일단 침대가 너무 작다. 예전에 서양 사람들은 오늘의 우리처럼 완전히 누워서 잠을 자지 않았다. 일자로 누운 사람은 죽음을 연상시키기 때문에 다리는 펴고 머리와 등을 쿠션에 기댄 채로 잠을 잤다고 한다. 그렇게 자고 일어나면 잔 것 같지 않게 피곤하겠다 싶다. 그러니 장식이 아무리 화려하고 값이 어마어마하게 나간다 한들 이런 침대를 사용하기는 아무래도 어렵겠다.

나폴레옹의 침대가 있는 방 옆으로 난 문 안쪽으로 들어선다. 어두운 조명 아래 중세 종교화들과 성모 마리아 조각상들이 전시되어 있다. 종교화의 터널을 빠져나오면 화려하면서도 정교한 디테일을 자랑하는 중세 채색정밀화 필사본의 놀라운 세계가 펼쳐진다. 필사본은 '꾸미다'라는 뜻을 갖는 라틴어 'illuminare'에서 유래된 말로 사람의 손으로 직접 필사한 후 그림을 그리고 여러 장식으로 꾸며 만든 책을 뜻한다. 대개 필사본은 필사가와 화가의 공동 작업으로 완성되는데 주로 수도원에서 수도자들에 의해 제작되었다. 작업은 수도원 내 스크립토리움이라 부리는 작업장에서 이루어진다. 그곳에서 필사가는 본문을 정서하는 작업을, 화가는 첫머리 글자를 장식하고 테두리를 꾸미고 성서의 내용을 묘사하는 채색 삽화를 그리는 작업을 각각 담당한다. 수도원에 따라 필사본의 필체나 삽화에 들어간 그림 유형이 구분되는데 이러한 유형적 차이가 옛 필사본 분류에 있어 결정적 단서가 된다.

중세 시대에는 주로 미사 중에 쓰이는 기도문과 성가 등이 수록된 전례서, 네 복음서가 모두 들어있는 성서, 주일 미사나 축일 미사에서 읽는 복음서, 수도자들이 사용하는 기도서 외에도 다양한 필사본이 제작되었다. 이곳에 있는 필사본들 중에는 성가나 구전 노래 등을 기록한 것들도 많이 눈에 띄는데 대부분 1400년대 중후반에 양피지에 제작된 것들이다. 무슨 말인지 이해할 수는 없지만 단순하면서도 환상적인 색감을 자랑하는 채색을 바탕으로 금박, 은박으로 세심하게 장식된 이 필사본들을 보고 있자니 절로 기분이 좋아진다. 기대치 않던 곳에서 이런 진귀한 보물을 만났으니 기쁨이 배가 된다. 별책부록의 즐거움이 이런 게 아닐까?

Musée Nissim de Camondo

03 니심 드 카몽도 미술관

주　　소　63 Rue de Monceau, 75008 Paris

관람시간　수-일 10:00~17:30 (월,화 휴무)

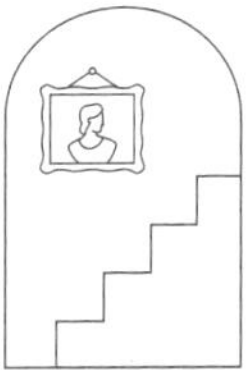

니심 드 카몽도 미술관을 알게 된 것은 오랜 친구 로르의 엄마 다니엘 덕분이었다. 파리 유학 시절 어느 날인가 파리 13구 오귀스트 블랑키역 근처 로르네 집 거실에 앉아 수다를 떨고 있는데 마침 쉬는 날이라 집에 있던 다니엘이 우리 둘의 대화에 끼어들더니 내게 물었다. "정아, 너 미술관 다니는 거 좋아한다고 그랬지? 그럼 니심 드 카몽도 미술관엔 가봤어?" 물론 그때까지 난 거기에 가본 적이 없었고, 솔직히 그런 미술관이 존재하는지도 몰랐다. 더구나 니심 드 카몽도 Nissim de Camondo라는 낯선 이름은 생전 처음 들어보는지라 이게 사람 이름인지 아닌지조차 감이 안 잡혔다. 내가 말을 얼버무리며 어색한 웃음을 지어보이자 다니엘은 "모르는 게 당연하지. 사실 다른 데 비하면 그렇게 유명한 건 아니니까. 하지만 시간 되면 꼭 가봐. 가보면 절대 실망하지 않을 거야."라고 웃으며 말해 주었다. 다니엘의 말은 틀

리지 않았다. 얼마 후 나는 니심 드 카몽도 미술관을 찾아갔고, 베르사유 궁전의 프티 트리아농에서 영감을 받아 지어진 건물에, 집주인이자 수집가인 모이즈 드 카몽도가 평생 모아 둔 수집품을 보고 감탄한 나머지 완전히 넋을 잃고 말았다.

첫 만남은 황홀했지만 그 뒤로 이 미술관에 다시 들른 건 딱 한 번뿐이었다. 마음이 없는 건 아니었는데 이상하게도 자주 가 볼 기회가 없었다. 그래서일까. 이번에 미술관 기행을 이유로 이곳을 찾아가려니 오래 못 본 옛 친구와의 재회를 기다리듯 살짝 들뜨는 마음을 주체하기 어렵다. 지하철을 타고 빌리에역에서 내려 3번 출구로 나와 왼편으로 몽소 꽃집을 끼고 좌측으로 돌면 말제르브가가 나온다. 거리에 들어선 지 얼마 되지 않아 두 건물 사이를 막아 놓은 화려한 금장 장식의 거대한 철문이 눈에 띈다. 안쪽으로 자동차들이 주차된 벨라스케즈가가 보인다. 그곳엔 파리에서 아시아 미술, 그중에서도 중국 미술품을 가장 많이 모아 놓은 세르누치[체르누스키] 미술관이 자리를 잡고 있다. 세르누치 미술관을 지나 조금 더 가면 오늘의 목적지 니심 드 카몽도 미술관이 있는 몽소가 63번지에 도착한다.

대[大]부르주아 수집가의 꿈

우리가 오늘 방문하는 장소는 니심 드 카몽도 미술관이라는 이름을 달고 있지만, 현재 미술관으로 사용되고 있는 저택을 짓고 그 저택을 화려하게 장식하는 온갖 소장품들을 수집한 뒤 국가에 유증한 사람은 모이즈 드 카몽도, 다시 말해 니심의 아버지다. 1860년 이스탄불에서 태어난 모이즈 드 카몽도는 아홉 살이 되던 1869년 가족과 함께 파리로 왔다. 모이즈의 집안은 1802년 오스만 제국의 수도 이스탄불에 은행을 설립한 이삭 드 카몽도Issac de Camondo 이래로 대를 이어 은행업에 종사하고 있었다. 후일 모이즈의 아들이 이름을 물려받게 되는 그의 아버지 니심은 몽소가 63번지의 저택을 사들여 파리로 이주한 가족들의 거처로 삼았다. 함께 파리로 온 연년생 형 아브라함 베오르 드 카몽도Abraham-Béhor de Camondo는 니심의 집 바로 옆 61번지에 정착했다. 생전에 사이가 좋았던 두 형제는 1889년 앞서거니 뒤서거니 하며 세상을 떠났다.

수완 좋은 재력가 아버지 밑에서 성장한 모이즈는 아버지처럼 은행가가 되었지만, 20세기 초 파리 대부호의 명성에 걸맞게 예술품 수집에도 열성을 보였다. 그가 관심을 가지고 사들였던 가구와 장식품, 미술품은 모두 18세기 프랑스에서 제작된 것이었다. 서로 어울리지 않을 것 같은 로코코와 신고전주의 양식이 공존했던 18세기의 프랑스 파리는 전 유럽의 문화 중심지였다. 1789년 프랑스 대혁명이 발발하기 전까지 루이 14세 통치 말기부터 루이 15세, 루이 16세를 거치면서 꽃을 피운 프랑스 궁중의 실내장식 문화는 왕실의 문턱을 넘어 파리 귀족들의 저택으로 퍼져 나갔다. 유럽 각국의 왕후 귀족들은 섬세하고도 우아한 프랑스의 귀족 문화를 보고 느끼기 위해 저마다 파리 여행을 꿈꾸고 파리의 생활을 동경했다. 그러니까 19세기 후반에 태어나 20세기 전반기까지 살았던 모이즈 드 카몽도는 시간을 거슬러 이곳 파리 8구에 위치한 자신의 저택에 18세기 프랑스 문화의 영광을 되살려 놓은 것이다.

외관상 신고전주의 양식을 띠고 있는 모이즈의 저택을 설계하고 건축한 사람은 런던 사보이 호텔과 클라리지 호텔, 바덴바덴의 호텔 스테파니 등을 짓고 실내장식을 맡은바 있던 유명 건축가 르네 세르장René Sergent이었다. 지난 세기에 사망한 아버지에 뒤이어 1910년 어머니까지 사망하자 모이즈는 양친이 살았던 몽소가 63번지의 저택을 허물고 자기의 취향에 따라 건물을 짓기로 결정한다.

1911년에 시작된 공사는 1914년이 되어서야 끝이 났다. 건물주의 취향을 알고 있는 건축가 세르장은 이 집을 지으면서 베르사유 궁전의 프티 트리아농을 모델로 삼았다. 베르사유 궁전 정원에 지어진 별궁 중 하나인 프티 트리아농은 루이 15세가 퐁파두르 후작부인을 위해 지은 건물이다. 하지만 건축이 한참 진행되던 1764년에 퐁파두르 후작부인이 사망하자 2년 후 완공된 건물은 루이 16세의 왕비인 마리 앙투아네트에게 주어졌다. 베르사유 궁전의 프티 트리아농을 본 적이 있는 사람이라면 이곳 니심 드 카몽도 미술관에 들어서서 흰 모래가 깔린 둥근 중정에 발을 딛고 바라보는 건물 본채 파사드의 모습이 당시로는 시대를 앞선 신고전주의 양식으로 지어진 프티 트리아농의 외관과 상당히 닮아있음을 느낄 수 있을 것이다.

모이즈 드 카몽도는 이 집을 짓는 데 아낌없이 돈을 투자했다. 건물 자체만이 아니라 건물 내부를 꾸미는 인테리어 비용으로도 어마어마한 돈이 들어갔는데, 이곳의 실내 공간 역시 주인의 취향을 반

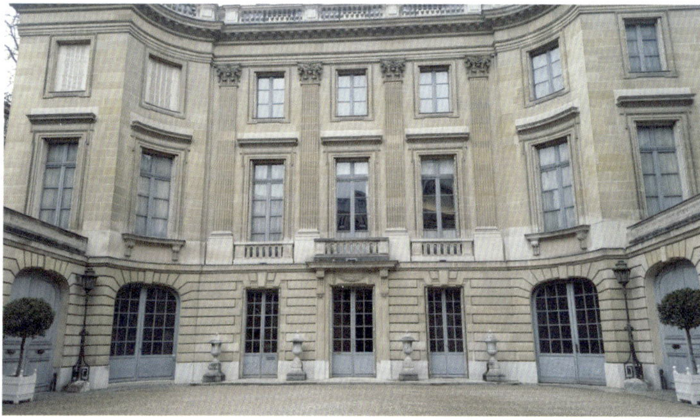

미술관 건물 본채의 파사드

영해 모두 프랑스 18세기 후반 장식 예술 스타일로 꾸며졌다. 각 방마다 루이 15세, 루이 16세 시대에 만들어진 가장 아름다운 가구와 장식품이 놓였고, 커튼과 철제 난간의 경우에는 프랑스에서 가장 뛰어난 장인에게 제작을 의뢰했다. 예컨대 루이 16세의 여동생으로 마담 엘리자벳이라 불렸던 공주 엘리자벳의 터키풍 살롱에 놓여 있던 의자, 원래 루브르 궁전의 대회랑 바닥에 깔기 위해 주문했던 사본느리의 양탄자, 러시아의 여제 예카테리나 2세가 총애하던 연인 오를로프에게 선물한 은세공 식기 세트 중 일부 등의 진귀한 물건이 이곳에 보관되어 있다.

1914년 봄, 몽소가의 저택이 완공되자마자 몇몇 연회가 베풀어졌다. 2층에 자리한 그랑 살롱이 연회의 중심 장소였다. 한 역사가의 기술에 따르면, "참석자들은 감탄을 연발하며 카몽도 공작에게 찬사의 말을 쏟아 냈으나 정작 연회의 주최자인 공작은 뭐가 걱정스러운지 잔뜩 긴장한 채 세라믹 상판으로 장식된 책상 가까이에서 벗어나려고 하지를 않았다. 너무 혼잡한 나머지 혹시라도 누가 자신이 아끼는 이 걸작품을 건드려서 조각내지나 않을까 두려워하듯이 말이다." 전해지는 얘기가 사실인지는 확인할 길 없지만 모이즈 드 카몽도는 그리 사교적인 성격이 아니었다. 스포츠와 레저를 즐기긴 했지만 사람들과 어울리는 것을 좋아하지는 않았다. 하지만 모이즈가 은행가로 일을 하면서도 그보다 예술품 수집에 더 열을 올리고, 점차 파리 상류층의 사교계를 떠나 조용히 살고 싶어 하게 된 데는 타고난 내향적인 성격도 그렇지만 불행한 가정사가 더 큰 영향을 미쳤다.

모이즈는 1891년 31세의 나이에 부유한 프랑스 정통 유대인 은행가 집안 출신의 이렌 카엥 당베르Irène Cahen d'Anvers와 결혼했다. 1880년 그려진 르누아르의 〈이렌 카엥 당베르 양의 초상〉이라는 작품에서 여덟 살때 그녀의 모습을 볼 수 있다. 물론 정략 결혼이었지만 두 사람은 서로를 사랑했다. 특히 당시 19세였던 아름다운 신부에게 모이즈는 아낌없는 사랑을 베풀었다. 둘 사이에 아들 니심과 딸 베아트리스가 태어났고 남부러울 것 없는 이 가족의 행복은 영원할 것만 같았다. 이십 대 중반의 나이에 도달한 이렌이 갑자기 소문난 바람둥이였던 이탈리아의 귀족과 눈이 맞아 그를 배신하기 전까지는 말이다. 오랜 별거 끝에 1902년 부부는 합의 이혼했다. 집안이 집안이었던 만큼 두 사람의 이혼은 세기의 스캔들이었고 파리 사교계 사람들의 입방아에 오르내렸다. 이는 모이즈에게 돌이킬 수 없는 큰 상처를 남겼다. 그가 파리 사교계와 거리를 두고 미술품 수집에만 몰두하게 된 것은 이때부터였다.

그런데 몽소가에 자신의 취향대로 저택을 짓고 나름대로 일상의 행복을 꿈꾸었을 모이즈에게 또 하나의 엄청난 충격이 가해진다. 1914년 봄 저택 공사가 마무리되고 연회가 열린 지 몇 개월 지나지 않아 제1차 세계대전이 발발한다. 모이즈는 공군으로 참전하겠다는 아들의 뜻을 말리지 않았다. 그리고 3년 후 그가 그토록 사랑했던 외아들 니심이 비행대대의 공중 전투 도중 사망했다. 그의 나이 겨우 스물여섯이었다. 젊은 아들의 죽음이라는 예상치 못했던 비극적 사건은 모이즈가 세상으로부터 더 등을 돌리는 계기가 되었다.

죽은 아들에 대한 그리움 때문이었을까. 모이즈는 평생을 바쳐 모은 수집품들과 정성 들여 지은 저택을 딸에게 상속하는 대신 '장식 예술 중앙 연맹'이라는 기관에 유증하기로 결정하고 미술관 명칭에 니심 드 카몽도라는 아들의 이름을 붙일 것과 집안에 있는 아들의 사진을 치우지 않을 것을 조건으로 내건다. 그리고 1935년 사망할 때까지 예술품 수집에 더욱 박차를 가한다. 자신이 남긴 컬렉션을 통해 너무나 아까운 나이로 세상을 떠난 아들 니심의 이름이 잊히지 않기를 바랐던 것일 테다. 아들을 잃은 아버지의 절절한 부정에 고개가 숙여진다.

프랑스 18세기 장식 예술 컬렉션 I

저택 안으로 들어서면 흔히 볼 수 있는 회장 회반죽이 아니라 일 드 프랑스의 돌을 공수해 만든 석조 벽에 검은색과 하얀색 대리석으로 마감된 바닥이 위풍당당한 모습을 드러낸다. 입구부터 장식이 예사롭지 않다. 그 위용에 압도되어 건물의 벽과 동일한 석재로 만들어진 중앙 계단을 따라 2층으로 올라가 본다.

1층과 2층을 연결하는 층계참에는 네덜란드 출신으로 파리에서 활동했던 로코코 시대의 대표적인 가구장인 베르나르 반 리센 버그 Bernard van Risen Burgh가 제작한 것으로 추정되는 세모꼴 궤가 놓여 있다. 검은색 자개에 일본식 옻칠을 하고 금동 장식을 붙인 이 작품 위엔 중국풍의 산륜 화병이 우아하게 자리를 잡고 있다.

시작부터 이러면 대체 저 위엔 볼 게 얼마나 많다는 거야? 이번 방문은 금방 끝나진 않겠군. 기대와 걱정을 반반씩 안은 채 계단을 올라가니 이제부터 초대 손님들을 맞이하고 접대하는 공간이 시작됨을 알리는 거대하고 화려한 회랑이 눈앞에 펼쳐진다. 18세기 프랑스 스타일을 추종했던 집 주인답게 천장에 매달린 커다란 등이 중앙 계단을 비추고 있다. 회랑 벽에는 두 개의 장식용 태피스트리가 걸려 있는데 제목이 각각 〈중국 정원〉과 〈중국 춤〉이다. 같은 시리즈에 속하는 다른 두 점의 작품, 즉 〈접시를 들고 있는 중국 여인〉과 〈중국 황제의 접견〉이라는 제목의 태피스트리는 가족의 사적 공간이 자리한 3층으로 올라가는 계단 벽에 전시되어 있다.

저택 내의 공적 공간이라고 할 수 있는 2층의 공간들은 하나같이 18세기 프랑스 실내장식을 완벽하게 재현하고 있어서 어딜 보더라도 마치 타임머신을 타고 당시 어느 왕실 귀족 가문의 살롱에 들어선 것 같은 착각이 든다. 모이즈는 대살롱, 소살롱, 대집무실, 소집무실 등 2층의 모든 방을 루이 15세 말기와 루이 16세 시대 왕실 장인들의 작품으로 꾸몄다. 심지어 그는 저택의 각 방에 놓일 가구는 물론 작은 장식품 하나까지 그 위치를 직접 정할 정도로 모든 것을 꼼꼼하게 챙겼다.

먼저 '그랑 뷔로'라 불리는 대집무실부터 보자. 이곳의 벽에는 푸른색 바탕에 '라퐁텐의 우화'를 주제로 제작된 여섯 개의 태피스트리가 금박의 액자 틀에 담겨 걸려 있다. 물론 이 태피스트리는 모두 왕실에 상납하던 태피스트리를 만들던 오뷔송의 왕실 작업장에서 만들어졌다.

하지만 무엇보다 이 방에서 눈여겨볼 것은 앞서 언급했듯 루이 16세의 여동생 마담 엘리자벳이 자신의 거처인 몽트뢰이 성 터키풍 살롱에 놓기 위해 주문 제작했던 두 개의 의자다. 언뜻 보면 일반적인 등받이 의자처럼 보이지만 자세히 보면 18세기 프랑스 사교계에서 놀이 구경용으로 고안된 '봐이외즈voyeuse'라 불리는 의자라는 걸 알 수 있다. 말하자면 이 의자는 보통 의자가 그렇듯 등받이에 등을 대고 앞을 보면서 앉는 것이 아니라 반대로 뒤돌아 앉은 채 등받이 양쪽 끝에 팔을 기대고 편한 자세로 게임을 구경하며 즐기도록 만들어진 것이다.

카키색이 감도는 천은 물론이고 18세기에 유행했던 프리즈 장식 띠와 꽃, 단풍 또는 과일이 리본 모양으로 결합된 전통적인 문양이 세심하게 장식된 것이 한눈에도 값이 상당히 나가는 최상품이라는 걸 알아보겠다. 하긴 이 미술관에 있는 가구나 장식품치고 값비싼 최상품이 아닌 것이 어디 있겠느냐만 말이다. 어쨌거나 엘리자벳 공주가 이 의자를 주문한 게 대혁명이 발발한 1789년의 일이라고 하니, 혁명 후 프랑스 왕가의 운명이 어찌 되었는지 잘 아는 우리로선 그저 이 의자가 공주의 수중에 있었던 건 길어야 몇 달 안 되겠구나 짐작만 할 뿐이다. 그 밖에도 18세기 유명 가구 장인 클로드-샤를 소니에Claude-Charles Saunier가 제작한 개폐식 뚜껑이 달린 서랍장형 소형 책상도 볼만한 구경거리다. 신기하게도 이 책상은 내부에 수많은 비밀 서랍을 숨기고 있는데 다리 하나하나까지 공들여 장식한 정성이 돋보인다.

그러나 이 방에서 내가 오래도록 바라본 것은 다름 아닌 〈바쿠

대집무실 그랑 뷔로

스 신의 여사제〉라는 제목의 그림이다. 동물 가죽을 살짝 걸치고 가슴을 드러낸 채 미소를 띠고 있는 여인은 주신 바쿠스를 지키는 여사제를 그린 것이다. 그리스 신화의 디오니소스와 동일시되는 로마 신화의 바쿠스 신은 풍작과 식물의 성장, 술과 황홀경을 담당하는 자연신이다. 소아시아 지역에서는 이 신에 대한 숭배가 오랫동안 성행했다. 바쿠스 신 축제 때는 여사제들이 주도하여 밤새 광란의 춤을 추며 떠들썩한 술파티를 벌이면서 언덕과 숲을 질주했다고 한다. 그림 속 젊은 여사제의 얼굴도 발그스름하게 홍조를 띠고 있다. 하지만 앳된 여인의 얼굴을 보고 있노라면 발갛게 달아오른 두 뺨이 지난밤 광란의 파티 때 마신 술 때문이라기보다는 뭔가 수줍어 부끄러워하는 마음 때문에 그런 것이 아닌가 여겨지기도 한다.

서양 회화사에서 바쿠스 신의 여사제를 그린 그림은 여럿 있다. 그럼에도 이 그림에 내가 주목하게 되는 것은 이 그림을 그린 화가가 다름 아닌 마리 앙투아네트의 초상화가로 유명한 여류 화가 엘리자벳 비제 르 브룅Élisabeth Vigée Le Brun이기 때문이다. 비제 르 브룅은 초상화가로 이름을 날리기도 했지만, 실제로 작품 목록을 보면 당대 여성화가들이 대개 그렇듯 초상화와 풍경화를 주로 그렸다. 이 시기 그림의 스타일에는 일종의 위계질서가 있었다. 아래에서부터 정물화, 동물 회화, 풍경화, 장르 회화, 초상화 순으로 위계가 올라갔고, 제일 위쪽에 일반적으로 엄청나게 큰 캔버스를 요하는 역사화라는 가장 고귀한 장르가 자리하고 있었다. 역사화가가 된다는 것은 모든 그림 스타일에 통달했다는 의미다. 또한 신화, 역사, 신학, 문학, 철학 등 많은 것을 공부해야 할 뿐만 아니라 무엇보다 누드화에 접근할 수 있어야 했다. 하지만 누드화는 금녀의 영역이었다. 따라서 여성 화가인 그녀가 역사화를 그릴 기회는 주어지지 않았고, 신화를 주제로 한 그림도 수가 그리 많지는 않았다. 그런 면에서 보자면 이 방에 걸린 〈바쿠스 신의 여사제〉는 비제 르 브룅의 작품 중 예외적인 것이라 할 만하다.

1755년 파리에서 태어난 엘리자벳 비제 르 브룅은 십 대의 나이에 벌써 초상화를 그리는 데 있어 전문가 못지않은 실력을 뽐냈다. 스무 살의 나이로 화가이자 미술상이었던 장 바티스트 피에르 르 브룅Jean-Baptiste Pierre Le Brun과 결혼한 그녀는 이미 여러 귀족과 부유층의 초상화가로서 유명세를 타고 있었다. 이런 그녀를 루이 16세의 왕비 마리 앙투아네트가 베르사유 궁전으로 불러들였다. 왕비는 뛰어난 실력을 자랑하는 이 여성 화가를 총애하여 자신과 자신의 자녀들, 그리고 왕실 친족들의 초상화를 여러 점 그리게 했다.

1783년 엘리자벳은 프랑스 왕립 회화 및 조각 아카데미 회원으로 선출된다. 그런데 같은 날 아카데미에 회원으로 들어온 또 한 명의 여성 화가가 있었으니 바로 엘리자벳과 여섯 살 차이가 나는 초상화가 아델라이드 라비유기아르Adélaïde Labille-Guiard였다. 당시 비제 르 브룅은 마리 앙투아네트가 총애하는 왕실의 공식 초상화가였다. 반면 라비유기아르는 후원자 없이 오로지 자신의 실력을 무기 삼아 조금씩 이름을 알려 나가고 있었다. 왕비는 자신이 아끼는 화가가 최고 권위를 자랑하는 왕립아카데미에 들어가길 바랐고, 남편 루이 16

엘리자벳 비제 르 브룅, 〈바쿠스 신의 여사제〉, 1875

세를 움직여 아카데미에 압력을 행사했다. 원래 비제 르 브룅은 미술품 딜러의 아내였기 때문에 '미술 비즈니스' 종사자 금지 조항에 따라(당시 여성은 남편의 직업과 동일시되었다) 아카데미 회원이 될 수 없었지만 '왕립'인 아카데미에서 왕비의 요구는 거절할 수 없는 명령이었다. 결국 아카데미는 비제 르 브룅을 받아들였지만 동시에 그녀의 라이벌 라비유기아르도 회원으로 받으면서 자신들의 불편한 심기를 드러냈다.

전에도 늘 서로 비교 대상이 되곤 했던 두 화가는 아카데미 입회 사건 이후로 원했든 아니든, 의도했든 아니든 공공연한 라이벌이 되었다. 사람들은 두 사람의 작품 자체를 평가하기보다 라이벌 관계라는 프레임 안에서 두 여성 화가의 이미지를 소비하는 데만 열을 올렸다. 만일 당대인들이 여성에 대한 편견이나 정치판의 싸움 논리 따위에 휘둘리지 않고 두 사람을 있는 그대로 그림 실력만으로 판단할 수 있었다면 어땠을까? 또 이 두 사람이 남들이 만들어 놓은 경쟁 구도에 빠져 기력을 소진하는 대신, 보기 드문 여성 화가로서 애환을 나누며 서로 연대하고 동지애를 쌓을 수 있었다면 어땠을까? 만일 그랬다면 18세기 프랑스에서 활동했던 탁월한 두 여성 화가와 관련해 지금보다는 훨씬 더 많은, 그리고 더 생산적인 이야기들이 우리에게 전해져 내려오지 않았을까? 아쉬움과 더불어 오늘을 사는 여성으로서 나를 돌아보게 된다.

프랑스 18세기 장식예술 컬렉션 II

그랑 뷔로를 구경하고 다음 방으로 건너간다. 이번엔 저택의 주요 응접실로 사용된 그랑 살롱이다. 정원을 향해 난 유리문으로 들어오는 햇살이 방안을 따스하게 비춘다. 흰색 목재 내장재에 금박 장식을 입힌 벽과, 창문에 걸려 있는 역시 금박이 선명한 붉은 커튼의 화려한 자태가 잘 어울린다. 역시 이곳에도 볼거리가 많다.

먼저 살롱 바닥에 깔린 양탄자를 보자. 한가운데 트럼펫을 부는 네 명의 바람 신의 얼굴을 형상화한 원형 장식이 있는 이 아름다운 양탄자는 17세기에 사본느리 공방에서 제작된 것으로 루브르 궁전의 대회랑 바닥에 깔기 위해 주문된 93개 중 50번째 양탄자이다. 고개를 들어 보면 천장에 매달린 거대한 샹들리에가 눈에 들어온다. 푸른색에 금동 장식을 한 난형의 항아리 형태를 중심으로 여인의 형상이 붙

그랑 살롱

들고 있는 열두 개의 금동 촛대가 하늘을 향해 뻗어 있다. 목이 아픈 것도 잠시 잊고 한참을 쳐다본다.

가구들은 하나같이 귀하지 않은 게 없지만, 그중에서도 18세기의 가구 장인 마르탱 카를랭Martin Carlin의 손으로 제작된 이른바 '귀중품 보관용 테이블'은 압도적인 아름다움을 자랑한다. 꽃다발 무늬가 새겨진 열일곱 개의 세브르산 도자기 판이 초록색 틀에 박혀있는 이 환상적인 테이블은 1765년부터 1774년까지 동일 모델로 제작되어 일련번호가 매겨진 열한 개의 테이블 중 하나다. 나머지 중 두 개는 잉글랜드 버킹엄셔에 소재한 로스차일드 가문의 대저택 와데스던 장원에 전시되어 있고, 또 다른 두 개는 뉴욕 메트로폴리탄 미술관이 소장하고 있을 정도로 그 가치가 뛰어나다.

마르탱 카를랭, 귀중품 보관용 테이블

벽에 걸린 그림들을 훑어보다가 반가운 그림을 만난다. 조금 전 보았던 엘리자벳 비제 르 브룅이 그린 〈주느비에브 르 쿠퇴 뒤 몰래〉의 초상화가 그것이다. 당대 명성이 자자했던 유명 초상화가의 면모를 눈으로 확인할 수 있는 기회다. 비제 르 브룅은 자신의 회고록에서 이 초상화의 주인공에 대해 "유행에 아주 충실한 아름다운 여인"이라고 묘사한 바 있다. 입고 있는 의상도 그렇고, 자연스러운 얼굴 표정과 자세도 그렇고 참으로 우아하고 세련되었다. 나폴레옹과 조세핀에게 소유권이 넘어가기 전까지 말메종의 여주인이었던 귀부인 주느비에브를 모델로 두고 작업한 이 그림을 보고 있자면 그림을 그리는 화가와 포즈를 취하는 모델 사이에 단순히 돈을 받고 그림을 그려주는 거래 관계 이상의 친밀한 우정이 있지 않았을까 하는 생각이 든다.

그랑 살롱을 나와 다음 방으로 건너가면 18세기 프랑스 로코코 스타일 화가 장 바티스트 위에Jean-Baptiste Huet가 전원생활을 주제로 그린 장식화로 온 벽면을 꾸며놓은 타원형의 살롱이 나온다. 이 방의 이름이 '위에 살롱'이라고 불리는 이유다. 전체 일곱 개의 벽화와 세 개의 문 상부의 장식화로 구성된 이 거대한 장식화 시리즈는 개와 비둘기의 도움을 받아 가며 사랑을 이루어가는 총각 처녀 목동의 이야기를 담고 있다. 장 바티스트 위에는 18세기에 동물 그림을 가장 잘 그리는 화가 중 하나였는데, 그런 명성을 증명이라도 하듯 여기 걸린 그림들 속에는 개와 양, 새들이 도처에 등장한다. 분명 목동의 복장을 하고 있는데도 가만히 들여다보면 18세기 프랑스 귀족계급이 추구했던 로코코 스타일, 그러니까 사치스럽고 우아하며 유희적이고 변덕

엘리자벳 비제 르 브룅, 〈주느비에브 르 쿠퇴 뒤 몰래의 초상화〉, 1788

스러운 매력과 동시에 부드럽고 내면적인 성격을 지닌 사교계 예술의 특징이 그대로 드러난다. 그럼 그렇지, 자기 스타일이 어디 가겠어? 하는 마음에 웃음이 나온다.

당연히 이곳에 배치된 가구와 장식품들 역시 위에의 〈전원 풍경〉 못지않게 아름답고 화려하며 저마다 18세기의 특징을 내보이고 있다. 무엇보다 귀부인의 보석 목걸이를 여러 개 겹쳐놓은 듯 영롱하게 반짝이는 색색의 수정들이 사탕처럼 매달려 있는 천장의 샹들리에는 그 화려함과 정교함에 있어 이곳 모이즈 저택의 다른 샹들리에는 물론이고 18세기에 제작된 그 어떤 샹들리에와 비교해도 뒤지지 않을 만큼 빼어나다. 탄성이 절로 나온다.

그런가 하면 벽화 아래 놓인 콘솔 위에 나란히 놓인 푸른색 도자기도 그 색감과 모양으로 인해 관람객의 눈에 들어오는데 이는 청나라 도자기에 프랑스 브론즈 장식을 더한 것으로 18세기에 유행했던 이른바 '쉬누아즈리chinoiserie', 그러니까 중국풍 미술품이다. 당시 유럽 특히 프랑스의 왕족과 귀족들은 중국 가구와 도자기에 열광했고, 유럽으로 들어온 중국 물건들은 엄청난 고가에 거래되었다. 로코코 시대 가구 제조업자나 실내장식 미술가들이 자신들의 작품에 중국 취향을 적극적으로 도입하기 시작한 것은 이런 시대적 분위기에 부응한 탓이었다.

눈 밝은 관람객이라면 금세 알아보겠지만 두 개의 푸른색 도자기 사이로 보이는 독특한 모양의 시계, 즉 방석 위에 앉아 징을 울리는 중국인의 모습을 형상화한 추시계 역시 쉬누아즈리에 속한다. 시계의 문

위에 살롱

자반에는 18세기 후반 파리의 명실상부한 명품 시계 장인으로 이름을 떨친 니콜라 소티오Nicolas Sotiau의 이름이 새겨져 있다. 니심 드 카몽도 미술관이야말로 프랑스 18세기 귀족 저택의 실내장식을 완벽하게 재현하고 있는 곳임을 감안한다면, 아까 2층으로 올라오는 층계참에서부터 대회랑을 거쳐 이곳 살롱에 이르기까지 집안 곳곳에서 중국 취미의 미술품을 만나 온 것이 전혀 우연이 아니었던 것이다.

뒤이어 따로 지면을 할애해야 할 식당을 보러 가기 전 마지막으로 '영국식 살롱'이라는 별칭으로도 불리는 소집무실, 즉 '프티 뷔로'를 둘러본다. 이곳은 생전에 모이즈가 업무를 보며 많은 시간을 보낸 공간이다. 다른 방과는 달리 진홍빛 비단으로 벽재를 마감한 아담한 사이즈의 방에는 루이 15세의 사냥을 주제로 제작될 태피스트리를 위해 화가 장 바티스트 우드리Jean-Baptiste Oudry가 그린 여덟 점의 밑그림이 장식의 구심점을 형성하고 있다. 완성된 태피스트리들은 루이 15

세가 가끔 머물던 콩피에뉴 성으로 옮겨져 왕의 침실과 대기실, 집무실에 걸릴 예정이었다고 한다. 모이즈가 자신의 집무실에 이 그림들을 걸어 둔 것은 아마도 그의 사냥 취미와 연관이 없지 않을 것이다. 그는 예전 귀족 사회의 전통인 기마 수렵의 열렬한 애호가였을 뿐만 아니라 사격 사냥에도 조예가 깊었다. 아버지를 따라 사냥을 좋아하고 일찌감치 재능을 보였던 아들과 딸을 데리고 매년 가을부터 이듬해 봄까지 정기적으로 자기 소유의 숲과 별장에서 체류하며 사냥을 즐기는 것이 모이즈의 즐거움 중의 하나였다고 전해진다.

한편 이곳에도 진귀한 18세기 가구들이 여럿 있는데 그중에서 하나만 고르라면 독일 출신으로 파리에서 활동한 유명한 가구 장인 장-앙리 리스네르Jean-Henri Riesener가 제작한 작은 서랍장을 들 수 있겠다. 이는 마리 앙투아네트가 생 클루 성의 개인 집무실에서 사용하기 위해 주문한 것으로 딱히 화려한 장식이 없어도 우아하기가 이루 말할 수 없다. 물론 가구 선택에 있어 실용성과 편리함을 최우선으로 하는 내게는 안타깝게도 이 값비싼 고가구들이 그저 눈이 호강하는 용도로만 보일 뿐이다.

몽소가 저택의 연례 만찬

이제 저택의 공적 공간이라고 할 수 있는 2층에서 식당과 그 부속 공간을 구경할 차례다. 은은한 녹색이 칠해진 목재 내장재로 마감된 내벽은 네

소집무실 프티 뷔로

개의 자수 패널과 어망 고기잡이를 주제로 한 보베의 태피스트리로 장식되어 있다. 또한 여느 방과 다름없이 18세기에 제작된 화려하고 고급스러운 가구들이 각자 제자리에서 빛을 발하고 있다. 마호가니 목재로 만든 날개 판을 단 탁자 위에는 한눈에 봐도 위엄이 넘치는 고급 은제 식기 세 점이 놓여 있는데, 이것이 바로 러시아의 예카테리나 2세가 총애하던 오를로프 경에게 선물하기 위해 당시 파리에서 가장 잘 나가던 금은세공사 자크 뢰티에Jacques Roettiers에게 주문했던 식기 세트 중 일부이다. 호화롭게 장식된 방 한가운데 식탁보를 씌운 타원형의 식탁이 놓여 있고 그 위에는 예전 어느 날 식사에 사용된 식기들이 그 모습대로 세팅되어 있다.

갑자기 궁금증이 인다. 이렇게 호화롭게 꾸며진 식당에서 집주인과 함께 식사를 하는 영광을 누린 사람들은 대체 누구였을까? 이런 곳에서 손님들을 대접할 때는 어떤 음식들을 내놓았을까? 이혼 스캔들과 사랑하던 아들 니심의 때 이른 죽음 이후로 일체의 사교 활동을 접고 칩거하던 모이즈는 1920년대 후반부터 몇 가지 활동을 재개한다. 그중 하나가 1925년 수습 회원으로 시작해 1928년 정회원이 된 '클럽 데 상Club des Cent', 즉 '100인 클럽' 활동이다.

1912년 언론인 루이 포레Louis Forest가 프랑스 미식 문화 발전을 모토로 창립한 이 클럽은 그때부터 지금까지 회원 수를 100명으로 한정하고 엄격한 심사를 통해 회원을 선출하는데 그것도 기존 회원의 사망 시에만 신규 회원을 충원할 정도로 폐쇄적으로 운영되고 있다. 오늘날에도 그렇지만 당시에 이 클럽의 회원 자격을 얻으려면 음식과 포도주에 대한 해박한 지식을 갖춰야 했다. 그에 더해 하나 재미있는 것은 당시만 해도 자동차를 소유하고 있다는 게 회원이 되는 데 아주 유리한 조건이었다는 사실이다. 하기야 자동차 타이어를 만드는 프랑스 회사 미슐랭이 여행 가이드와 레스토랑 평점 가이드를 출판하고 있는 것을 보면 자동차와 여행과 미식은 떼려야 뗄 수 없는 관계일지도 모르겠다.

어쨌거나 섬세한 미식가에다 대여행가이고 저택 지하에 환상적인 와인 저장고를 가지고 있는 모이즈는 1925년에 이미 르노, 시트로앵, 부아쟁의 차를 각각 한 대씩, 도합 세 대의 차를 소유하고 있었으니 누가 봐도 '클럽 데 상'의 이상적인 회원으로 손색이 없었다. 정계, 재계, 법조계, 예술계, 언론계 등의 고위 인사들로 구성된 이 클럽의 회원들이 하는 일은 매주 목요일 최고급 레스토랑을 돌며 와인과

식당의 모습

음식을 즐기고, 1년에 한 번씩 제작되는 회원용 여행 가이드북을 위해 자신들이 여행지에서 이용했던 호텔과 식당의 음식과 서비스 등에 대한 평가를 기록해서 공유하는 것이다. 모이즈는 1927년 12월 1일 개최된 목요 점심 모임에 처음 참여한 이후 클럽의 식사 모임에 꾸준히 참석한다. 그리고 1930년부터 1933년까지 일 년에 한 번 클럽의 회원들 중 일부와 그들의 부인들을 몽소가 저택에 불러 점심 식사를 함께했다. 니심 드 카몽도 미술관 아카이브에는 1930년 5월 24일 몽소가의 점심 식사에 초대된 인사들의 명단과 자리 배치에 대한 기록이 남아있다.

하지만 1930년대 몽소가의 식탁에 초대를 받은 것은 비단 '클럽 데 상'의 회원들만은 아니었다. 1920년부터 순수 민간 후원 협회 '루브르의 친구들'의 부회장직을 맡고 1922년에 '국립 미술관 심의회'의 회원으로 선출된 모이즈는 1930년에 '장식 예술 중앙 연맹'의 부회장으로 추대되었다. 그 덕분에 박물관에서 일하는 학예사나 미술사학자, 미술품 수집가 등과 폭넓게 교류하면서 그중 몇몇과는 돈독한 우정을 나누었다. 모이즈는 이들을 두 부류로 나누어 1930년부터 해마다 봄철에 한 번씩 각각 '루브르'와 '마르상'이라는 이름으로 명명한 점심 식사에 초대했다. 개중에는 루브르 박물관의 학예사였던 카를 드레퓌스Carle Dreyfus처럼 양쪽 모임에 모두 참석한 사람도 있었다.

전해지는 기록에 따르면 몽소가의 점심 모임은 매년 5월이나 6월 중 하루를 정해 정확하게 12시 45분에 시작되었다. 모임 당 대략 스무 명에서 서른 명 가량의 손님이 초대되었고, 이들에게는 이 저택을 관리하는 집사의 지시에 따라 전속 요리사가 정성껏 마련한 음식이 제공되었다. 1933년 6월 2일 개최된 '루브르' 점심 식사 메뉴를 참고하면 이곳 몽소가의 식탁에 올라온 요리들의 면면을 그려볼 수 있다.

그날의 식사에는 우선 오르되브르로 얼린 멜론이 나오고 이어 가자미를 주로 한 생선 요리가 제공되었다. 앙트레로는 크레올 라이스와 함께 타라곤 향이 가미된 닭 요리가 나왔으며, 이어 젤리 형태로 요리한 소고기가 주요리로 식탁에 올랐다. 그에 곁들여지는 채소로는 로메인 샐러드, 그리고 프랑스식 완두콩 요리가 준비되었다. 식사가 끝날 무렵 파마산 치즈로 만든 길쭉한 쿠키와 치즈가 제공되었고 마지막 디저트로 소르베에 비해 입자를 거칠게 갈아 청량함을 강조한 체리 맛 그라니테가 나오는 것으로 점심 코스 요리가 완성되었다. 이때 각 음식마다 그에 어울리는 최고급 포도주가 제공되었던 건 두말할 나위가 없는 일이다. 가히 생선류, 가금류, 고기류가 한 끼에 모두 포함되어야 하는 프랑스 정통 코스 요리의 모델이라 할 만하다.

하지만 이 식당에 손님들이 모여 시끌벅적한 분위기에서 오찬이 진행된 것은 일 년에 서너 번뿐이었다. 평상시에 특별한 행사도 없고 외출할 일도 없는 날이면 이 거대한 저택의 주인 모이즈는 너무 넓어 감당할 수 없는 식당이 아니라 식당 옆 구석진 작은 공간에서 혼자 식사를 했다. 물론 규모가 작다고 해서 이 공간에 화려함이 부족한 것은 아니었다.

모이즈가 평생 수집한 진귀한 자기 세트를 보관하기 위해 특별히 맞춤 제작한 '자기 보관실'은 18세기 왕립 도자기 제작소로 이름을 떨친 세브르의 자기 세트를 포함해 보는 것만으로도 입이 벌어질 만한 도자 명품들이 즐비하게 진열되어 있는 것이 여느 자기 미술관 컬렉션에 갖다 대도 부족함이 없다. 예컨대 18세기 프랑스 왕립 식물원 및 부

자기 보관실

속 박물관의 관장으로 활동했던 뷔퐁 백작이 집필한 방대한 저서 『박물지』 중 새와 관련된 부분에 실린 목판화에 영감을 받아 세브르의 왕실 도기 제작소에서 새 문양을 넣어 만든 이른바 '뷔퐁 식기 세트'는 빠진 것 없이 전체를 고루 갖추어 18세기 후반 프랑스 귀족 사회에서 유행하던 식기 스타일의 면모를 짐작할 수 있게 한다.

시중드는 하인이 조용히 오고 갈 뿐 얘기 나눌 사람도 없이 적막한 공간에서 홀로 식사를 하는, 부유하지만 고독한 노신사는 식사 중에 언제나처럼 고개를 들어 자신이 수집한 도자기 작품들을 바라보았을 것이다. 어쩌면 가끔은 창 너머로 내려다보이는 몽소 공원의 풍경이 쓸쓸한 노신사의 관심을 끌었을지도 모르겠다. 공원을 산책하는 사람들, 부모를 따라 나와 이것저것에 한눈을 팔며 여기저기 뛰어다니느라 바쁜 아이들, 팔짱을 끼고 걷거나 잔디에 누워 책을 읽는 젊은이들, 다양한 모습의 사람들이 몽소 공원의 일상 풍경을 만들어 냈을 것이다. 원했든 원치 않았든 언젠가부터 사람 대신 예술품을 벗 삼아 살아가게 된 고독한 수집가 모이즈가 창밖으로 보이는 이런 풍경들을 어떤 심경으로 바라봤을지 문득 궁금해진다.

우아하지만 편리하게, 가족의 생활 공간

시간을 거슬러 올라 18세기 후반 프랑스에 멈춘 듯했던 2층 구경을 마치고 3층으로 올라간다. 3층은 모이즈 가족의 사적 공간이다. 가족들이 실제 거주했던 생활 공간이었던 만큼 이곳의 가구나 장식은 우아하면서도 실용적인 편안함이 강조된 것이 특징이다.

먼저 '푸른 살롱'이라 불리는 방에 들어선다. 이곳은 원래 모이즈의 딸 베아트리스가 사용하던 방이었다. 오빠가 비행기 사고로 죽고 아버지와 둘이 살던 베아트리스는 1920년 음악가인 레옹 레나크Léon Reinach와 결혼했다. 결혼 후 첫 번째 아이인 딸 파니가 태어날 때까지 몽소가의 저택에서 아버지와 함께 살던 베아트리스는 1923년 아들 베르트랑이 출생하고 나서 뇌이에 있는 모리스 바레스가로 이사했다. 딸의 식구가 이사하자 모이즈는 딸이 쓰던 방과 규방을 합쳐 살롱 겸 사무실로 리모델링했다. '푸른 살롱'이라는 별명은 지금은 세월과 함께 빛이 많이 바랬지만 처음에 이 방의 벽을 마감한 목재 내장재 색깔이 물오리 깃털을 연상시키는 청록색이었던 데서 기인한다. 빛이 잘 들어 환한 느낌이 드는 이 방에는 인상주의의 선구자로 여겨지는 네덜란드 화가 요한 바르톨트 용킨트Johan Barthold Jongkind가 생애 말년에 그린 수채화 여덟 점과 더불어 파리 풍경을 묘사한 일련의 그림들이 걸려 있다.

푸른 살롱에서 다음 방으로 건너가면 원형의 서재가 나온다. 저택의 중심에 자리한 이 서재에서는 몽소 공원이 한눈에 내려다보인다. 그 광경은 그야말로 장관이다. 모이즈의 저택에 딸린 개인 정원도 만만치 않은데, 집안 곳곳에서 몽소 공원의 빼어난 경관을 자기 것처럼 감상할 수 있다. 내 친구 로르가 남편과 두 명의 자녀와 함께 살고 있는 파리 13구의 작은 아파트에서 작은 거실 창문으로 저 멀리 에펠탑 상층부가 조그맣게 보인다고 좋아했던 생각이 난다. 이곳 창가에 서보니 조망권이 중요한 이유를 알 것도 같다. 여기 파리야 시내에 고층 건물이 많이 없고 미세먼지도 없으니 웬만한 높이의 집에서는 방향만 맞으면 창문 액자에 에펠탑 한 조각씩은 담기지 않을까 싶다. 그것만으로도 행복할 텐데 몽소 공원 전체를 품은 최고의 조망권을 제공하는 이 집은 정말이지 주택의 입지 조건으로서는 최고라고 할 수 있겠다.

어쨌거나 천연 참나무 목재로 제작한 벽장에 책들이 가지런히 꽂혀 있는 이 서재에서 모이즈는 여러 종의 예술 잡지와 수집품 관련 판매 목록들을 뒤적이곤 했다. 서재의 가구로는 소파 하나와 프랑스어로 '베르제르Bergère'라 불리는 등받이와 팔걸이가 있으면서 옆면이 막혀있는 의자 두 개, 그리고 루이 15세의 왕비였던 마리 레슈친스카가 사용해서 '왕비용'이라는 이름이 붙게 된 등받이가 평평한 의자 여섯 개로 구성된 세트가 주를 이룬다. 호두나무 목재에 조각을 하고 두 가지 색으로 촘촘하게 직조된 벨벳 천을 씌워 만든 이 가구들은 조금 딱딱해 보일 수도 있는 서재에 거실의 편안함을 선사한다.

서재를 나가면 모이즈의 개인 거처가 나온다. 침실과 화장실, 그리고 특이하게도 '옷 입는 방'이라는 이름이 붙은 작은 방으로 구성된 아담한 공간이다. 방 한쪽 벽을 움푹 파서 만든 공간 알코브에 놓인 침대는 역시나 집주인의 취향답게 18세기 후반, 그러니까 1765년에서 1775년 사이에 제작된 것이다. 가구들은 물론 바닥에 깔린 사본느리의 양탄자도 역시 18세기의 작품들이다. 벽에는 일상생활을 그린 장르화와 초상화들이 크고 작은 액자에 담겨 여기저기 걸려 있다.

반면 화장실은 방의 고전적인 분위기와는 전혀 다르게 흰색과 푸른색 도자 타일로 벽을 마감한 것이 매우 현대적이다. 이는 저택의 다른 화장실도 마찬가지다. 모이즈 생전에 시중드는 하인이 그날 갈아입을 옷을 가져다 두곤 했던 '옷 입는 방'에 지금은 모이즈의 생애와 관련된 기념품들이 전시되고 있다. 그의 초상화는 물론이고 그와 두 자녀 니심과 베아트리스의 삶, 그리고 수집가로서 그의 컬렉션 역사를 추억하는 기록물들이나 사진 앨범 등이 보관되어 있다.

3층에서 마지막으로 살펴볼 곳은 어린 나이에 유명을 달리한 아들 니심의 방이다. 현재는 특정 주제로 자료를 전시하는 공간으로 사용되고 있어서 20세기 초반 니심이 생활하던 공간의 흔적을 찾기는 어렵다. 하지만 예전 니심의 방 침대 옆 벽에 걸려 있었던 할아버지 니심 드 카몽도의 초상화나 카몽도 집안의 취미를 반영하듯 사냥과 승마를 묘사한 그림들을 보고 있노라면 전도유망했던 카몽도 가문의 마지막 도련님이 머물던 공간의 분위기가 조금은 느껴지는 듯하다.

모이즈와 니심은 사이가 무척이나 좋은 부자였다. 아버지 모이즈는 당시로는 좀 특별하게 보일 정도로 사회적 관습에 전혀 구애받지 않고 자식들을 직접 챙기면서 자유롭게 길렀다. 모이즈는 아들 니심과 딸 베아트리스와 함께 말을 타고 사냥을 하고 여행을 다녔다. 1900년 프랑스 전역을 다 합쳐도 차가 1,800대밖에 없을 때 이미 두 대의 개인 차량을 소유하고 있던 모이즈는 기계와 기술의 발전에 큰 관심이 있었고, 아들 니심과 이런 열정을 공유했다.

프랑스를 지키기 위해 전쟁에 참전한 아들을 자랑스러워하면서

모이즈의 방

매우 현대적인 화장실

도 행여나 무슨 일이 생길까 노심초사 마음 졸이던 모이즈는 아들에게 지속적으로 편지를 썼고, 니심 역시 자기 걱정에 힘들어할 아버지를 생각하며 가능한 한 자주 편지를 보냈다. 둘의 편지는 언제나 '사랑하는 아빠', '보고 싶은 나의 니니'로 시작했다. 니니는 사랑하는 아들 니심의 애칭이었다. 전쟁 중 두 사람이 주고받은 편지는 니심 드 카몽도 미술관 아카이브에 보관되어 있다. 이런 상황에서 모이즈는 아들의 상관으로부터 1917년 9월 5일 로렌 전투에서 공군 중위 니심 드 카몽도가 사망했음을 알리는 편지를 받았다. 자식을 먼저 보낸 모든 부모처럼 모이즈의 가슴에선 하늘이 무너져 내렸을 것이다. 애달파지는 마음에 서둘러 전시실을 빠져나온다.

부엌과 하인들의 전용 공간

1층으로 내려와 주방으로 들어선다. 넓은 주방 한가운데 자리 잡은 엄청난 규모의 화덕과 벽 한쪽에 설치된 그만큼이나 큰 고기구이용 그릴이 관람객의 시선을 압도한다. 석탄을 때서 작동하는 이 기구들은 하루 종일 따뜻한 상태로 유지되었다. '클럽 데 상'의 회원이었던 집주인 모이즈는 미식가로 유명했고, 그런 만큼 좋은 음식을 만드는 데 필요한 모든 시설을 갖춘 주방을 원했다. 주방을 깨끗하게 관리하면서도 청소를 용이하게 하기 위해 주방 벽은 흰색 타일로 마감했고, 바닥은 역시 흰색 타일에 검은색 마름모꼴 타일을 배치해 포인트를 주었다. 오늘날 이 미술관을 방문하는 우리 같은 관람객들은 현관에서 바로 주방으로 들어올 수 있지만, 당시 이 집에서 일하던 사람들과 음식 재료를 비롯해 생필품을 배달하던 업자들은 말제르브가에 면한 막다른 골목으로 난 출입문을 통해 드나들었다.

건물의 설계상 주방은 2층의 식당 바로 아래 위치해 있다. 대개의 귀족 저택에서 그렇듯이 1층의 주방과 2층 식당 사이에는 요리 운반용 승강 장치가 설치되어 있었다. 그리하여 주방에서 만든 음식을 바로 2층의 식당 옆에 딸린 작은 준비실에서 받아 때맞춰 공급할 수 있었던 것이다. 예컨대 이 저택에서 일 년에 서너 번 손님들을 오찬에 초대한 날을 상상해 보자. 평상시에도 밥을 오래 먹기로 유명한 프랑스 사람들인데 포도주를 곁들여 가면서 풀코스로 차려진 정찬을 하려면 서너 시간은 족히 넘게 걸렸을 것이다. 이 시간 내내 손님들이 행여 불편하지는 않을까 살피면서 식사 시중을 들고, 적시 적소에 필요한 음식과 음료를 내오고 비운 그릇들을 치우는 것은 집안에 고용된 하인들과 하녀들이었다. 저택의 행사를 총괄하는 집사는 2층의 식당 옆에 딸린 작은 준비실에 대기하면서 요리사가 아래층 주방에서 조리해서 요리 운반용 승강 장치를 통해 올려 보내는 요리를 받아 따뜻한 음식은 따뜻한 대로 찬 음식은 찬 대로 보관했다가 필요한 시점에 식당으로 운반하게 했다. 2층 준비실에는 접시를 데우는 기구는 물론 디저트로 나가는 소르베를 얼린 상태로 차게 유지하기 위한 아이스박스도 찬장 안에 마련되어 있었다. 손님들이 다 비운 그릇을 가져다가 씻어서 정리하는 곳도 이곳이었다. 개수대 위에는 놀랍게도 수돗물을 정화하는 오

주방의 모습

존 살균기까지 설치되어 있다. 인테리어 스타일은 18세기풍을 고수했지만, 주방과 욕실 등의 공간은 위생을 일 순위로 고려하여 최첨단 기술을 도입하게 한 집 주인의 안목이 돋보인다.

어쨌거나 이 대저택에서 수십 명의 손님을 맞이해 식사를 대접하는 날이면 저택의 최고 관리인 집사를 비롯해 모든 하녀와 하인들이 정신없이 분주했을 것이다. 아마도 집안에선 버지니아 울프Adeline Virginia Woolf의 『댈러웨이 부인』에 등장하는 한 장면이 펼쳐지고 있었을 것이다. “희미한 소리들이 나선 계단을 타고 올라왔다. 자루걸레가 쓱쓱 움직여 가는 소리, 뭔가 탁탁 치는 소리, 두드리는 소리, 현관문이 요란하게 열리는 소리, 지하실에서 뭔가 말을 전하는 목소리, 쟁반 위의 은그릇들이 잘그랑대는 소리, 파티에 쓸 깨끗한 은그릇들이었다. 모두 파티를 위한 것이었다.” 댈러웨이 저택의 파티에는 안주인 클라리사가 파티 준비의 이모저모를 챙기지만, 안주인이 없었던 몽소가에서는 집사 이하 살림을 맡은 하인들의 책임이 더욱 크지 않았을까 상상해 본다. 주인님이 여는 일 년에 몇 번 안 되는 연례 행사를 완벽하게 치러 내야 했을 테니 말이다.

하지만 몸은 힘들고 마음은 바빴을망정 이 집의 일꾼들은 이 넓은 집에 주인 혼자 덩그러니 기거하는 적막한 분위기보다는 왁자지껄 사람 소리가 울려 퍼지는 잔치 분위기가 더 좋았을지도 모르겠다. 오랜만에 사람 사는 것 같은 느낌이 들지 않았을까. 하기야 평상시에 주인어른은 혼자 식사를 하고 쓸쓸한 시간을 보냈을지 몰라도 이 집의 하인과 하녀들은 외롭지는 않았을 것이다.

이 저택에는 늘 대략 12명에서 15명의 사람이 상시로 근무했다. 여기엔 저택의 총관리인인 집사와 시중을 드는 하인들과 리넨 제품 및 내의류의 책임을 맡은 하녀, 그리고 요리사가 포함된다. 또 이들의 일손을 돕는 일꾼들과 자동차 정비사도 있었다. 이들에게는 1층의 주방 옆에 딸린 그들만의 공간이 있었다. 저택의 고용인들은 이곳에서 식사를 하거나 일이 없을 때 잠시 휴식을 취하기도 했다. 방 한가운데는 이들이 모여 식사하던 테이블과 의자가 놓여 있다. 왼쪽 구석 벽에는 마치 라커룸처럼 번호가 매겨진 15개의 칸이 있는 목재 가구가 세워져 있어서 각자 자기 소지품을 보관할 수 있었다. 일은 고단해도 잠깐이라도 자기들만의 공간에서 함께 시간을 보낼 수 있는 동료들이 있어 하루하루를 즐겁게 살아내지 않았을까, 혼자서 상상의 나래를 펼쳐 본다.

삶 앞에서의 겸손을 배우다

우리나라 양반집에 가도 주인들의 공간인 사랑채와 안채와 구분되는 바깥 행랑채가 있듯이 서양의 성이나 대저택을 구경하면서 화려한 주인의 공간과 구분되는 하인들의 공간을 볼 때면 가끔 불편한 마음이 든다. 이곳 몽소가의 대저택에서도 화려하기 이를 데 없는 2층과 3층의 방들을 구경하고 내려와서 1층의 주방과 하인들의 공간을 보니 살짝 그런 감정이 올라오려고 한다. 하지만 곧 그럴 필요가 없다는 생각이 들었다. 이곳에 살았던 사람들이 어떤 마음으로 자기 인생을 살아 냈는지는 아무도 모르는 일이 아닌가. 하인들의 시중을 받으며 값비싼 음식을 먹고 화려한 방에서 기거했던 집주인이라고 해서 슬프거나 괴로운 일이 없었던 게 아니고, 남의 집에 고용되어 몸을 써서 일을 해야 먹고 살 수 있었던 하인이라고 해서 생의 환희와 기쁨을 느끼지 못했으리라는 법은 없다. 그런 면에서 보자면 삶은 공평하다.

이제 니심 드 카몽도 미술관 방문을 마칠 시간이 되었다. 이곳을 나가기 전 카몽도 가문을 덮친 마지막 불행을 얘기해야겠다. 모이즈가 사망하고 4년이 지난 1939년 제2차 세계대전이 발발한다. 나치의 위협이 점차 다가오는데도 베아트리스는 다른 유대인들처럼 망명을 떠나거나 안전한 곳으로 피할 생각을 하지 않았다. 조심하기는커녕 늘 그랬듯 불로뉴 숲에서 말을 탔고 장애물 경기에 참가했다. 그녀는 유대인의 피를 받았지만 스스로를 유대인이기 이전에 프랑스인이라 생각했다. 아버지와 큰아버지는 레지옹 도뇌르 훈장을 받았고, 오빠 니심은 제1차 세계대전 중 조국 프랑스를 위해 싸우다 전사했다. 게다가 아버지는 몽소가 63번지 저택을 포함해 어마어마한 컬렉션을 프랑스에 기증하지 않았는가. 베아트리스는 겁날 게 없었다. 하지만 상황은 다르게 흘러갔다. 그녀는 1942년 딸 파니와 함께 체포되었다. 남편 레옹과 아들 베르트랑도 예외가 아니었다. 네 사람은 오랫동안 드랑시의 감옥에 투옥되었다가 1943년 11월 20일 아우슈비츠 수용소로 이송되었다. 그리고 네 사람 중 누구도 그 끔찍한 지옥에서 살아 돌아오지 못했다. 그런 것을 운명의 장난이라고 불러야 한다면 그건 너무 가혹하다. 무거워진 마음을 안고 미술관을 나선다. 정말이지 인생이 어떻게 흘러갈지는 아무도 모르는 법이다. 삶 앞에서 겸손해질 수밖에 없는 까닭이다.

Musée Jacquemart-André

04 자크마르 앙드레 미술관

주　　소　158 Boulevard Haussmann, 75008 Paris

관람시간　매일 10:00~18:00
※ 특별 전시 기간 중 야간 관람 가능
금 10:00~22:00, 일 10:00~19:00

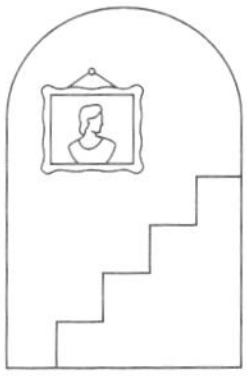

오늘의 목적지는 자크마르 앙드레 미술관이다. 파리 8구 오스만 대로에 위치한 자크마르 앙드레 미술관은 소장 컬렉션의 수준도 훌륭하지만 특별히 미술관으로 사용되는 저택 자체의 건축적 아름다움에 더해 이 미술관에 이름을 남긴 예전 집주인 자크마르와 앙드레 부부가 실제 사용하던 식당을 미술관 카페로 운영하는 덕분에 관광객은 물론 파리지앵들이 자주 찾는 파리의 명소가 되었다. 특히나 예약을 받지 않는 이 카페에서 매주 일요일 11시부터 맛볼 수 있는 브런치 메뉴는 줄을 서서 먹을 정도로 인기가 좋다.

이 미술관에 갈 때마다 내 생애 꼭 한 번은 이 카페에서 우아하게 브런치를 즐겨보리라 마음을 먹어보지만 안타깝게도 아직은 그럴 기회가 없었다. 뭐, 꿈은 꾸라고 있는 거니까. 이것도 죽기 전에 이뤄야 할 소박한 '버킷 리스트' 중 하나로 올려놓고 언젠가 실현될 날이 오리라 기대하면서 사는 것도 나쁘진 않다.

자크마르 앙드레 미술관은 유학 시절부터 내가 자주 찾던 미술관이다. 언제나처럼 생 오귀스탱역에서 내려 오스만 대로를 따라 걷는다. 미로메닐역에서 내리면 조금 더 가깝긴 하지만 오스만 대로에 즐비하게 늘어선 풍채 있고 우아한 부르주아 저택들을 구경하는 게 좋아서 습관처럼 같은 길을 이용하게 된다. 1월인데도 좀 쌀쌀하다 싶을 뿐 매서운 한겨울 추위는 아니다. 미세먼지 없는 파란 하늘. 덩달아 기분이 좋아진다.

그런데 언제 봐도 변함없이 멋지게 차려입은 귀부인 같은 표정이다 싶은 이 거리가 평소와 다른 모습이었던 때가 있었다. 코로나가 창궐하기 전 마지막으로 자크마르 앙드레 미술관을 찾아갔을 때가 그랬다. 조금 걷다 보니 뭔가 이상한 게 느껴졌더랬다. 마치 눈에 익지 않은 낯선 곳에 와 있는 느낌이랄까. 건물에 붙은 표지판을 살펴보니 분명 오스만가가 맞는데 이런 느낌은 뭘까. 상점 유리창이 파손되어 테이프가 붙여져 있질 않나 아예 창문이 있던 곳을 널빤지로 막아 놓질 않았나, 파리의 최대 부촌 중 하나인 8구 오스만가에서는 쉽게 보기 어려운 광경이었다. 알고 보니 3개월째 프랑스 전역에서 진행되고 있는 '노란 조끼gilets jaunes, 질레 존' 운동의 시위 여파로 길가의 가게들이 피해를 본 거였다. 노란 조끼 운동은 프랑스 정부가 부유세 인하, 긴축 재정과 유류세 및 자동차세 인상을 골자로 한 조세 개혁을 추진하자 이에 반대하는 시민들이 2018년 10월 21일 노란 조끼를 입고 처음 시위에 나선 후 점차 규모가 커지면서 이탈리아, 벨기에, 네덜란드 등 주변 국가로 확

산되며 전개되었던 운동이다. 2019년 초 익숙했던 오스만가의 낯선 표정을 보고 무언가를 얻기 위한 시위가 늘 평화롭게 진행되는 것만은 아니라는 사실을 다시금 깨달은 적이 있었다.

몇 년 만에 다시 찾은 이곳 거리는 언제 그런 일이 있었느냐는 듯 예전의 기품을 되찾았다. 예상했던 대로 이곳 상점들의 깨진 문과 유리창은 곧바로 복구되었다. 시위대와 정부 사이에도 협상과 타협이 이루어졌고, 노란 조끼 운동도 역사 속의 한 장면이 되었다. 하지만 시위를 촉발했던 문제들 아래 놓인 근본적인 질문은 여전히 남아 있다. 이 시대 우리는 어떻게 살 것인가? 정치인들의 정책 결정이 우리 일상을 송두리째 뒤흔들 수도 있는 이 세상에서 우리는 어떻게 행동해야 할까? 권리, 의무, 참여, 책임감, 상생과 연대… 이건 프랑스만이 아니라 우리에게도 해당되는 질문들이 아닌가? 여러모로 복잡해지는 마음을 떨치고 다시 걷는다. 저만치 자크마르 앙드레 미술관을 알리는 빨강색 표지가 나를 반긴다.

프랑스 건축가 앙리 파랑의 야심작

오스만가에 면해 있는 문으로 들어가면 저택의 입구까지 긴 통로가 나온다. 어둡고 긴 터널을 통과하면 그 끝에 밝은 햇살이 쏟아져 들어오듯이 통로의 이쪽과 저쪽 사이에 명암의 대비가 선명하다. 환한 빛에 이끌려 옛날 귀족들과 부유한 부르주아들이 마차를 타고 지나갔을 통로를 걸어

미술관 본관으로 향하는 길

가면 왼편에 매표소와 기념품 가게가 보인다. 표를 구입하고 밝은 세계로 한 걸음을 내딛는다. 고개를 들어 보니 눈앞에 나타나기를 기대했던 미술관 건물은 보이지 않는다. 대신 빙 돌아서 올라가게 되어 있는 자갈이 깔린 야트막한 오르막길이 관람객을 맞이한다. 입구 방향을 살피며 천천히 따라 올라가다 보면 얼마 지나지 않아 왼쪽으로 균형과 비례, 조화를 중시한 신고전주의 건축 양식에 영감을 받은 정갈하면서도 우아한 건물의 파사드가 멋진 자태를 드러낸다. 좌우로 완벽한 대칭을 이루는 19세기 오스만 양식의 저택에 눈과 마음을 빼앗겼다면 잠시 멈췄다 가는 셈 치고 오른쪽으로 고개를 한번 돌려 보기 바란다. 아까 들어올 때는 입구만 좇느라 보지 못했던 정원이 한눈에 들어온다. 두 그루의 커다란 나무 사이로 작은 벤치가 하나 놓여 있다. 볕이 잘 드는 날 황혼 무렵에 저 벤치에 앉아 천천히 저택의 파사드를 감상한다면 그것도 참 운치 있겠구나 싶다.

이제 다시 눈을 돌려 미술관 건물을 바라본다. 아주 크지는 않지만 전반적으로 웅장한 느낌을 주는 이 집은 집주인 에두아르 앙드레Édouard André가 프랑스 건축가 앙리 파랑Henri Parent에게 건축을 의뢰하여 1875년 완공된 건물이다. 1875년 오스만가의 이 저택이 완공되었을 때 이곳에서 몇 블록 떨어진 9구 오페라 대로가 끝나는 광장에는 오늘날 파리 오페라 극장으로 알려진 가르니에 궁이 15년의 공사 끝에 완공되어 그 모습을 드러냈다. 사실 가르니에 궁과 오스만가 앙드레 저택의 건축가 앙리 파랑 사이에는 아무런 관계가 없어 보인다. 하지만 가르니에 궁 건축 과정을 들여다보면 앙리 파랑이 가르니에 궁 완공에 무심하기는 어려웠을 사정이 발견된다.

파리 오페라 신축 공사는 19세기 후반 오스만 남작 주도로 진행된 근대적이면서도 우아한 새로운 파리 건설에 있어 일종의 랜드마크가 될 건축 프로젝트였다. 따라서 1860년 12월 30일 새로운 오페라 하우스 건축을 위한 설계 공모가 공식적으로 발표되자 이미 노트르담 대성당, 아미앵 대성당 등의 개수 작업을 통해 명성을 떨치고 있던 외젠 비올레르뒥Eugène Viollet-le-Duc을 비롯해 170명의 건축가가 공모에 참여하는 등 모두의 관심이 집중되었다. 그중 7명의 건축가의 설계안이 1차 심사를 통과해 2차 심사 단계로 넘어갔다. 최종적으로 신예 건축가인 샤를 가르니에Charles Garnier의 안이 선택되면서 모두를 놀라게 했는데, 이때 가르니에의 뒤를 이어 2위를 차지한 것이 바로 오스만

미술관 본관 정면부

가 앙드레 저택의 건축가 앙리 파랑이었던 것이다. 당시 심사위원들의 판단이 달랐다면 어쩌면 파리 오페라 극장이 '오페라 가르니에'가 아니라 '오페라 파랑'으로 불렸을지도 모를 일이었다.

오페라 설계 공모에서 아쉽게 탈락한 앙리 파랑은 오페라 극장에서 가까운 오스만가에 세워질 앙드레 저택 건축을 의뢰받고 1869년부터 1875년까지 이에 몰두하여 완벽한 좌우 대칭과 고전적인 열주 장식을 활용한 파사드가 돋보이는 신고전주의 양식의 건물을 완성했다. 미술관에 들어오면서 경험했듯이 특이하게도 이 건물은 길가에 세워진 담벼락 덕분에 통행량이 많은 대로의 번잡함에서 한발 물러나 도시 안에서의 고요함을 느낄 수 있도록 설계되었다. 오랜 공사가 끝나고 1876년 개최된 저택 낙성식은 그야말로 일대 사건이었다. 초대된 손님들은 건물의 외부는 물론이고 내부를 둘러보고는 그 아름다움에 매료되었다. 그리고는 얼마 전 완공된 샤를 가르니에의 오페라 건물을 칭송했듯이 파랑이 지은 앙드레 저택에 찬사를 보냈다. 오페라 건축의 영광을 샤를 가르니에에게 빼앗긴 앙리 파랑의 자존심이 완전하게는 아니어도 어느 정도는 회복될 만한 순간이었다.

수집, 부부가 공유한 열정

이 미술관은 자크마르-앙드레라는 이름을 갖고 있다. 자크마르와 앙드레는 이 저택에 살다가 사후 자신들의 소유였던 저택과 그 안에 소장되어 있던 예술품 전부를 프랑스 학사원에 유증한 에두아르 앙드레와 넬리 자크마르 부부의 성을 딴 것이다.

에두아르 앙드레는 1833년 프랑스 남동부 출신의 부유한 신교도 은행가 집안에서 태어났다. 파리 개조 사업을 비롯해 대대적으로 공공사업, 철도 건설, 은행 사업 등을 촉진하고 장려했던 프랑스 제2제정기에 이 집안의 가세는 정점을 찍었다. 나폴레옹 보나파르트의 명으로 설립된 특별군사학교인 생시르 사관학교에 입학한 18살의 에두아르는 졸업과 동시에 나폴레옹 3세를 근거리에서 보좌하는 제국친위대에 장교로 배속받았다. 미술관에 걸린 제국친위대 군복 차림의 초상화는 이 저택 주인의 호기로운 젊은 시절의 모습을 잘 보여 준다.

하지만 군인의 업무보다는 튈르리 궁의 호화로운 생활에 더 마음이 끌렸던 에두아르는 곧 장교직을 사임하고 1864년 아버지의 의원직을 물려받아 파리 대부르주아의 삶을 살아가기로 결정한다. 이에 발맞추어 수집가로서 그의 취미와 능력도 점점 발전하기 시작한다. 1860년 에두아르는 금은세공품, 보석세공품, 도자기, 수고본 미세화, 태피스트리 등을 수집하기 시작했고, 동시에 외젠 들라크루아Eugène Delacroix 같은 동시대 화가들의 그림과 바르비종 화파의 풍경화 등을 사들이면서 수집품의 규모를 조금씩 늘려 간다.

그러던 중 1872년 에두아르에게 운명적인 만남이 일어난다. 물론 당시에는 그것이 운명적인 것이 될지 그 누구도 알지 못했다. 에두아르는 자신의 초상화를 그리기로 마음먹고 당대 이미 초상화가로 명성을 날리고 있던 젊은 여성 화가에게 작품 제작을 의뢰한다. 그녀가 바로 넬리 자크마르였다. 넬리는 1841년 파리의 별 볼 일 없는 평범한 가정에서 태어났다. 그런데 운이 좋게도 그녀의 부모를 고용한 부유한 부르주아 가문의 드 바트리 부인이 그녀에게 관심을 가졌고 든든한 후원자가 되어주었다. 드 바트리 부인은 파리에서 북동쪽으로 약 40킬로미터 떨어진 와즈 지방의 샬리스 영지를 소유하고 있었는데, 어린 넬리는 여름이면 그녀를 따라 영지 내의 사냥용 별장에 가서 영지를 방문한 많은 손님과 어울리며 시간을 보냈다.

어린 시절부터 그림에 남다른 소질을 보이던 넬리는 드 바트리 부인의 후원 아래 여성들을 모아 교육하는 아틀리에에서 그림을 배웠다. 그리고 당시 화가가 되고자 했던 젊은이들이 누구나 그러했듯 1863년 자신의 그림을 살롱전에 출품했다. 그녀의 나이 스물둘이었다. 그런데 놀라운 일이 벌어졌다. 출품된 5천여 작품 중 3천여 작품이 낙선하는 상황에서 넬리의 그림이 당당히 살롱전에 전시되는 쾌거를 이룬 것이다. 이후로 넬리는 지속적으로 살롱전에 그림을 출품하고 수상하면서 교회나 개인으로부터 그림 주문을 받아 생계를 유지했다. 특히 초상화가로서 그녀의 명성은 날로 커져서 당대 파리의 거물들을 자신의 이젤 앞에 세워놓고 그림을 그릴 정도가 되었다. 또한 파리의 한 학교에서 학생들에게 그림을 가르치기도 했다. 그러다 1872년 부유한 은행가 집안의 유일한 상속자이자 파리 사교계의 유명 인사였던 에두아르 앙드레의 초상화를 그리게 되었다.

1881년 6월 29일 에두아르와 넬리의 결혼식이 거행되었다. 당시로는 너무나 드물게 결혼을 하지 않고 오로지 자신이 그린 그림으로 먹고 살 수 있었던 마흔 살의 여성 화가 넬리 자크마르가 자기보다 여덟 살 많고 이미 지병이 있던 에두아르 앙드레와 부부가 된 것이다. 둘의 관계를 추적해 보면 9년 전 화가와 모델로서 초상화를 그려준 것이 첫 만남이었던 게 확실하다. 돈 많은 부르주아가 자신을 모델로 그림을 그리는 여성 초상화가를 보고 한눈에 반했던 것일까? 하지만 둘의 만남이 운명적이라고 한들, 그 운명이 흔히 생각하는 낭만적인 사랑의 의미는 아니었던 것 같다. 사료에 따르면 초상화를 그릴 당시 첫 만남이 있은 후로 둘 사이에 모종의 관계가 있었다는 증거는 발견되지 않는다.

사실 결혼 전까지 둘은 너무도 다른 세계에 속해 있었다. 출신 계급으로 보자면 한 사람은 대부르주아 출신, 다른 한 사람은 보잘것없는 평민 출신으로 사실상 서로 만날 일이 별로 없는 관계였고, 종교나 정치적 성향에서도 공통점이 거의 없었다. 에두아르는 보나파르트를 지지하는 개신교도였고 넬리는 왕정복고주의자들 사이에서 성장한 가톨릭 신자였다. 이들 부부의 결혼은 흔히 '정략 결혼'이라고 표현되는데, 두 사람이 결혼에 이르게 된 '합리적' 동기가 과연 무엇이었을지 궁금할 따름이다.

평민 계급 출신이었던 넬리는 이 결혼을 통해 부르주아 계급으로 신분 상승을 하고 그들 사회의 일원이 되었다. 그러나 부르주아 집안의 안주인답게 사교계 사람들을 대상으로 연회와 음악회를 베풀기 위해 자신의 직업이자 존재 이유였던 그림을 완전히 포기하는 대가를 치러야 했다. 넬리 입장에서는 결혼을 통해 얻은 것만큼 잃은 것도 적지 않았다. 그녀가 잃게 된 것은 다름 아닌 화가로서 그녀 자신의 재능과 가능성이 아닌가.

하지만 넬리 자신은 화가로서 활동을 하지 못하게 된 것에 큰 아쉬움은 없었던 듯하다. 결혼을 통해 얻게 된 남편의 막대한 부가 그녀 안에 있던 또 다른 재능, 즉 수집가의 재능을 일깨우고 꽃피우게 하는 데 큰 역할을 했기 때문이다. 에두아르가 결혼 전 1860년대부터 이런저런 물건들을 수집해 온 것처럼, 넬리 역시 고서적이나 그림을 포함한 소박한 컬렉션을 가지고 있었다. 처음에 별다른 연관성이 없어 보였던 두 사람의 수집품은 결혼 후 하나의 컬렉션으로 합쳐져 점점 발전하기 시작했다.

늦은 나이에 결혼해 아이가 없었던 부부는 마치 둘만의 작품을 잉태하듯 공통의 예술품 컬렉션을 구성하는 데 전력을 다했다. 수집은 부부에게 하나의 열정이 되었다. 두 사람은 진귀한 작품과 물건들을 구하기 위해 유럽은 물론 이집트와 콘스탄티노플 등지를 방문했다. 특별히 이탈리아 르네상스 미술에 관심이 있던 부부는 이탈리아 전역을 돌아다니며 조각과 그림들을 닥치는 대로 사들였다. 그중 하나가 바로 오늘날 자크마르 앙드레 미술관 계단 벽을 장식하고 있는 조반니 바티스타 티에폴로Giovanni Battista Tiepolo의 1745년 작 프레스코 벽화다.

원래 파도바의 콘타리니-피사니 궁전에 걸려있던 이 프레스코화가 프랑스 수집가 부부에게 팔렸다는 사실이 알려지자 현지의 여론이 분노했고 작품의 해외 반출 금지를 요구하는 일이 벌어지기도 했다. 비록 약탈이나 도난이 아니라 돈을 주고 구입하는 것이라 해도 문화재 해외 반출의 역사를 빈번하게 겪은 우리로서는 파도바 현지인들의 반응을 충분히 이해할 수 있을 것 같다.

열렬한 사랑은 아니었을지 몰라도 수집에 대한 열정을 공유하던 부부에게 이별의 아픔이 찾아왔다. 1894년 에두아르가 61세의 나이로 세상을 떠난 것이다. 남편을 떠나보내고 황망할 겨를도 없이 넬리는 사망한 남편의 재산 상속 문제를 둘러싸고 남편 집안사람들이 제기한 소송에 휘말리게 된다. 사건의 전말은 이러하다. 신분 차이에 더해 가진 것 하나 없는 집안의 여인을 가족으로 들이는 것이 못마땅했던 에두아르의 친척들은 두 사람이 결혼할 당시 추후 에두아르의 재산을 집안사람들이 차지하기 위해 부부가 따로따로 재산을 소유하는 별산제로 계약서를 작성하게 한다. 그런데 남편의 사망 후, 에두아르의 미망인 넬리가 그의 재산을 모두 아내에게 물려준다는 에두아르의 유언장을 공개한 것이다. 이에 에두아르 가문 사람들, 특히 그의 사촌들은 이 유언장 내용을 부인하며 넬리가 망자의 유산을 빼돌리려 한다는 혐의를 씌워 소송을 걸었으나 결국 넬리가 승소하게 된다.

이런 예기치 않은 사태를 겪은 후 넬리는 다시 수집을 시작했고, 분야를 메달이나 영국 회화로 넓혀가며 부부가 함께 만들어 온 소중한 컬렉션을 더욱 풍성하게 만들기 위해 애를 쓴다. 1902년 아시아를 둘러보기로 마음 먹은 그녀는 인도에 도착한다. 다음 목적지는 중국과 일본이 될 것이었다. 그런데 그때 샬리스 왕실 수도원이 포함된 영지 일부가 매물로 나왔다는 소식이 그녀의 귀에 전해진다. 샬리스라고? 내가 유년 시절을 보냈던 추억의 장소가 낯선 누군가의 손에 넘어갈지도 모른다고? 그런 일은 결코 일어나서는 안 되는 것이었다. 넬리는 바로 여행을 중단하고 프랑스로 돌아와 드 바트리 부인의 상속자들로부터 샬리스 영지를 구입한다. 그리고 거기에 자신의 컬렉션 일부를 옮겨놓는다.

1912년 5월 15일 넬리 자크마르가 사망했다. 오스만가의 저택을 포함해 그녀 소유의 모든 재산이 몇 달 전 작성된 유서에 따라 프랑

샬리스 수도원 부속 성당의 넬리 자크마르 무덤

스 학사원에 유증된다. 유서에서 그녀는 자신과 앙드레의 컬렉션이 공개되어 더 많은 사람에게 관람의 즐거움을 줄 수 있기를 바란다는 뜻을 밝혔다. 덕분에 자크마르 앙드레 미술관과 샬리스 왕실 수도원은 박물관이 되어 일반 대중에게 공개되었고, 오늘날까지 세계 각지에서 찾아오는 관람객을 맞이하고 있다.

한편 그녀의 유해는 샬리스 수도원 부속 성당에 안치되었다. 그런데 그녀의 관 위에 새겨진 여인의 조각상이 우리의 눈길을 끈다. 그것은 다름 아닌 팔레트와 붓을 들고 비스듬히 누워있는 넬리 자신의 모습이다. 결혼과 동시에 두말없이 화가로서의 재능을 포기하고 아내이자 수집가의 길을 걸었던 그녀였지만 죽음 앞에서 돌아본 자신의 정체성은 화가였을지도 모르겠다. 죽은 자는 말이 없고 망자의 속내를 알 길은 없지만 화가 넬리 자크마르를 재현한 청동 조각상을 바라보고 있자니 어쩐지 그녀의 마음을 알 것도 같았다.

손님맞이와 성대한 연회를 위한 응접실

이제 미술관 안의 방들을 둘러볼 차례다. 프랑스 벨 에포크 시대 부유한 부르주아 계층의 호화로운 삶을 증언하는 이 아름다운 저택에는 여러 개의 응접실이 있다. 우선 손님들이 그랑 살롱으로 들어가기 전 거쳐 가는 일종의 대기실 역할을 했던 '회화 살롱' 혹은 '그림 갤러리'를 보자. 벽 한 면을 차지하는 커튼이 쳐진 유리창으로 햇볕이 은은하게 들어온다. 붉은 비단 벽지에 금박을 입힌 흰색 목재 내장재로 톤을 맞춘 자그마한 살롱의 삼면 벽에는 신화적 주제를 다룬 그림, 정물화, 풍경화, 초상화 등이 조화로운 배치를 자랑하며 걸려 있다. 정원으로 나 있는 창문을 뒤로 하고 방 안을 한번 둘러보면 좌우의 벽에 걸린 그림들과 아래쪽에 놓인 장식물이 거의 완벽한 대칭을 이루고 있는 것을 확인할 수 있다.

그중에서 내가 눈여겨본 그림은 양쪽 벽에 세 점씩 걸린 초상화 위로 타원형 액자에 표구된 밝고 우아한 터치의 여성 나체화 두 점이다. 둘 다 18세기 로코코 양식의 대표적인 화가 중 하나인 프랑수아 부셰François Boucher가 그린 비너스 여신 그림이다. 루이 15세의 애첩 퐁파두르 후작부인의 총애를 받던 화가 부셰는 우아하고 세련되면서도 경쾌한 로코코 양식을 완벽하게 표현한 장식화들을 그려 낸 것으로 유명한데 비너스 여신을 비롯해 여러 여신을 즐겨 화폭에 담았다. 여신의 몸이 아니라면 여성의 나체를 그릴 수 없었던 시절, 부셰는 여신을 주인공으로 내세워 어떤 제약이나 비난의 여지 없이 관능적인 누드 묘사를 자유롭게 해낼 수 있었다.

이곳 살롱에 걸린 두 점의 그림을 좀 더 자세히 들여다보자. 하나는 잠든 비너스를 묘사한 〈비너스의 잠〉이고, 다른 하나는 화장을 하는 비너스의 모습을 그린 〈비너스의 화장〉이다. 분명 같은 비너스 여신인데 두 그림 속 여신의 표정과 자태는 사뭇 다르다. 비너스 여신 곁에는 또 한 명의 주인공인 사랑의 신 큐피드가 보인다. 한쪽 그림에서 누가 해치기라도 할세라 잠자는 비너스 여신 곁을 지키던 꼬마 큐피드는 다른 그림에서는 화장하는 비너스가 그림 오른쪽 아래

프랑수아 부셰, 〈비너스의 잠〉, 1738

프랑수아 부셰, 〈비너스의 화장〉, 1738

에 있는 공작새를 바라보자 자신에게 관심을 달라는 듯 여신의 리본을 잡아당기고 있다. 귀여운 꼬마 신이 응석을 부리는 모양이다. 그 모습에 나는 또 엄마 미소가 절로 지어진다.

여기서 흥미로운 것은 화장하는 비너스 여신을 그린 그림 왼편에 어렴풋이 보이는 소용돌이 모양 금박 장식 거울이다. 이는 다름 아닌 루이 15세 시대 프랑스 귀족 사회를 풍미하던 이른바 '로카유Rocaille' 장식으로, 부셰의 후원자 퐁파두르 후작부인의 취향이기도 했다. 그러니까 신화 속 인물인 비너스 여신이 루이 15세 시대 유행하던 스타일의 거울을 사용하고 있는 것이다. 부셰는 이런 식으로 신화를 주제로 그림을 그리면서도 장식품이나 인물의 표정, 생김새 등을 통해 자기 시대를 환기하는 것을 즐겼다. 물론 당대 귀족사회 일원들은 부셰의 그림에 등장하는 이러한 알레고리에 환호했다. 이번에 부셰가 그린 그림 속에 등장하는 비너스 여신은 어느 귀부인을 모델로 한 거야? 얼굴 생김새나 표정, 장식물을 보면 누구누구 아니겠어? 이런 대화들이 당대 귀족 사회에서 심심찮게 행해졌다는 얘기가 소문으로 전해진다.

물론 여기엔 부셰의 그림만 있는 것은 아니다. 잠자는 비너스 그림 아래 벽면 중앙부에 자리한 장 마르크 나티에Jean-Marc Nattier의 명화 〈당탱 후작부인〉이나 창문을 마주한 벽에 걸린 장 시메옹 샤르댕Jean Siméon Chardin의 그림 등 이 '회화 살롱'에는 에두아르와 넬리가 정열적으로 수집했던 18세기 프랑스 회화의 대표 작가들의 그림이 걸려 있다. 100년 전 이 저택을 방문한 손님들이 대연회실인 '그랑 살롱'으로

장 마르크 나티에, 〈당탱 후작부인〉, 1738

들어서기 전 잠시 대기하던 공간에서 제공되는 눈요깃거리치고는 정말이지 그 수준과 품격이 남달랐던 셈이다.

시간이 되었으니 이제 '그랑 살롱'으로 발걸음을 옮겨보자. 에두아르가 자신의 손님들을 맞이하던 공간인 '그랑 살롱'은 일반적으로 사각형의 형태를 띠고 있는 다른 공간들과 달리 반원형의 둥근 곡선 형태로 설계되어 있다는 점에서 관람객의 시선을 끈다. 곡선의 면을 부드럽게 채우며 정원으로 나 있는 커다란 창들은 관람객의 시야에 시원함을 선사한다. 호화로우면서도 우아하고 세련된 스타일로 연출된 이 반원형 응접실은 직선보다는 곡선을 선호했던 18세기 로코코 스타일을 연상시킨다. 내부의 실내 장식은 18세기적인 요소와 건물이 건축되던 19세기 후반의 양식이 절묘하게 뒤섞여 있어 소위 '절충주의'의 성공적 사례라고 얘기할 만하다. 특이하게도 이곳에는 그림이 없는 대신 18세기에 제작된 흉상들이 방을 쭉 둘러가며 가지런히 놓여 있는데 그 모습만 보자면 그야말로 어느 미술관 조각 전시실을 방불케 한다. 18세기의 유명 조각가인 코에즈보, 르무안, 우동 등의 손으로 조각된 이 흉상의 주인공들은 당대의 유명 정치인이나 예술가라고 한다.

평소에도 손님을 맞이하는 용도로 사용되던 '그랑 살롱'은 19세기 후반 파티가 열리는 날이면 호화로운 대연회장으로 변신했다. 이 저택의 파티에는 파리의 저명인사들이 앞다투어 모습을 드러내고 참석 인원은 무려 천 명 이상이었다고 한다. 말이 그렇지 이 공간에 어떻게 천 명이 모일 수가 있을까? 잠깐 의심을 해보지만 설명을 듣고

그랑살롱

나니 금세 의문이 풀린다. 그랬다. 알고 보니 이곳에는 수력으로 작동하는 기중기 장치가 있어 대규모 인원이 참여하는 연회가 있을 때면 이 방과 좌우로 연결된 '회화 살롱'과 '음악 살롱' 사이의 벽면을 모두 들어 올리게 되어 있었다. 세 공간을 막고 있던 벽이 사라지면서 마치 원래부터 하나였던 것처럼 시야가 탁 트인 너른 무도회장이 펼쳐지는 것이다. 그러니까 집주인 에두아르는 처음부터 자기 집에서 대규모의 인원이 참석하는 연회와 파티가 열릴 것을 염두에 두고 건축 설계를 의뢰했다는 얘기다. 이 집의 주인들이 자기와 가족이 머물 작은 공간 마련을 위해 평생을 애써야 하는 서민들과는 완전히 다른 세상을 살았던 사람들이었음을 다시 한번 깨닫는 순간이다.

그랑 살롱을 지나 또 다른 연회 공간인 '음악 살롱'으로 들어선다. 붉은색 천으로 장식된 벽에 걸린 초상화 다섯 점 중 〈노인의 얼굴〉이라는 제목의 작은 그림이 눈에 띈다. 1765년경 장 오노레 프라고나르가 그린 그림이다. 고개를 돌린 채 옆면 어딘가를 응시하는 턱수염이 가득한 노인의 얼굴을 보고 있노라면 18세기에 스승 부셰를 뛰어넘는 로코코 회화의 대가로 인정받는 프라고나르가 결코 외설적인 장르화나 연애의 풍경을 담은 풍속화에만 뛰어났던 화가가 아니었음을 새삼 확인하게 된다. 거장의 생생한 붓질로 완성된 노인의 얼굴을 오래도록 바라보다 눈길을 돌려 이 방의 하이라이트라 할 수 있는 천장을 쳐다본다.

'음악 살롱' 혹은 '뮤직홀'이라 불리는 이 방에서 가장 주목해야 할 것은 다름 아닌 2층까지 뚫린 천장과 그 화려한 천장의 프레스코화일 것이다. 직사각형 형태로 오픈된 천장 주위로는 목재 난간이 둘러져 있는데, 예전에 이 저택에서 연회가 개최될 때면 악사들이 이곳에서 1층에 모인 손님들을 위해 음악을 연주했다. 고개를 젖혀 난간 위 더 높은 곳에 있는 천장을 바라보면 당대 최고의 장식화가로 손꼽히던 피에르 빅토르 갈랑Pierre-Victor Galland이 예술의 신이자 보호자인 아폴론을 묘사한 천장화가 눈에 들어온다. 예술과 음악의 신 아폴론이 음악에 헌정된 이 공간을, 더 나아가 이 저택의 운명을 주재하기를 바라는 마음이었을까.

가만 듣자 하니 어디선가 잔잔한 클래식 음악이 들려온다. '음악 살롱'에 들어왔지만 실제 악사들의 생생한 연주는 들을 수 없기에 아쉬움을 느낄 관람객들을 위한 미술관 측의 배려인 듯싶다. 잠시 눈을 감고 음악을 감상해 보는 것도 좋겠다. 그렇게 얼마간의 시간이 흐르면 프랑스 벨 에포크 시대 어느 저녁, 이곳 저택에 초대받아 온 파리의 명사 중 한 명이 된 기분이 절로 들 것이다.

유리 정원과 계단

1층에서 2층으로 가는 길목에 자크마르 앙드레 미술관의 진정한 보물인 겨울 정원이 자리하고 있다. 겨울 정원은 나폴레옹 3세 시대에 발전했던 손님맞이 기술의 정수를 보여주는 공간이다. 당시 파리에 세워진 에펠탑이나 기차역 등에서 볼 수 있듯 유리와 철은 돌과 목재를 대신하는 새로운 건축 소재였다. 파리의 부유층들은 이러한 신소재의 매력에

유리정원

열광했다. 그런 까닭에 그 시절 건축된 고급 주택들에서는 천장의 일부를 유리로 마감하는 방식을 채택하는 경우가 많았다. 자크마르 앙드레 저택의 실내 정원 역시 당대의 유행을 적극 활용하는 방식으로 설계되었다. 흡사 영국의 온실에 들어온 듯한 느낌을 주는 이곳의 실내 정원은 천장만이 아니라 사방에 유리 창문을 설치함으로써 햇빛의 온기를 고스란히 받아들이기 때문에 채광이 아주 좋다. 유리 천장을 통해 내려오는 빛은 정원 곳곳에 배치된 화분 속 식물들을 더욱 생기 있고 이국적으로 만들어 준다.

층고가 높은 데다 채광이 잘 되며 커다란 화분들이 놓인 이 공간은 저택을 방문한 손님들이 연회 중에 가끔씩 나와 신선한 공기를 마시며 휴식을 취하는 용도로 이용되었다. 많은 사람으로 북적이는 살롱에서 잠시 벗어나 이 공간에 들어서면 분명 같은 실내 공간에 속해있는데도 조금 전과는 숨 쉬는 공기 자체가 달라지는 마법을 느낄 수 있었다. 그런 이유에서였을까. 1876년 처음으로 저택의 내부가 공개되었을 때 사람들은 무엇보다 대저택 안의 숨겨진 장소 같은 유리 정원의 존재에 주목했다. 그해 발간된 「일뤼스트라시옹」이라는 이름의 잡지에는 이 저택 주인이 누리는 호사에 대해 부러움에 더해 약간의 시샘도 담겼을 법한, 다음과 같은 글이 실렸다. "이 경이로운 저택의 가장 큰 경이로움은 두말할 필요도 없이 겨울 정원이다. […] 우리의 고귀한 명사들은 대중을 피하기 위해 그곳으로 숨어들었다. 그러한 호화로움은 정말이지 권세 있는 군주나 돈 많은 은행가에게만 허락되는 것이리라."

감탄과 부러움을 뒤로 하고, 이제 실내 정원의 한쪽 끝에 자리한 거대한 층계를 통해 천천히 2층으로 올라가 보자. 우선 이 건물 내에서 층계가 자리한 위치가 참 특이하다는 사실을 짚고 넘어가야겠다. 보통 성이나 대저택에서 층계는 현관을 들어서자마자 정면으로 보이는 중앙부에 위치한다. 그런데 여기서는 방문객이 여러 살롱과 응접실을 거쳐 저택의 가장 안쪽으로 들어온 다음에야 이 멋진 층계를 만날 수 있다. 건축가 앙리 파랑의 설계에 따라 탄생한 이 층계는 대리석, 돌, 철, 청동과 같은 재료들을 밀도 있게 사용했음에도 전혀 육중한 무게감이 느껴지지 않고 오히려 가볍고 경쾌한 느낌을 주는 것이 신기하다.

그런가 하면 이 중앙 계단의 미를 완성하는 것은 바로 벽면을 화려하게 장식하고 있는 조반니 바티스타 티에폴로의 거대한 프레스코 벽화다. 벽화에는 16세기 프랑스 발루아 왕조의 마지막 왕이 되는 앙리 3세가 형 샤를 9세 사망 후 왕위를 물려받기 위해 폴란드에서 돌아오는 모습이 그려져 있다. 부부는 이 벽화를 1893년, 그러니까 에두아르가 사망하기 1년 전 이탈리아에서 구매한 뒤 이 저택으로 옮겨 왔다. 천장에 그려진 천장화 역시 티에폴로의 작품으로 같은 해 같은 장소에서 가져온 것이라고 하니 부부의 예술품 사랑은 참으로 지극했던 것 같다.

이탈리아 미술관

2층에 올라가서 작은 문으로 들어서면 '이탈리아 미술관'이라 불리는 상설 전시장이 나온다. '조각의 방', '피렌체의 방', '베니스의 방'으로 구분되는 이 전시장에는 에두아르와 넬리가 결혼 후 함께 이탈리아를 여행하면서 수집한 작품들이 전시되어 있다. 먼저 파란색 벽지를 바른 첫 번째 방을 살펴보자. 이곳은 원래 유명 초상화가였던 아내가 결혼 후에도 그림을 계속 그릴 수 있도록 남편 에두아르가 화실로 개조한 공간이었다. 여기에 커다란 창문을 뚫은 것도 아내가 햇볕이 잘 드는 밝고 쾌적한 환경에서 작업하기를 바랐던 남편의 마음 씀씀이가 반영된 것이었다.

하지만 아내는 더는 붓을 들지 않았고, 화실은 한동안 비어있었다. 그림 대신 예술품 수집에 관심을 쏟게 된 넬리는 이탈리아 르네상스 예술에 대해 공통된 취향을 지닌 남편과 함께 매년 적어도 한

이탈리아 미술관-조각의 방

도나텔로, 〈성 세바스찬의 순교〉, 1460

차례 이상은 이탈리아를 여행했고, 갈 때마다 수많은 작품을 구입해 프랑스로 가지고 왔다. 그러면서 자연스레 비어있던 화실 공간을 이탈리아에서 수집한 작품들로 채울 생각을 하게 되었다. 이곳은 사실 부부에게 일종의 비밀의 정원 같은 곳이었다. 아래층 살롱에 걸린 작품들이 부부를 찾아오는 손님 모두에게 개방되었다면 저택 2층 이탈리아 미술관의 소장품들은 그것을 궁금해하는 가까운 친구나 애호가들에게만 공개되었다.

조각의 방에 가득 들어찬 작품 중에서 딱 하나만 소개해 보라고 한다면 나는 서슴없이 도나텔로Donatello의 자그마한 청동 부조를 선택하겠다. 1460년경 완성된 이 작품은 성 세바스찬의 순교를 형상화한 것이다. 성 세바스찬은 초기 기독교 순교자 가운데 한 사람으로 3세기 로마 황제의 친위대원이었으나 기독교로 개종한 대가로 파직되어 순교했다고 전해진다. 르네상스 이후 회화나 조각에서는 기둥에 밧줄로 몸이 묶인 채 화살을 맞은 젊은이의 모습으로 표현된다.

여기 도나텔로의 부조에 등장하는 세바스찬 성인 역시 그런 전례를 충실히 따르고 있다. 자세히 들여다보면 밧줄에 묶인 몸이 팽팽하게 당겨지면서 팔과 가슴의 근육과 갈비뼈가 도드라져 보인다. 오른쪽에는 두 명의 사수가 활을 당기고 있다. 흥미롭게도 아직 원근법이 완전히 구현되지 않은 이 부조에서 성인과 사수 사이, 그러니까 약간 후경으로 물러선 자리에 길고 주름진 헐렁한 옷을 걸친 천사가 서 있다. 귀여운 꼬마의 얼굴을 한 천사의 머리 위로 성 세바스찬의 머리 위에서처럼 금빛 후광이 밝게 빛난다. 그리 크지 않은 이 작품에서 도나텔로는 아무것도 없는 배경에 몇 안 되는 요소들을 채워 넣음으로써 공간을 완벽하게 제어하고 있다. 또한 기둥의 규모를 작게 변형시키고, 등장인물의 크기를 다르게 표현함으로써 부족하나마 평면에 깊이를 부여하려 애쓴 흔적이 보인다. 이런 기술적인 장점 외에 내가 높이 사는 것은 이 작품을 지배하는 극적인 분위기다. 이 자그마한 청동 부조가 우리에게 결코 적지 않은 비장미의 황홀함을 선사하고 있는 걸 보면 도나텔로는 분명 거장임에 틀림없다.

조각의 방을 나와 피렌체의 방으로 들어간다. 살아생전 넬리는 이탈리아의 다른 어느 곳보다 피렌체를 선호한다고 공공연히 밝히곤 했다. 그래서였을까. 그녀는 피렌체의 방이라 불리는 이 공간에 자신이 소유한 작품 중 가장 아끼는 것들을 모아놓고, 이 방이 그녀만의 소성당 혹은 영묘와 같은 역할을 하는 공간이 되기를 바랐다고 한다. 벽면 한쪽을 꽉 채운 커다란 목조 성직자석은 물론이고 교회 제단 뒤 장식 병풍처럼 종교적 분위기를 물씬 풍기는 작품들이나 무덤을 장식하는 묘비 같은 것들을 보면 넬리의 바람이 구체화된 것이 느껴진다.

하지만 이 방에서는 주인의 의도와는 상관없이 벽에 나란히 걸린 그림들을 감상하는 것만으로도 충분하다. 그중에서 눈여겨볼 작품은 산드로 보티첼리Sandro Botticelli가 그린 〈성 모자〉이다. 전하는 말에 의하면 넬리가 피렌체에서 이 그림을 구입할 때는 안드레아 델 베로키오Andrea del Verrocchio의 그림인 줄 알았다고 한다. 하지만 얼마 안 가 학자들의 연구를 통해 이 그림이 보티첼리의 작품으로 밝혀졌다. 구성이 단순하고 섬세하며, 무엇보다 차분한 얼굴 표정을 볼 때 초기 보티첼리의 작품이 분명하다는 것이다.

피렌체의 방에는 보티첼리의 〈성 모자〉와 쌍을 이루는 또 하나의 〈성 모자〉가 걸려있는데, 이 작품은 보티첼리와 같은 시기에 활동한 피에트로 페루지노Pietro Perugino가 그린 것이다. 후일 원숙기에 들어선 화가가 보여 주게 될 부드러움과는 아직 거리가 멀지만 조각 같은 구성이나 데생에 들인 정성 등을 고려하면 이 작품이 15세기 옴브리 화파의 지도자의 작품이라는 사실은 확실해 보인다.

15세기 거의 같은 시기에 그려진 두 개의 〈성 모자〉를 피렌체의 방에서 감상했다면 이제 베니스의 방으로 건너가 동일한 주제를 다룬 조반니 벨리니Giovanni Bellini의 〈권좌 위의 성 모자〉를 보기로 하자. 16세기 초, 정확히 1510년에 그려진 벨리니의 〈권좌 위의 성 모자〉는 정밀한 구성에 무엇보다 전경, 후경, 원경이 구분되면서 깊이감이 잘 표현

피렌체의 방에 걸린 〈성 모자〉

되어 있다. 수직으로 그림을 가르는 회색빛 의자에 앉은 성모 뒤로 짙은 갈색의 천이 수평으로 넓게 걸려 있다. 발코니 뒤로는 푸른 하늘 아래 산과 들의 풍경이 후경으로 펼쳐진다. 성모가 앉아 있는 권좌의 수직성이 천 조각의 수평성과 함께 십자가의 형상을 띠면서 다소 딱딱한 느낌을 주나 했더니, 이내 성모의 팔 부근에서부터 시작해 단상 아래까지 길게 흘러내린 망토 덕분에 그 경직성이 완화되는 것 같다. 그 외에도 흥미로운 전시물이 많지만 이쯤에서 천천히 전시실을 한 바퀴 둘러보는 것으로 이탈리아 미술관 방문을 마무리 짓는다.

부부의 사적 공간

이탈리아 미술관 구경을 마치고 아래로 내려오면 손님들에게 개방된 공적 공간과는 구분되는 부부의 사적 공간들을 둘러보게 된다. 먼저 벽의 삼면을 태피스트리로 장식한 소위 '태피스트리 살롱'에는 18세기 로코코 화가 프랑수아 부셰의 제자인 장 바티스트 르 프랭스Jean-Baptiste Nicolas Le Prince의 도안에 따라 보베의 공장에서 제작된 태피스트리들이 걸려 있다. 세 점의 대형 태피스트리는 각각 '춤', '음악가', '여자 점쟁이'를 재현한 것이다.

이 살롱 문을 나서면 부부의 집무실로 이어지는데, 에두아르와 넬리는 이곳에서 일상생활을 계획하고 사업상의 교제를 행했다. 집무실이라고는 해도 사무실하면 으레 떠오르는 딱딱한 분위기와는 거

부부의 집무실

리가 멀다. 벽을 빙 둘러 가며 그림들이 걸려 있고, 부부가 아끼던 소품들이 곳곳에 배치되어 있는 이 방은 안락할 뿐만 아니라 아기자기한 느낌마저 든다. 방에 놓인 가구 역시 하나같이 값비싸고 진귀한 것들이다. 그중 단연 돋보이는 것은 뭐니 뭐니 해도 방 한가운데 놓인 검은색 탁자가 아닐까 싶다. '루이 15세의 책상'이라는 별칭으로 불리는 이 탁자는 참나무 재질에 중국식 옻칠을 하고 금박을 입힌 청동으로 장식 마감한 것으로, 18세기 왕실 고급가구 세공인 중 한 명이자 루이 15세가 가장 총애하던 장인 자크 뒤부아Jacques Dubois가 제작한 작품이다. 가볍고 유연하면서 우아한 선과 세련된 모양, 정교한 만듦새를 보면 감탄이 절로 나오기는 하는데, 어쩐지 일상의 사무를 보기에는 어울리지 않겠다 싶은 건 나만의 생각일까.

이어 프랑스어로 규방 혹은 내실을 뜻하는 '부두아르boudoir'로 들

엘리자벳 비제 르 브룅,
〈카트린 스카브론스카야 공작부인의 초상〉, 1790

자크 루이 다비드,
〈앙투안 프랑세 드 낭트 백작의 초상〉, 1811

어간다. 초록색 벽지로 마감된 길쭉한 직사각형 모양의 방에는 커다란 유리창을 통해 들어오는 햇빛이 환하게 내려앉아 있다. 여기서 우리의 눈길을 끄는 것은 두 점의 인물 초상화다. 하나는 18세기를 대표하는 여성 화가 엘리자벳 비제 르 브룅이 그린 〈카트린 스카브론스카야 공작부인의 초상〉이고, 다른 하나는 신고전주의의 대가 자크 루이 다비드Jacques Louis David가 그린 〈앙투안 프랑세 드 낭트 백작의 초상〉이다. 초상화를 그린 화가와 초상화에 그려진 주인공의 성별이 달라서일까. 아니면 루이 16세 궁정에서 마리 앙투아네트의 총애를 받은 초상화가와 자신의 힘과 능력으로 프랑스 최초의 황제로 등극한 나폴레옹이 아꼈던 화가의 차이일까. 인물의 표정과 자태는 물론이고 두 초상화에서 풍겨 나오는 전반적인 분위기가 확연히 다르다.

먼저 〈카트린 스카브론스카야 공작부인의 초상〉을 보자. 마리 앙투아네트의 공식 초상화가로서 자신의 정치적 신념에 충실했던 엘리자벳 비제 르 브룅은 대혁명이 발발하자 프랑스를 떠나 유럽 여행길에 오른다. 이탈리아 나폴리에서 러시아 대사로 와 있던 스카브론스키 공작의 집에 초대받은 그녀는 언젠가 공작부인의 초상화를 그려 주겠다고 약속한다. 그렇게 완성된 그림 속 공작부인은 금속성 느낌이 나는 청회색 옷감에 카키색 소매가 달린 드레스를 입고 얼굴에 살짝 미소를 머금은 채 내면의 세계에 빠져 있다. 왼손에는 남편의 얼굴이 새겨진 원형 부조가 들려 있다. 이 그림을 그릴 당시 엘리자벳 비제 르 브룅이 남겨 놓은 노트에는 이런 말이 적혀 있었다. "그날 그녀는 계속 아무 일도 하지 않고 있었다. 그녀는 교양도 지식도 없었다. 그녀와의 대화는 정말 지루했다. 하지만 이 모든 것에도 불구하고 매력적인 얼굴, 천사 같은 온화함 덕분에 그녀는 물리치기 어려운 매혹을 지녔다." 세상에나, 칭찬인지 욕인지 헷갈릴 법한 평이다. 어쨌거나 당대 최고의 초상화가 중 한 명으로 인정받던 엘리자벳 비제 르 브룅의 손길로 화폭 위에 옮겨진 고귀한 부인의 자태는 참으로 아름답다.

이번에는 자크 루이 다비드의 초상화를 볼 차례다. 신고전주의 화풍의 대가로 프랑스 혁명기부터 역사화를 주로 그려왔던 다비드는 1811년 완성된 이 그림에서 나폴레옹의 제1화가답게 그림 속 인물의 얼굴에 드러난 자부심을 통해 그 인물이 구현하는 사회의 위대함을,

다시 말해 나폴레옹 제국의 영광을 기리고 있다. 검은색 바탕에 삼각형 모양의 안정된 구도를 취하고 앉은 백작의 가슴에는 붉은 리본이 두드러지는 레지옹 도뇌르 훈장이 달려 있다. 화가는 다리를 꼬고 약간 틀어 앉은 백작을 아래서 올려다보는 시점에서 그리고 있는데, 덕분에 거만하고 권위적일 것 같은 인물의 성격이 잘 드러난다. 백작이 입은 옷만으로도 이 인물의 사회적 지위와 부가 어느 정도일지 충분히 예측된다. 특히 풍성한 깃털로 장식된 모자는 그 크기와 화려함으로 보는 이의 눈을 압도한다.

책 대신 붉은색 벽에 초상화가 줄줄이 걸려 있는 서재를 지나 프랑스어로 '퓌무아르fumoir, 흡연실'라 불리는 방으로 들어선다. 이곳처럼 흡연을 위해 별도로 조성된 방은 다른 개인 저택에서는 찾아보기 힘들다. 커다란 문으로 유리 정원과 연결된 이 방에서 부부는 같이 담배를 피웠을 것이다. 물론 손님들과 함께일 때가 더 많았겠지만. 이곳에는 부부가 공들여 수집한 진귀한 오브제들이 놓여 있다.

그중에서 먼저 생 포르셰르의 도기로 만든 소금통을 언급해야겠다. 엥? 진귀한 오브제라더니 한낱 소금통이라고? 잠깐 기다려 보시라. 자기 애호가라면 누구나 생 포르셰르의 도기 소품을 하나 가지는 것을 꿈꾼다고 한다. 오랫동안 '앙리 2세의 도자기'로 불렸던 생 포르셰르의 도자기는 16세기 초반, 즉 1520년대부터 1550년대까지 생산된 고품질 프랑스 도자기로 현재까지 전해진 것이 60여 점에 불과하다. 이 작품들은 세계적으로 가장 뛰어난 자기 컬렉션에 흩어져 있는데 예컨대 로스차일드 가문이 그중 여러 개를 가지고 있다. 사정이 이러하니 남들 못지않은 부를 지니고 수집에 조예가 깊었던 에두아르가 그중 하나를 소유하고 싶어 했던 것도 무리는 아닐 것이다. 여담이지만 2014년 현존하는 생 포르셰르의 도기 중 하나가 거래되었을 때 그 가격이 무려 백만 유로, 그러니까 우리 돈으로 약 14억 5천만 원이었다고 한다. 그러니까 소금통이라고 다 같은 소금통이 아닌 것이다!

자, 이번에는 에두아르의 아내 넬리가 모은 물건 중 하나를 소개해 보자. 이국적인 색채를 지닌 동양의 오브제, 즉 시리아에서 14세기에 제작된 이슬람 사원의 유리 램프가 그것이다. 넬리 자크마르는 생애 말년에 삶의 권태를 이기고자 이탈리아보다 훨씬 더 먼 곳으로 여행을 떠났다. 두 번에 걸쳐 이집트, 페르시아, 시리아 등을 방문한 그녀는 전문적인 수집가답게 진귀한 물건들을 구입해 프랑스로 가져온다. 이곳 흡연실에서 만난 쿠란의 구절이 적힌 신비로운 유리 램프 역시 그녀가 중동 여행 당시 들여온 고대의 유물 중 하나였다.

아주 특별한 특별 전시

아래층에서 흡연실까지 구경하고 나면 남은 것은 부부의 침실과 침실 사이에 놓인 대기실뿐이다. 이 거대하고 화려한 저택에서 이런저런 일을 보고 친구들과 손님들을 맞이해 떠들썩한 연회를 베푼 날에도 깊은 밤이면 부부는 각자 자신의 침실에서 잠들었을 것이다.

서로 비슷한 듯 다른 듯한 '무시유monsieur, 주인'와 '마담madame, 안주인'의 침실은 아주 사치스럽지는 않아도 충분히 훌륭하다. 두 사람의 침실을 둘러보고 있자니 이런 생각이 들었다. 제아무리 부자에 명망이 있다 해도, 수많은 방이 딸린 커다란 저택의 소유자라 해도, 잠잘 때만큼은 여느 평범한 사람과 마찬가지로 자기 몸을 누일 침대 하나만큼의 공간만 있으면 되는구나. 그런데 깨어있을 때는 욕심을 내려놓기가 왜 그리도 어려운 것일까.

이어지는 상념을 뒤로 하고 이제 이 아름다운 공간과 헤어질 시간이다. 다만 이 미술관을 더 특별하게 만들어주는 특별 전시가 열리고 있다면 얘기는 달라진다.

자크마르 앙드레 미술관에서는 해마다 특별 전시가 한두 차례 개최된다. 2019년 1월 이곳을 방문했을 때는 '로마의 카라바조'라는 제목의 전시회가 열리고 있었다. 16세기 르네상스 시대에 마침표를 찍고 17세기 바로크 시대를 연 이 화가의 작품들을 보기 위해 몰려든 인파 때문에 미술관 입장을 위해 긴 줄을 서야 했고 오랜 기다림 끝에 전시회장에 입장했던 기억이 있다. 2020년 5월 26일부터 10월 31일까지는 영국 테이트 미술관이 소장하고 있는 영국 낭만주의 거장 터너의 그림들이 이곳에서 파리 관객을 만났고, 2021년 9월 10일부터 2022년 1월 24일까지는 예술가이자 디자이너로서 보티첼리의 면모를 조망한 전시회가 진행되었다. 그런가 하면 2023년 3월 3일부터 7월 17일까지는 조반니 벨리니의 작품 전시회가 있었다. 자크마르 앙드레 미술관에 들렀을 때 기대치 않던 기획 전시가 열리고 있다면 아주 특별한 선물을 받은 것이나 다름없으니 마음껏 기뻐하시라.

자크마르 앙드레 미술관은 현재 내부 수리로 인해 문을 닫은 상태로 2024년 9월 1일 재개관 예정이다. 그때가 되면 새롭게 정비된 전시실에서 재개관 기념으로 어떤 특별 전시가 열릴지 생각만으로 기대가 된다. 하지만 특별 전시가 없다고 해도 속상해할 필요는 없다. 줄을 서고 기다리는 노고 없이 구름떼 같은 인파에 쫓기지 않고 천천히 이 아름다운 저택을 음미하면서 자기만의 호사를 누릴 수 있을 테니까. 그러니 어느 쪽이라도 상관없지 않겠는가. 부부 수집가의 꿈이 담긴 이 아름다운 미술관을 방문할 수만 있다면 말이다.

PART 2

화가의 집

Musée National Eugène Delacroix

05 들라크루아 미술관

주　소 6 Rue de Furstemberg, 75006 Paris

관람시간 월, 수-일 9:30~17:30(화 휴무)

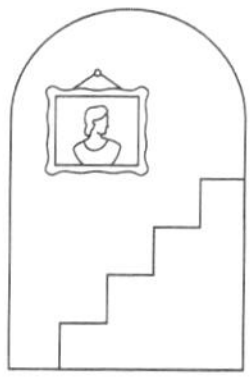

오늘의 첫 번째 목적지는 들라크루아 미술관이다. 이 미술관은 아담한 사이즈라 천천히 둘러봐도 한 시간 정도면 전시실의 작품들을 다 감상하고 본채만큼이나 아기자기한 미술관 정원 벤치에 앉아 계절의 정취를 느낄 수 있다. 하지만 그 이름이 말해주듯 이 미술관은 19세기 프랑스 낭만주의 미술의 거장 외젠 들라크루아가 생애 말년 1857년부터 1863년 사망할 때까지 거주하면서 그림을 그리던 일종의 사적 공간이었다는 점에서 화가의 생전 자취를 찾아보려는 이들에겐 일종의 순례지 같은 곳이 될 수 있다. 또한 미술관이 자리한 파리 6구 생 제르맹 데 프레 지역은 그야말로 유서 깊은 파리의 문화예술 중심지로 미술관 관람과 함께 짧은 산책 코스를 즐기기에도 안성맞춤이다. 크게 무리하지 않고 슬슬 몸을 푼다는 생각으로 둘러보기에 적당한 미술관이라고 해야 할까. 코로나 바이러스 사태로 오지

못했던 파리에 도착한 바로 다음 날 내가 이 미술관을 찾아 나선 것은 그런 이유에서였다.

유명 카페의 이름값

숙소가 있는 15구 보지라르역에서 지하철 12호선을 타고 몽파르나스에서 4호선으로 갈아탄 후 생 제르맹 데 프레역에서 하차한다. 한겨울이라고 할 수 있는 1월인데도 파리의 아침은 별로 춥지 않다. 그냥 상쾌하다 싶게 차가운 정도라고 해야 할까. 뺨에 와 닿는 공기가 신선하다.

지하철 역사 밖으로 나오니 생 제르맹 데 프레 교회의 모습이 보인다. 길가 천막 주변으로 사람들이 많은 게 눈에 띈다. 가까이 가서 살펴보니 '갈레트 데 루아galette des rois'를 시식하고 판매도 하는 행사인 것 같다. 그러고 보니 어제가 1월 6일 주현절, 그러니까 구세주의 탄생을 알리는 별의 안내를 받고 동방 박사 3인이 아기 예수를 찾아와 경배드린 것을 기념하는 날이었구나. 가톨릭 문화권인 프랑스에서는 이날을 기념해 꼭 1월 6일이 아니더라도 매년 연초가 되면 둥글고 넓적하게 만든 빵인 갈레트 데 루아를 먹는 전통이 있다. 아침을 거르고 나온지라 푸짐하게 쌓여있는 갈레트를 보니 갑자기 시장기가 몰려온다. 미술관에 가기 전에 일단 아침을 먹기로 한다. 9시 30분 시작되는 미술관 입장 시간까지는 아직 30분 이상 남았다.

자, 그럼 어디서 아침을 먹을까? 이곳 생 제르맹 데 프레 교회 근처에는 세계적으로 명성을 떨치고 있는 유명한 카페들이 여럿 있다. 그중 하나는 실내에 놓인 두 개의 중국 도자기 인형 때문에 '레 되 마고Les Deux Magots'라는 이름이 붙은 카페로 1885년 문을 열었다. 19세기 말 베를렌, 랭보, 말라르메 등의 상징주의 시인들을 비롯해 20세기 들어 피카소를 위시한 화가들, 헤밍웨이, 그리고 초현실주의 작가와 예술가들이 이 카페를 찾으면서 파리의 지적 문화예술 발전에 큰 역할을 했다.

작은 골목 하나를 사이에 둔 옆 건물 1층에는 그로부터 2년 뒤인 1887년 문을 연 '카페 드 플로르Café de Flore'가 자리 잡고 있는데, 이 카페의 유명세 역시 레 되 마고에 필적한다. 특히 이 카페는 장-폴 사

카페 레 되 마고

르트르Jean-Paul Sartre와 그의 연인 시몬 드 보부아르Simone de Beauvoir의 이름과 떼려야 뗄 수 없는 관계를 맺고 있다. 두 사람은 그야말로 하루종일 이곳 카페에서 살았다고 전해진다. 오죽하면 사르트르는 자신의 삶을 이렇게 소개하기도 했다. "아침 9시부터 정오까지 글을 쓰고, 식사를 한 후 오후 2시부터 저녁 8시까지는 친구들과 대화를 나눈다. 저녁 식사 후에는 찾아오는 이들을 맞아 이야기를 나눈다. 조금 이상하게 들릴지는 모르나 우리의 집은 카페 드 플로르이다." 그랬다. 사르트르를 위시한 많은 작가들에게 카페는 집필실이고 응접실이며 토론장이었다. 파리를 찾은 프랑스 문학 애호가들이 향수에 젖어 파리의 유명 카페 앞을 배회하게 되는 것은 다 이유가 있는 것이다.

잠깐의 고민 끝에 레 되 마고 카페의 문을 열고 들어선다. 검은 조끼에 흰 앞치마를 두르고 경륜이 드러나는 미소를 짓는 나이 지긋한 식당 종업원 가르송garçon의 지시에 따라 구석 테이블을 하나 차지하고 앉는다. 메뉴판을 들여다보니 착즙 주스와 커피, 크루아상 한 개와 구운 바게트 두 쪽에 버터와 잼을 곁들인 아침 식사 메뉴가 21유로다. 사실 레 되 마고와 카페 드 플로르는 파리 시내의 일반 카페에 비해 가격이 꽤 높은 편이다. 그렇다고 제공된 아침 식사의 맛이나 질이 남다른 것도 아니다. 뭔지 모를 뾰족한 마음이 생겨나려는 찰나 여기저기서 들리는 영어에 귀를 빼앗긴다. 아닌 게 아니라 내 주변 테이블에 앉은 손님들은 대부분 영어로 말하고 있다. 그들도 나처럼 잠시나마 파리 지식인의 산실이었던 이곳에 앉아 그들의 숨결을 느끼고자 찾아온 것이겠지. 그 마음들을 떠올리자 내 마음이 한결 편안해진다. 그래, 이 카페의 음식 가격에는 이름값이 포함되어 있었잖아. 그 이름값은 역사와 전통에서 나오는 거고. 순간 괜히 날 섰던 마음이 한없이 누그러진다.

퓌르스탕베르 광장의 추억

카페를 나와 들라크루아 미술관으로 향한다. 생 제르맹 데 프레 성당을 끼고 반 바퀴 돌아 표지판을 따라 들어가면 오동나무 네 그루가 서 있는 자그마한 광장에 도착한다. 광장의 이름은 13세기 초 생 제르맹 데 프레

퓌르스탕베르 광장 풍경

수도원 원장이었던 기욤 에곤 드 퓌르스탕베르 추기경의 이름에서 온 것이다. 퓌르스탕베르 광장은 17세기 말 이곳에 있던 생 제르맹 데 프레 수도원으로 향하는 길목에 있다. 시간이 흘러 주변에 있던 수도원 관련 건물은 대부분 사라졌지만, 광장만은 그대로 남아 지난 세월을 증거하고 있다. 또한 이 광장에는 당시 수도원장 공관의 부속 건물로 사용된 공간의 흔적이 남아있는데, 그것이 바로 오늘날 들라크루아 미술관이 들어선 광장 6번지와 8번지의 건물이다. 17세기 말 수도원장 공관의 앞뜰로 사용되었던 이곳에는 1층에 마차와 말을 위한 창고가 있었고 위층에는 공관의 일을 돕는 하인들이 기거했다고 한다.

들라크루아가 퓌르스탕베르가 6번지에 있는 아파트로 이사한 것은 1857년 12월 28일의 일이었다. 그의 나이 59세였다. 들라크루아는 자신의 일기에 새로 이사한 집과 관련해 다음과 같은 말을 남겼다. "나의 집은 정말 아름답다. 창문 맞은편에 있는 집들 뒤로 가장 우아한 태양이 떠오르는 것을 보며 잠에서 깬다. 나의 작은 정원 풍경과 아틀리에의 미소 짓는 광경은 언제나 내게 기쁨을 준다." 생애 말년의 들라크루아에게 기쁨과 행복을 선사했던 집 주변의 풍경을 상상해 보기란 그리 어렵지 않을 듯하다. 광장 주변의 풍경은 그 후로 크게 변하지 않고 오늘날에도 여전히 19세기 후반의 파리 모습을 그대로 간직하고 있다.

그런데 잠깐, 분명 주소상으로는 여기가 맞는데 미술관은 어디에 있는 거지? 들라크루아 미술관에 처음 온 사람이라면 이런 생각으로 고개를 좌우로 돌리며 두리번거릴 가능성이 크다. 특이하게도

비밀스러운 미술관 입구

미술관과 아틀리에, 정원은 광장에서 바로 보이지 않는다. 자칫하다가는 그냥 지나치기가 십상이다. 입구를 놓치지 않으려면 광장 오른편 구석에서 들라크루아 미술관 전시 포스터가 붙은 곳을 찾아야 한다. 전시 포스터가 보이면 그 옆으로 난 커다란 문으로 들어가자. 그러면 작은 안뜰이 나타나고 왼쪽으로 미술관 입구가 보인다. 예전에 이 미술관을 방문했을 때, "들라크루아의 작품은 그의 아틀리에가 은밀하고 비밀스러운 만큼 위대하다."라는 글귀를 본 적이 있다. 이제 그 위대함을 발견하는 것은 관람객의 몫이다.

외젠 들라크루아, 그는 누구인가?

표를 끊고 미술관 입구에 서면 2층으로 올라가는 계단이 우리를 맞이한다. 꽤 가파르긴 하지만 오래전 들라크루아와 그의 친구들이 실제로 오르내리던 계단이라는 사실을 생각하면 한 계단씩 밟고 올라가는 일 자체가 특별한 의미로 다가올 수도 있겠다. 계단 위쪽의 흰 벽에 영사된 들라크루아의 흉상이 반갑다는 듯 우리를 내려다본다.

이 미술관의 주인공 외젠 들라크루아는 1798년 파리에서 가까운 샤랑통-생 모리스에서 태어났다. 4남매 중 막내였던 그에게는 이미 장성한 형들과 누이가 있었다. 늦둥이로 태어난 덕에 어린 시절 가족들의 사랑을 듬뿍 받았지만 몸이 유약해 잔병치레가 잦았다고 한다. 여섯 살 때 외교관이었던 아버지가 돌아가시고 들라크루아는 어머니와 함께 파리로 올라와 루이 르 그랑 중학교에 다니게 된다. 그 시절 그의 관심사는 공부, 데생, 책 읽기였다고 전해진다. 그러다 1814년 루이 15세에게 물건을 공급하던 18세기 최고의 고급가구 세공업자 장 프랑수아 외벤Jean-François Oeben의 딸이었던 어머니 빅토린마저 세상을 떠나자 16세의 외젠은 홀로 남아 외롭고 고단한 삶을 영위하게 된다. 1년 후인 1815년 화가였던 삼촌 앙리 프랑수아 리즈네르Henri-François Riesener의 주선으로 당대 파리에서 가장 큰 화실 중 하나였던 화가 피에르 나르시스 게랭Pierre-Narcisse Guérin의 아틀리에에 들어갔지만, 스승은 젊은 들라크루아의 재능을 미처 알아보지 못한다. 하지만 게랭의 화실에서 동문수학하던 다섯 살 연상의 화가 테오도르 제리코

Théodore Géricault를 만나 짧은 시간이지만 우정을 나누며 영향을 주고받는다. 들라크루아가 1819년 발표된 제리코의 대작 〈메두사호의 뗏목〉을 위해 모델을 서기도 했다는 것은 잘 알려진 사실이다.

그러던 그가 인생의 전환점을 맞이한 것은 1822년의 일이다. 24세의 젊은 화가는 문학 작품에서 영감을 받은 자신의 첫 대작 〈지옥에서의 단테와 베르길리우스〉를 그해 살롱전에 출품한다. 이 작품은 곧 평단의 주목을 받게 되었고, 그는 자신도 모르게 후일 '낭만주의'라 불리게 될 사조의 수장으로 자리매김하게 된다. 빅토르 위고, 알프레드 드 뮈세, 엑토르 베를리오즈 등 당대 낭만주의 예술가들과 동시대인인 들라크루아는 그들과 마찬가지로 과거의 천편일률적인 예술 창작 방식에서 벗어나 자기만의 새로운 방식으로 자기 시대의 새로운 예술을 추구하려 했다.

그렇다고 해서 그가 과거의 거장들을 무시한다거나 몰랐다고 생각하면 오산이다. 그는 당대의 많은 예술가처럼 1793년 개장한 루브르 미술관을 찾아 라파엘로, 미켈란젤로, 티치아노, 루벤스, 푸생 등의 그림을 보고 모작하면서 회화의 기본기를 익혔다. 하지만 1824년 살롱전에 출품된 〈키오스 섬의 학살 장면〉, 1827년 출품된 〈사르다나팔루스의 죽음〉, 1831년 출품된 〈민중을 이끄는 자유의 여신〉 등 들라크루아가 그려 낸 일련의 대작들은 강렬한 색채, 이국적이거나 현재적인 주제, 불안하면서도 역동적인 구성 등으로 기존의 아카데미 회화를 추종하는 비평가들을 충격에 빠트린 반면, 위고, 뒤마와 같은 새로운 세대의 문인들과 예술가들을 열광시켰다.

앙리 팡탱라투르, 〈들라크루아에 대한 경의〉, 1864

정기적으로 루브르에 전시된 들라크루아의 대형 작품들은 고대 그리스 로마 대신 프랑스 혹은 이국의 역사나 사건들을 주제로 택하고, 이성보다는 감정이나 감성에 호소하며, 구성이나 데생의 엄밀함이 아니라 색채의 강렬함을 강조하는 이른바 '낭만주의' 사조를 집약한 일종의 시대적 아이콘이 되었다. 그의 새로움은 비단 낭만주의자들만이 아니라 뒤이어 오는 인상파 화가들에게도 큰 영향을 미친다. 색을 중시하는 인상주의자들에게 들라크루아는 그야말로 영웅이었다.

들라크루아가 사망한 이듬해인 1864년 그의 죽음을 애도하기 위해 앙리 팡탱라투르Henri Fantin-Latour가 그린 집단 초상화 〈들라크루아에 대한 경의〉는 19세기 새로운 세대의 예술가들이 들라크루아에 대해 품고 있던 존경과 경의가 어떠했는지를 보여 주는 징표다. 오르세 미술관에 걸려 있는 이 작품을 보면, 우선 그림 정중앙에 주인공 들라크루아의 초상이 놓여 있다. 작품에 등장하는 여러 명의 들라크루아 숭배자들 가운데 초상화 왼쪽에 제임스 휘슬러James Whistler가, 오른쪽에 에두아르 마네가 서 있는 것이 보인다. 아랫줄 오른쪽 끝에는 들라크루아를 두고 "르네상스를 잇는 마지막 위대한 화가이자 근대의 첫 화가"라고 상찬을 아끼지 않으며, 행여 집 밖을 나오는 그를 마주칠 수 있지 않을까 싶어 퓌르스탕베르 광장에서 오매불망 기다리기도 했다는 근대를 그리는 시인 샤를 보들레르Charles Baudelaire가 앉아 있다.

화가 앙리 팡탱라투르는 그림 아랫줄 왼쪽에 흰 셔츠 차림으로 앉아 팔레트를 들고 있다. 앙리 팡탱라투르는 어릴 적 고전 작품을 묘사하면서 그림 공부를 했고, 귀스타브 쿠르베Gustave Courbet의 제자로서 사실주의에 입문하고 인상주의자들과도 폭넓게 교류했다. 그는 아카데미에서 공부하지 않고서도 성공한 들라크루아의 작품에서 많은 영감과 창조력의 원천을 보았고, 실제 문하에서 수학한 것은 아니지만 이 화가를 자신의 스승으로 생각했다. 새로운 시대를 열었다고 평가받으며 후세의 많은 젊은 작가들과 예술가들에게 존경과 추앙을 받는 삶, 들라크루아의 삶은 아마도 이렇게 요약될 수 있을 것이다. 비록 안타깝게도 살아생전 주류 평단에서 온전한 인정을 받지는 못했지만, 앙리 팡탱라투르의 그림이 증언하는 명성과 영향력만으로도 예술가 들라크루아는 행복했을 것이다.

들라크루아의 대작은 루브르에서

이쯤 해서 들라크루아의 명성을 높여준 그의 초기 대형 작품을 보고 싶은데 아쉽게도 이곳 들라크루아 미술관에선 그 그림들을 찾을 수 없다. 앞에서 얘기한 들라크루아의 대작들은 모두 루브르 미술관의 드농관에 전시되어 있다. 이미 루브르 미술관을 다녀온 독자들이라면 주제와 색감, 그리고 구성 방식에서 기존의 프랑스 고전주의 회화와 차별화되는 들라크루아의 대작들에 벌써 마음을 빼앗겼을지도 모를 일이다. 기억이 가물가물한 독자들에게는 사라진 기억을 되살리고, 아직 그림을 보지

외젠 들라크루아, 〈지옥에서의 단테와 베르길리우스〉, 1822

못한 독자들에게는 낭만주의 대작에 관한 관심을 환기하기 위해 여기서는 그의 대표작 중 두 작품만 뽑아 간단히 언급하고자 한다.

우선 1822년 살롱전에 출품되어 세상을 놀라게 한 그의 첫 번째 작품 〈지옥에서의 단테와 베르길리우스〉를 보자. 흔히 〈단테의 조각배〉라고도 불리는 이 작품은 들라크루아가 심취했던 단테의 문학 작품 『신곡』에서 영향을 받은 것이다. 들라크루아는 자신의 그림의 주제를 지옥의 문에 들어선 단테가 고대 로마 최고의 시인 베르길리우스와 함께 지옥의 다섯 번째 구역, 즉 '분노 지옥'을 여행하며 목격한 장면으로부터 가져왔다.

그림 중앙에 두 인물이 정면을 향해 서 있다. 중세식 붉은 두건을 두른 사람은 단테고, 월계관을 쓴 이는 고대 시인 베르길리우스다. 그 옆에서 뱃사공 플레기아스는 등을 돌린 채 노를 젓고 있다. 세 사람을 태운 배는 지금 스틱스강을 지나고 있다. 이곳 분노 지옥을 흐르는 스틱스강에는 살아생전 분노의 감정을 억누르지 못하고 남을 미워하고 헐뜯으며 살다가 죽은 이들이 가득하다. 배 앞쪽으로 식별 가능한 일곱 명의 망자 외에도, 배 뒤편 진흙투성이 강에서 허우적대는 수많은 이의 모습이 눈에 들어온다.

그림 아래 수평축으로 위치한 망자들의 표정은 분노와 공포로 일그러진 채 한껏 과장되어 있다. 반면 삼각형 모양으로 수직축을 구성하는 배 위의 두 사람은 상대적으로 평온함을 유지하는 모양새다. 망자들의 벗은 몸은 마치 환한 빛을 받은 듯 밝게 빛나지만, 배 위의 세 사람은 상반신을 벗은 플레기아스까지 모두 어두운 톤으로 그려졌다. 배 위와 아래의 인물들이 강한 대비를 이루듯 이 작품에는 바로크와 고전주의의 공존이라 할 만큼 이중적인 요소들이 눈에 띈다. 예컨대 색채는 강렬하고 감정은 요동친다. 이는 바로크적인 특성이다. 반면 낭만주의의 선구자 테오도르 제리코의 〈메두사호의 뗏목〉에서도 볼 수 있는 삼각형의 구도는 안정적이고, 모든 것은 극적 효과를 위해 정교하게 배치되어 있다. 이는 고전주의적 특성이라 하겠다. 어쩌면 들라크루아는 자신의 작품에서 상반되는 두 요소를 함께 배치함으로써 역동성을 유지하는 동시에, 둘 사이에서 균형을 잡고 싶었는지도 모르겠다.

더불어 이 작품을 작업했던 방식 역시 매우 독특했다고 전해진다. 미술사학자 정연복이 『예술속의 삶 삶속의 예술』에서 소개한 일화에 따르면, 들라크루아가 이 그림을 그릴 때 친구 피에레가 옆에서 『신곡』을 낭독했다고 한다. 친구의 육성을 통해 생생하게 전해지는 지옥의 분위기가 화폭 앞에 선 들라크루아에게 영감을 주었고, 이 화가는 감정이 동요된 상태로 빠르고 거친 붓질을 하며 인물들을 교차적으로 빛과 어둠에 잠기게 함으로써 긴장감과 동시에 빙글빙글 도는 듯한 리듬을 만들어냈다는 것이다. 이렇게 본다면, 프랑스 낭만주의 회화의 서막을 알린 〈단테의 조각배〉는 두 친구가 목소리와 붓으로 함께 한 시간, 말하자면 문학과 회화의 교감에서 태어난 것인지도 모르겠다.

다음으로 살펴볼 작품은 역시 루브르 드농관에 걸려 있는 〈사르다나팔루스의 죽음〉이다. 작품의 제목에 등장하는 사르다나팔루스는 고대 앗시리아 제국 마지막 왕의 이름이다. 영국의 낭만주의 작가 바이런이 1821년 발표한 희곡 『사르다나팔루스 왕』에서 주인공 사르다나팔루스는 자애로운 왕의 모습으로 나타난다. 반란군이 공격을 해오자 왕은 항복하기보다는 명예롭게 죽는 것을 택한다. 왕이 장작더미를 쌓아 올리라고 명한 후 불을 붙여 사망하자 그를 따르던 애첩들과 신하들이 모두 그를 따라 자결했다는 것이 사건의 전말이다.

하지만 1827년 살롱전에 출품된 들라크루아의 그림 속 사르다나팔루스의 이야기는 내용면에서 바이런의 희곡과 사뭇 다르다. 반란군에 패하여 회생의 기미가 없다고 판단한 사르다나팔루스는 자기 침대 아래에 장작더미를 쌓게 하고, 거기에 불을 붙여 죽기 전에 자신의 애첩과 하인들에게 먼저 죽음을 명한다. 애마와 개를 포함해 기르던 동물들을 죽인 것은 물론 금은보화 등 모든 재산을 불태운다. 죽기 전에 자신과 관계된 모든 것을 없애버리기로 작정한 것이다. 정말이지 끔찍한 학살이다.

사실 그림 속 어디에도 피는 보이지 않는다. 하지만 그림을 바라보는 우리는 선혈이 낭자한 학살의 현장을 목도하는 듯한 느낌을 받는다. 이는 아마도 작품 중앙을 가득 채우며 사선으로 흘러내린 침대보의 강렬하고 자극적인 붉은색 때문일 것이다. 실제로 기존에 알려진 주제를 비틀어 극도의 폭력성을 자극적이고 과장된 색채와 혼란스러운 구도로 표현한 이 그림을 당시 대다수의 사람들은 이해하지 못했다. 보들레르는 이렇게 말한다. "들라크루아의 작품에서 나타난 모든 것은 폐허다. 그것은 인간의 영원하고 고칠 수 없는 야만성

외젠 들라크루아, 〈사르다나팔루스의 죽음〉, 1827

을 증언하고 있다." 영원히 고칠 수 없는 인간의 야만성이 어디 들라크루아의 그림 속 이야기일 뿐일까? 우리가 살고 있는 지금 이 시대는 그로부터 많이 달라졌는가? 슬프게도 자연재해와 인재와 전쟁과 정쟁이 쉼 없이 되풀이되고 있는 우리 시대에도 폐허와 죽음, 폭력과 눈물은 여전히 현재적이다.

화가의 집에서 미술관으로

이제 루브르를 떠나 우리의 방문지인 들라크루아 미술관으로 돌아오자. 들라크루아가 노트르담 드 로레트가에 있던 아틀리에를 떠나 퓌르스탕베르 광장에 면한 이곳으로 이사 온 것은 1857년의 일이다. 아담한 정원이 있는 이 집으로 이사 오면서 들라크루아는 작업실을 만들어도 좋다는 집주인의 허락을 받았다.

그렇다면 화가의 작업실이자 생활 공간이었던 이 집은 어떻게 미술관이 되었을까? 들라크루아가 사망하고 여러 세입자를 거치면서 집의 이곳저곳이 훼손된다. 이에 들라크루아를 아끼고 기리던 이들이 1929년 '외젠 들라크루아 친구 협회'를 설립한다. 그리고 1932년부터 들라크루아의 작품을 알리기 위해 이 집에서 전시와 강연 등을 개최하기 시작했다. 이어 1952년 건물주가 사망하고 집이 매물로 나오자 협회는 소장품들을 국립 미술관에 넘겨주고, 그 대가로 받은 돈으로 집을 사들였다. 그 후 이 집을 미술관으로 만든다는 조건하에 국가에 기증했고, 1971년 약속대로 들라크루아의 집은 국립 미술관으로 탈바꿈하게 되었다.

아프리카의 추억

계단을 올라 도달한 2층에는 들라크루아가 살아생전 사용하던 침실과 거실, 서재와 식당이 있다. 물론 지금은 예전 들라크루아의 생활 공간이 미술관 소장 작품들을 정기적으로 바꿔가면서 개최하는 상설전 및 매번 일정 기간 다른 주제로 열리는 기획전을 만나볼 수 있는 전시실이 되었다. '들라크루아와 색채'라는 제목이 붙은 이번 기획전에 걸린 작품 중 〈뛸 준비가 된 암사자〉라는 제목의 작품이 눈에 띈다. 이 그림은 들라크루아가 사망한 해인 1863년에 그려진 것으로 젊은 시절부터 시작된 동물, 정확히는 고양이과 동물에 대한 그의 습작을 마무리한다는 의미가 있다. 이 작품에는 1832년 국왕 루이 필립의 명에 따라 샤를 드 모르네 공작을 필두로 모로코의 술탄을 알현하러 떠났던 사절단의 일원이었던 들라크루아의 경험과 추억이 고스란히 담겨 있다.

들라크루아는 그해 1월부터 6월까지 사절단과 함께 모로코를 여행하면서 동식물을 망라해 자신이 관찰하고 보았던 모든 것을 기록으로 남겼고 많은 수의 물건을 수집해서 프랑스로 가져왔다. 프랑스에 돌아온 후에는 자기가 가져온 물건들을 이용하거나 여행의 기억을 되살려 작품들을 그렸는데, 전문가들에 따르면 모로코 여행에 영향을 받

외젠 들라크루아, 〈뛸 준비가 된 암사자〉, 1863년

은 그림이 60여 점 이상이라고 한다.

여기서 언급하고 있는 〈뛸 준비가 된 암사자〉에서 발톱을 세우고 도약할 준비가 된 암사자 뒤로 보이는 배경은 색채의 뉘앙스를 제외하면 하늘과 땅과 바위가 구분이 잘 안되기는 하지만 분명 북아프리카의 풍경이 틀림없다. 물론 화가가 사망하던 해 그려진 이 그림은 모로코 현지에서 그린 것이 아니다. 그림 속의 사자도 화가가 현장에서 직접 본 것이 아니라 과거 파리 동물원에서 보았던 맹수의 이미지에 대한 기억을 통해서 재현된 것이리라. 하지만 모로코 여행에서 돌아온 지 30년이 지난 시점에서도 여전히 그 시절을 환기하는 작품이 나온다는 사실만으로도 우리는 아프리카 체류가 들라크루아의 작품 세계에 미친 영향이 얼마나 지대한지 상상할 수 있다.

이 그림 외에도 들라크루아 미술관에서는 화가가 모로코 여행에서 수집한 물품들을 여럿 볼 수 있다. 예컨대 2019년 1월 이곳을 방문했을 때는 손잡이가 달린 병, 화약 가루를 담아두는 통, 권총 주머니 등이 전시되어 있었는데, 이번에는 모로코에서 가져온 도자기와 그릇들이 유리 전시관 안에 가지런히 진열되어 있었다.

셰익스피어 애호가

이 작은 전시실에서 또 하나 눈여겨볼 작품은 1821년, 그러니까 들라크루아가 23세 때 그린 자화상, 다시 말해 햄릿 혹은 레이븐스우드 복장을 한 자화상이다. 들라크루아는 이 그림에서 햄릿 혹은 월터 스콧Sir Walter Scott의 소설 『래머무어의 신부』의 주인공 레이븐스우드의 차림으로 마치 연극 무대를 비추는 조명 같은 빛 아래 서 있는 자기 자신의 모습을 그렸다. 셰익스피어와 월터 스콧은 화가가 특별히 애정을 지닌 작가들이었으며, 그의 작품 세계에 큰 영향을 미쳤다.

특히 들라크루아는 1825년 영국을 여행할 당시 셰익스피어를 발견하고 이내 그의 작품에 심취했고, 1835년부터 1859년까지 셰익스피어의 작품과 관련된 그림을 20여 점 이상 그렸다. 들라크루아 미술관 전시실에서도 때에 따라 다르기는 하지만 예컨대 『로미오와 줄리엣』 5막 3장에 등장하는 장면을 묘사한 〈캐플릿가의 묘지의 로미오와 줄리엣〉처럼 셰익스피어 작품에 의거해 그린 들라크루아의 그림들을 여럿 발견할 수 있다.

화가의 아틀리에

작은 방 두 개에 전시된 그림들과 물품들을 돌아보는 데는 그리 많은 시간이 들지 않는다. 전시실을 나오면 들라크루아 관련 서적과 엽서 등을 파는 미술관의 작은 상점이 관람객을 기다린다. 하지만 여기서 아니, 벌써 미술관 방문이 끝난 거야? 라고 생각하면 오산이다. 아직 이 작은 미술관이 감추고 있는 비밀의 공간을 보지 않았으니까. 별채에 자리한 화가의 아틀리에와 계절마다 얼굴을 달리하는 아기자기한 정원을 보기 전까지는 이 미술관을 봤다고 말해서는 안 된다. 마치 베르사유 궁전에서 거대한 정원과 그 속에 숨어있는 그랑 트리아농, 프티 트리아농, 그리고 마리 앙투아네트의 초가집들을 보지 않고서 베르사유를 다 봤다고 얘기할 수 없는 것처럼.

왼쪽으로 난 문을 열고 별채로 향하는 계단을 내려가면 화가의 아틀리에에 닿게 된다. 살아생전 들라크루아가 작업을 했던 곳이다. 지금은 화가의 작업실이 아니라 작품 전시실로 사용되고 있으니 당대의 분위기를 그대로 느끼기는 어렵다. 하지만 밝은 민트색 문을 조심스럽게 열고 들어갈 때는 왠지 화가의 사적 공간에 초대받은 느낌이 되어 마음이 살짝 들뜬다.

문 바로 옆에 있는 조그만 방을 지나 아틀리에 내부로 들어선다. 들라크루아의 대작들 크기를 생각하면 생각보다 작은 규모지만 천장은 상당히 높고, 한쪽 편에 그가 사용하던 대형 이젤이 놓여 있다. 짙은 자주색 벽지로 마감된 벽의 사면에는 그리 크지 않은 다양한 장르의 그림들이 걸려 있다. 그림을 하나하나 살펴보기 전에 가장 먼저 눈에 띄는 것은 한쪽 벽면에서 관람객을 내려다보는 들라크루아의 흉상이다.

그 아래 걸린 〈동정녀 마리아의 교육〉이라는 작품 앞쪽에 배치

아틀리에 내부

된 유리관 안에 들라크루아가 쓰던 미술 도구가 놓여 있다. 들라크루아는 그림을 그리기 전에 팔레트 준비에 심혈을 기울였다. 다채로운 색깔을 펼쳐 놓은 팔레트는 마치 꽃다발 같다. 당시는 아직 튜브 물감이 나오지 않은 때였기 때문에 색채화를 그리려면 색을 내는 가루를 섞어 원하는 색을 만들어야 했다. 들라크루아는 예기치 않게 갑자기 떠오르는 색을 기억하기 위해 늘 팔레트를 가지고 다녔다고 한다. 4년 전 이곳을 방문했을 때는 화가의 그림 도구가 본관 전시실에 있었는데 그 사이 배치가 바뀐 모양이다. 그럼 뭐 어떠랴, 중요한 것은 이번에도 내가 화가의 손때가 묻은 그림 도구를 빼놓지 않고 볼 수 있었다는 사실인 것을.

아틀리에의 그림들

자, 이제 이곳 아틀리에에 걸린 그림들을 본격적으로 살펴볼 시간이다. 먼저 방금 우리가 보았던 화가의 그림 도구 위에 걸린 〈동정녀 마리아의 교육〉으로 눈을 돌려 보자. 들라크루아가 이 그림을 그린 것은 1842년 노앙에 있는 조르주 상드George Sand의 저택에 머무르던 때였다. 마을의 교회는 마리아의 어머니인 성 안나에게 바쳐졌는데, 들라크루아는 이 교회에 걸어둘 만한 그림을 그릴 생각이었다. 그런데 산책을 위해 동네의 공원에 들어가다가 아주 우연히 자신의 계획을 실현할 모티프를 발견하게 된다.

당시의 상황을 그의 말로 옮기면 다음과 같다. "나는 공원에 들어가다가 아주 '끝내주는' 그림의 모티브를 보았다. 나를 매우 감동시킨 장면이었다. 농부 아낙네와 어린 딸이 나무 둥치에 앉아 있었다. 나는 관목 뒤에 숨어서 두 사람을 바라보았고 그녀들은 나를 보지 못했다. 나이가 지긋한 여자가 여자아이의 어깨에 손을 올리고 있었고, 아이는 주의 깊게 책 읽는 법을 배우고 있었다." 노앙의 공원에서 만난 농부 모녀로부터 영감을 받아 그린 그림이어서일까. 그림의 주제가 성스러운 것은 분명하지만 화가는 이 그림에서 일반적으로 성모 마리아를 표상하는 전통적인 방식을 전혀 사용하지 않았다.

외젠 들라크루아, 〈동정녀 마리아의 교육〉, 1842

안나와 마리아는 시대를 딱히 가늠할 수 없는 옷을 입고 숲 한가운데 앉아 있다. 특별히 두 사람을 특정할 만한 것이 보이지 않는다. 하나 있다고 한다면, 두 사람의 뒤쪽으로 흔히 마리아의 순결, 동정을 상징하는 장미 관목이 일렬로 늘어서 있다는 것 정도일까. 성화를 그릴 때조차 필요하다면 굳이 전통에 얽매이지 않았던 들라크루아의 자유분방함이 느껴지는 대목이다.

그림의 오른편 바로 옆에 성모 마리아가 등장하는 또 다른 그림이 있다. 1841년 작인 〈수태고지〉다. 주지하다시피 대천사 가브리엘이 동정녀 마리아에게 나타나 성령의 힘으로 아기 예수를 잉태했음을 알린 사건을 일컫는 '수태고지'는 기독교 미술 전통에서 빈번하게 등장하는 주제다. 들라크루아가 이 그림을 그린 것은 파리의 마레 지구에 있는 생 드니 뒤 생 사크라망 교회 마리아 예배당을 장식할 그림이 필요했기 때문이다. 교회의 주문을 받고 들라크루아는 두 개의 주제를 제안했다. 하나는 수태고지였고 다른 하나는 피에타였다. 들라크루아는 개인적으로 피에타를 주제로 그림을 그리길 원했으나 결국은 수태고지로 결정되었다. 그림을 보면 두 명의 천사가 마치 연극 무대의 막을 열 듯 붉은색 커튼을 들어 올리고 있다. 오른쪽에 구름을 타고 내려온 대천사 가브리엘은 왼손으로 자신이 대리하는 신과 하늘을 가리키는 동시에 오른손에는 순결의 상징인 백합꽃을 들고 마리아에게 말을 건넨다. 마리아는 손을 가슴에 얹은 채 순종을 맹세하는 듯하다. 자세히 보면 배경 뒤쪽으로 작은 문이 바깥을 향해 열려 있는 것이 보인다. 분명 어떤 상징성이 있을 텐데 그것이 뭔지는 잘 모르겠다. 아무튼 기이하면서도 흥미로운 지점이다.

이 두 그림과 함께 주목할 만한 성서 속 인물은 바로 〈사막의 마들렌〉에 등장하는 마들렌이다. 1845년 그려진 이 그림은 들라크루아 미술관이 소장한 걸작 중의 하나라는 게 내 생각이다. 화가 본인도 작품에 대한 애정이 대단해서 1845년 살롱전과 1855년 만국박람회 때 두 차례에 걸쳐 전시를 한 바 있다. 또한 들라크루아에 대한 찬사를 바쳤던 시인이자 비평가인 샤를 보들레르가 들라크루아 그림 가운데서 가장 좋아했던 작품 중 하나이기도 하다.

이 작품에서 들라크루아는 성스러운 것과 세속적인 것을 뛰어난 솜씨로 결합하고 있다. 성녀 마들렌의 표정에는 사랑의 황홀경과

외젠 들라크루아, 〈수태고지〉, 1841

외젠 들라크루아, 〈사막의 마들렌〉, 1845년

종교적 도취가 동시에 번지고 있다. 그림 속 마들렌의 수수께끼 같은 눈빛과 미소가 뭐라 형언할 수 없는 매력으로 관객의 마음을 사로잡는다. 예전에 매춘부였다가 그리스도를 사랑하게 된 성스러운 인물 마들렌에 대해 보들레르는 "누구도 이 그림을 보지 않고는 화가가 이 단순한 얼굴에 내밀하고, 신비롭고, 낭만적인 시를 써넣었음을 상상하기 어렵다."라고 말했다. 그러고 보니 정말 멋진 말이다. 화가가 자신의 그림 속에 색채로 써넣은 낭만적인 시라니! 나도 모르게 오랜 시간 이 그림 앞을 서성이게 되는 이유가 거기에 있었구나 싶다.

아틀리에를 떠나기 전에 〈폴란드인〉이라고도 불리는 〈남성 누드 습작〉을 보자. 남성 누드 연습은 19세기의 젊은 화가들이 누드화를 그리기 위해 기본적으로 수행해야만 했던 실기 연습의 결과로 나온 작품이다. '폴란드인'이라는 별명으로 알려진 그림 속 모델은 실존 인물로 아카데미에서 포즈를 취했고, 앙투안 장 그로Antoine-Jean Gros나 테오도르 제리코와 같은 화가들을 위해 개인적으로 모델을 서기도 했다. 들라크루아는 젊은 시절 자신의 스승인 피에르-나르시스 게랭의 화실에서 그림 공부를 할 때 이 활력 넘치는 남성 누드를 완성했다. 실제 살아있는 남성 누드 모델을 보면서 습작을 하는 것은 회화조각 왕립 아카데미의 교육 과정에서 필수 코스 중 하나였다. 예컨대 모두가 선망하는 로마 대상을 받으려면, 두 번째 시험 과목이었던 누드화를 그 누구보다 잘 그려야 했다. 그리하여 1815년에 게랭의 화실에 들어갔다가 이듬해 에콜 데 보자르에 합격한 들라크루아 역시 루브르에 전시된 대가들의 작품을 베껴 그리며 기본기를 연습하는 한편 실제 모델을 세워 그림 연습을 했던 것이다.

남성 누드 습작 〈폴란드인〉의 모델은 연극적이고 관습적인 포즈를 취하고 있는데, 들라크루아는 모델이 풍기는 육욕적이고도 남성적인 표현을 강조하면서 신고전주의가 추구하는 이상적인 미의 추상적인 관습에서 벗어나는 동시에, 고대 누드 작품들이 보여주는 완벽함과 평온함에서도 벗어난다. 중요한 것은 해부학적 표현의 엄격함이라기보다는 근육과 살의 표현이었다. 긴장된 몸짓에 더해 갈색, 핑크색, 초록색 등을 혼합 배색함으로써 피부는 생생함을 얻는다. 또

외젠 들라크루아, 〈남성 누드 습작〉, 연도 미상

한 뒤쪽으로 단단하게 몸을 받치고 있는 오른쪽 다리는 좀 짧아 보이는 반면 앞으로 내민 왼쪽 다리와 몸통은 조금 길어 보이는데, 이러한 불균형이야말로 조각 같은 완벽함보다는 살아있는 생생함을 추구했던 젊은 화가의 신념을 표현하는 것이 아닐까? 어쨌거나 테오도르 제리코가 드로잉 앨범 뒷면에 수기로 '폴란드인, 도핀가 56번지'라고 써놓았던 이름 모를 폴란드인 누드 모델은 젊은 들라크루아가 인체를 다루는 방식을 익히는 데 적합한 모델이었던 듯하다.

비밀의 정원

아틀리에를 나와 정원으로 난 계단을 따라 내려간다. 규모는 작지만 아기자기하고 세심하게 관리되고 있는 정원이다. 봄이나 가을이었다면 꽃과 단풍으로 알록달록 아름답게 물들었을 텐데. 초록빛이 곳곳에 남아 있긴 하지만 잎이 모두 떨어진 나무들이 덩그러니 서 있는 겨울 정원은 낭만적인 정취보다는 쓸쓸함이 더 많이 느껴진다. 아틀리에의 문과 똑같은 민트색으로 칠해진 정원의 벤치에 가만히 가서 앉아 본다. 저만치 때를 모르고 피어난 노란 장미 한 송이가 눈에 띈다. 살짝 애처로운 마음이 드는가 했더니 이내 마음 한구석이 훈훈해진다. 한겨울의 추위 속에 홀로 피어난 장미라니 얼마나 용감한가! 기왕 피어났으니 생의 기운이 다할 때까지 꿋꿋하게 살아남기를 바라본다.

들라크루아는 파리 한복판에 마치 은자의 비밀 정원처럼 조용하면서도 아늑한 정원을 만들었다. 약 120평 정도 되는 땅에 정지 작업과 복토를 하고 각종 나무와 다양한 종류의 장미나무, 그리고 산딸기를 비롯한 유실수를 심는 등 자기만의 정원을 공들여 가꾸었다고 한다. 그 뒤로 정원의 원형이 많이 변형되었지만 2012년 더 많은 일본인이 화가 들라크루아를 알고 그의 아틀리에와 정원을 찾아오기를 바랐던 일본인 나오야 기노시타Naoya Kinoshita의 후원으로 전문가의 엄격한 고증을 거쳐 이곳 정원이 화가 생전의 모습으로 복원되었다. 돈이 그렇게 많은데 왜 작품을 수집하지 않느냐는 질문에 "나 혼자서만 감상할 작품들을 소유한다는 것은 이기적인 일이지요!"라고 반문했다는 이 일본 후원가의 마음 씀씀이가 고맙다. 덕분에 일본인만이 아니라 나 같은 한국인까지도 이 아름다운 비밀 정원을 즐길 수 있게 되었다. 국적을 불문하고 이런 고귀한 마음을 지닌 사람은 칭찬받아야 마땅하다. 앞으로 우리나라 부자들 가운데서도 소유보다는 나눔을 실천하는 예술 애호가들이 많이 나와 주었으면 좋겠다.

생 쉴피스 성당 '천사들의 예배당' 벽화

정원에서 짧은 산책을 마치고 미술관 밖으로 나온다. 미술관 구경은 끝났지만 퓌르스탕베르 시절의 들라크루아 탐방을 마치려면 해야 할 일이 하나 남았다. 바로 생 쉴피스 성당에 가서 '천사들의 예배당'에 그려진 들라크루아의 벽화를 보는 일이다. 들라크루아가 이 집으로 이사를 오게 된 것은 근거리에서 편안하게 생 쉴피스 성당의 벽화 작업을 마무리하기 위해서였다. 아까 왔던 길을 돌아 나와 생 제르맹 데 프레 교회 앞에서 길을 건너 보나파르트가로 들어선다. 조금 걷다 보면 생 쉴피스 광장이 나오고 왼편으로 생 쉴피스 성당이 장엄한 자태를 드러낸다. 구름 사이로 잠깐 고개를 내민 햇살이 성당 지붕 위로 쏟아져 장관을 이룬다. 휴대폰을 꺼내 카메라 아이콘을 누른다. 사진 속 성당에도 햇살이 환하다.

생 쉴피스 성당은 노트르담 대성당보다는 조금 작지만 파리에서 두 번째로 큰 규모를 자랑한다. 작은 예배당이 있던 터에 1646년 확장 공사가 시작되어 1745년에 완공된 이 성당은 댄 브라운Daniel Brown

생 쉴피스 성당

의 소설 『다빈치 코드』에 배경으로 등장한 탓에 유명세를 탔다. 소설 속에서 이 성당은 회색 화강암으로 된 교회 바닥을 사선으로 가로지르는 황동선, 이교도적인 천문관측기인 해시계, '로즈 라인' 등이 보여 주듯 어딘가에 비밀을 감추고 있는 공간으로 나타난다.

하지만 내가 이 성당을 자주 찾는 이유는 무엇보다 들라크루아의 벽화로 장식된 '천사들의 예배당' 때문이다. 일단 성당의 출입문을 열고 들어서면 그 규모와 장엄한 분위기에 압도되면서도, 다른 한편으로는 여기저기 시간의 때가 묻어 낡고 퇴락한 흔적들이 눈에 보여 안타까운 마음이 들기도 한다. 과거로부터 전해진 문화유산들을 지키고 보존하는 일은 쉽지 않은 일이다. 보수 유지 관리를 위해 돈과 정성과 관심을 쏟지 않는다면 모든 것을 무화시키는 시간의 힘 앞에 문화유산 역시 속수무책으로 당할 수밖에 없다. 그러니 중요한 것은 한 공동체, 더 나아가 인류 전체의 역사 문화유산을 지키고 보존하는 일의 가치를 알고, 그 일을 위해 마음과 물질을 모으는 일이다. 특히나 관련 정책을 결정하는 사람들의 안목과 책임이 크다는 사실은 새삼 덧붙일 필요도 없을 것이다.

이런저런 생각을 하면서 걷다 보면 왼쪽의 측랑 맨 마지막 예배당에 그려진 들라크루아의 벽화를 만나게 된다. 생 쉴피스 광장에 면한 입구로 들어올 때는 왼편으로 한참을 걸어 들어가지만, 반대편 입구로 들어온다면 들어오자마자 오른쪽 첫 번째 예배당이 '천사들의 예배당'이다. 이곳에는 들라크루아가 그린 세 개의 벽화가 있다. 벽화 쪽을 바라보고 설 때 왼쪽에 〈천사와 씨름하는 야곱〉이, 오른쪽에 〈수도원에서 쫓겨나는 헬리오도로스〉가 그려져 있다. 그리고 고개를 들어 천장을 보면 높이 때문에 다소 멀게 보이지만 〈용을 쓰러뜨리는 성 미카엘〉이 그 자태를 뽐내고 있다.

먼저 왼쪽의 벽화를 보자. 여기에 그려진 장면은 창세기 32장 24절부터 28절까지의 이야기, 즉 천사가 야곱에게 결투를 신청하는 이야기다. 팥죽 한 그릇으로 자신의 형 에서로부터 '장자권'을 빼앗은 야곱은 어머니의 명에 따라 외삼촌 라반의 집으로 도망간다. 거기서 14년간 종살이를 하며 라반의 두 딸과 결혼하고 재산도 많이 불린다. 외삼촌과

천사들의 예배당

외사촌 형제들은 그를 시샘하고 따가운 시기의 시선을 보낸다. 그러던 차에 하느님으로부터 "할아버지 때부터 살던 네 고향 친척에게로 돌아가라."는 말씀을 들은 야곱은 몰래 도망을 친다. 하지만 상황은 녹록지 않다. 앞으로 전진하면 장자권을 빼앗긴 형 에서가 자기를 죽이려 할 것이고, 그렇다고 뒤로 물러나면 딸들과 재산을 빼앗긴 외삼촌 일행이 자신을 덮칠 것이다. 그야말로 낭떠러지 끝의 위기 상황이다.

그때 누군가 야곱에게 다짜고짜 결투를 신청해 오는 것이 아닌가. 야곱은 싸움을 걸어오는 자가 형과 외삼촌의 첩자가 아니라 천사임을 깨닫고 그 천사, 즉 하느님에게 매달린다. "나를 축복하여 주소서, 그렇지 않으면 당신이 갈 수 없나이다."라고 하면서. 극한 위기의 상황에서 하느님의 도움 없이는 살아남을 수 없음을 깨달은 야곱은 새벽이 지나도록 천사—신에게 간청하고 애원했다. 이에 지칠 대로 지친 천사가 야곱의 넓적다리뼈를 쳐서 탈골시킨 후 그를 주저앉히고 그의 이름을 이스라엘로 고쳐 부를 것을 명하니, 이 말은 곧 "하느님과 싸워서 이겼다."라는 뜻이다.

들라크루아는 생과 사가 걸린 야곱과 천사의 싸움, 즉 신성과 인성의 한판 대결을 긴장감과 역동성 속에서 구현해 낸다. 야곱은 라반에게 쫓기고 있는 현재와, 형 에서와 불행하게 얽힌 과거 사이에서 과연 자신이 어느 방향으로 나아가야 옳을지 두려움에 떨며 고뇌했을 것이다. 이를 반영하듯 온 힘을 다해 천사에게 대항하는 야곱의 등과 다리의 근육은 아주 팽팽하게 당겨져 있다. 그 힘과 기세에 밀린 천사의 몸이 뒤로 기울어져 있다. 천사의 얼굴에는 예상치 못한 상황에 자못 당황한 기색이 뚜렷하다. 그뿐인가. 그림의 정중앙을 포함해 대부분을 차지하는 커다란 나무의 줄기와 초록색 잎사귀들도 마치 긴장감을 감추지 못하겠다는 듯 요동치고 있다. 그야말로 낭만주의 대가의 솜씨가 십분 발휘된 작품이다. 폴 고갱과 모리스 드니Maurice Denis가 이 그림을 격찬했던 것이 이해가 된다.

그런데 잠시 눈을 돌려 아래쪽을 바라보면 천사와 야곱의 팽팽한 기 싸움과 전혀 무관한 듯 보이는 한 무더기의 옷가지와 물건들이 놓여있다. 가까이 다가가 본다. 놀랍게도 19세기 들라크루아가 살던 시대에 볼 수 있던 모자와 옷가지다. 심지어 그가 모로코에서 가져온

외젠 들라크루아, 〈천사와 씨름하는 야곱〉

수집품 목록에 들어있을 법한 것도 있다. 서기 800년경 아일랜드 수도원에서 제작된 『켈스의 서』의 아름다운 장식들 가운데 한평생 그 작업을 위해 헌신했던 수도승들이 가끔 유머러스한 방식으로 자기의 흔적을 남겨놓았던 것처럼 들라크루아 역시 성당에 헌정된 벽화에 자신의 흔적을 새겨놓은 것일까? 거장의 마음이 궁금해진다.

오른쪽에 그려진 그림으로 고개를 돌려본다. 〈성전에서 쫓겨나는 헬리오도로스〉는 구약성경 마카베오 하권 제3장에 나오는 헬리오도로스와 금고 수호에 관한 이야기를 그린 것이다. 로마 속주인 코일레 시리아의 왕 셀레우코스는 예루살렘의 성전 금고에 엄청난 양의 돈이 있다는 얘기를 듣고 헬리오도로스에게 가서 돈을 가져오라고 명한다. 예루살렘에 도착한 헬리오도로스는 대사제 오니우스로부

19세기의 모자와 옷가지

터 정중한 환영을 받는다. 그는 자신의 예루살렘 방문 목적을 알리고 모든 일의 사실 여부를 캐묻는다. 그러자 오니우스는 금고 안에 얼마 안 되는 돈이 있긴 하지만 과부와 고아들을 위한 돈이고 일부는 토비아의 아들로서 대단히 높은 지위에 있는 히르카노스의 것임을 설명한다. 대사제의 설명에도 헬리오도로스는 왕의 명령에 따라 그 돈을 몰수하여 왕의 금고에 넣을 수밖에 없다고 말한다. 이에 오니우스를 비롯한 사제들은 물론이고 백성들까지 모두 나와 이 돈을 안전하게 지켜달라고 신에게 탄원 기도를 올린다.

헬리오도로스가 호위병을 데리고 성전 금고 가까이에 다가갔을 때 하느님이 이들의 기도에 응답한다. 황금 갑옷을 입은 기사를 태운 말이 나타나 앞발을 쳐들고 맹렬하게 돌진하면서 헬리오도로스에게 달려든다. 아울러 미남인 데다 힘이 센 두 젊은이가 동시에 등장해 양쪽에서 그를 쉴 새 없이 때려 큰 타격을 입힌다. 들라크루아의 벽화는 바로 이 절정의 순간을 역동적이며 강렬한 색채로 묘사하고 있다. 하느님은 직접 등장하지 않지만 성전의 기둥 위쪽 너머로 펄럭이는 붉은 천과 그 아래로 쏟아지는 빛으로 미루어 이 징벌의 장면에 함께 하고 있음을 짐작할 수 있다. 다음 이야기가 궁금하다면 마카베오 하권 30장을 끝까지 읽어 볼 것을 권한다.

마지막으로 양쪽의 두 벽화 사이 천장에 그려진 둥근 타원형의 그림, 〈용을 쓰러뜨리는 성 미카엘〉로 눈을 돌려 보자. 성경에서 악을 물리치는 역할을 담당하는 대천사는 미카엘이다. 구약성경에서 미카엘 대천사는 이방의 적들과 직접 싸우며, 요한묵시록에서는 악의

외젠 들라크루아, 〈성전에서 쫓겨나는 헬리오도로스〉

세력으로 상징되는 용과 싸운다. 요한묵시록 12장 7절부터 9절까지의 내용은 다음과 같다. "그 때에 하늘에서 전쟁이 벌어졌습니다. 미카엘과 그의 천사들이 용과 싸운 것입니다. 용과 그의 부하들도 맞서 싸웠지만 당해 내지 못하여, 하늘에는 더 이상 그들을 위한 자리가 없었습니다. 그리하여 그 큰 용, 그 옛날의 뱀, 악마라고도 하고 사탄이라고도 하는 자, 온 세계를 속이던 그자가 떨어졌습니다. 그가 땅으로 떨어졌습니다. 그의 부하들도 그와 함께 떨어졌습니다."

들라크루아의 천장화는 바로 대천사 미카엘이 용으로 상징되는 악마를 물리치고 바닥에 쓰러져 누운 그에게 창을 겨누는 영광의 순간을 그린 것이다. 많은 도상에서 미카엘 대천사는 악에 대한 승리로 긴 창을 용의 입에 겨누거나 용의 머리를 밟고 선 모습으로 묘사되는데, 여기 천장화에서는 용의 형상 대신 건장한 남성의 모습을 한 악마를 밟고 서서 창을 겨눈 자세를 취하고 있다. 쓰러져 누운 악마에 비해 다소 젊고 여린 모습의 미카엘 대천사가 거둔 승리는 관객에게 조금 더 큰 쾌감을 선사하는 듯하다. 이 천장화의 습작은 우리가 다녀온 들라크루아 미술관에도 걸려 있다. 그 작은 그림을 본 기억이 남아있는 독자라면 예배당 천장에 그려진 실물 크기의 작품을 보면서 감동이 배가될 수도 있겠다.

들라크루아는 이 예배당의 벽화를 그리는 데 6년이라는 세월을 썼다. 1861년 1월 1일자 일기에는 그가 이 벽화 작업을 어떻게 생각했는지를 알 수 있는 글이 남아있다. "1861년 1월 1일. 나는 새해 첫날을 평상시처럼 성당 벽화 작업을 계속하면서 시작했다. (아무도 찾아보

외젠 들라크루아, 〈용을 쓰러뜨리는 미카엘 대천사〉

지 못하고) 지도를 통해서만 사람들을 방문했지만 전혀 개의치 않는다. 나는 온종일 일하는 자였다. 얼마나 행복한 삶인가! 자칭 고립에 대한 천사의 보상이 아닌가! … 진실을 말하자면 그림은 수천 가지 방식으로 나를 괴롭히고 고통을 준다. 마치 가장 까다로운 애인처럼. 지난 4개월 전부터 나는 사랑하는 애인에게로 향하듯 새벽부터 집을 나서 작업 현장으로 달려간다. 멀리서 볼 때는 쉽게 극복할 수 있을 것 같았던 것이 내게 계속되는 끔찍한 어려움을 안겨 준다. 하지만 영원한 싸움이 나를 무너뜨리는 것이 아니라 일으켜 세우고, 낙담시키는 대신 내가 그것을 떠났을 때의 순간들을 위로하고 채우는 것은 대체 무슨 연유에서일까? 좋은 시절을 힘겹게 그림을 그리며 보냈던 것에 대한 행복한 보상인가. 이것이야말로 이미 모든 면에서 나를 에워싸고 들어오면서도, 육체의 고통과 영혼의 슬픔을 극복할 힘을 조금이나마 내게 남겨준 노년의 순간을 고귀하게 사용하는 방법이 아니겠는가."

새해 첫날부터 동이 트자마자 지치고 병든 노구를 이끌고 성당 벽화 작업장으로 향하던 노년의 들라크루아. 그가 남긴 짧은 일기에서 우리는 예술 작품을 창작해 내는 고통스러운 과정에서 수많은 어려움에 좌절하기도 하지만 지치지 않고 앞으로 나아가는 불굴의 예술가, 뼈를 깎는 고통에도 예술 창작 자체로 위로받고 힘을 얻는 타고난 예술가 들라크루아의 위대한 예술혼을 본다. 자꾸만 뒤를 돌아보게 하는 벽화를 마음에 담고 성당 문을 나선다. 그리고 잠시 생각한다. 들라크루아가 생 쉴피스 예배당 벽화 작업을 통해 어쩌면 외롭고 고단했을 노년의 삶을 고귀한 용도로 바꾸었듯이, 우리 모두에게도 지리멸렬한 일상의 삶을 빛나게 해 줄 어떤 계기가 찾아와주었으면 좋겠다고.

2024년 1월 들라크루아 미술관을 다시 찾을 생각이었지만 2023년 9월 19일부터 공사로 문을 닫은 상태였다. 현재는 공사를 마치고 재개관되어 상설 전시와 함께 '앵그르와 들라크루아. 화가들의 오브제'라는 특별 전시가 열리고 있다. 무려 6개월간의 공사 기간을 감안하면 미술관 내부가 어떻게 바뀌었을지 궁금하다. 어쩌면 전시실이나 아틀리에의 그림 배치도 상당 부분 달라졌는지 모르겠다. 지난 번 파리 여행 때 못 본 아쉬움을 달래며 나중에 만나게 될 미술관의 새로운 모습을 기대해 본다.

Musée National Gustave Moreau

06 귀스타브 모로 미술관

주 소 14 Rue Catherine de la Rochefoucauld, 75009 Paris

관람시간 월, 수-일 10:00~18:00(화 휴무)

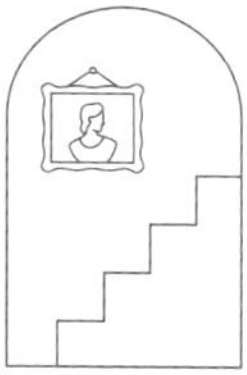

지난밤 오랜만에 만난 친구 블라디와 아닉의 집에서 와인까지 곁들여 저녁을 먹으며 수다를 떨다 자정을 넘긴 시간에 들어온 탓인지 눈을 떠보니 이미 해가 중천에 떠 있다. 좋은 사람들과 함께 밀도 높은 시간을 보내고 꿈 없이 푹 잘 잤더니 올라올 듯 말 듯 했던 감기 기운이 싹 사라졌는지 몸이 개운하다. 오늘은 프랑스 상징주의를 대표하는 귀스타브 모로Gustave Moreau의 작품을 보러 살아생전 그의 집이자 아틀리에였던 귀스타브 모로 미술관에 가기로 한 날이다.

시계를 보니 아침을 챙겨 먹기엔 이미 늦은 시간, 미술관 근처로 이동해 조금 이른 점심을 먹고 미술관 구경을 하기로 한다. 오늘 점심을 먹을 식당은 벌써 정해두었다. 생 조르주역 근처의 이탈리아 식당 '라 파브리카 생 조르주'가 바로 그곳이다. 코로나 사태 이후 파리를 처음으로 찾았던 2023년 1월, 귀스타브 모로 미술관을 구경하고 나오다가 우연히 발견한 식당인데 그리 비싸지 않은 가격에 주요리와 음료, 디저트와 커피가 포함된 점심 세트 메뉴가 아주 맘에 들었던 기억이 있다. 식당에 도착해 자리가 있냐고 물은 뒤 2인용 테이블에 혼자 자리를 잡고 앉는다. 이번에도 지난번과 동일한 세트 메뉴를 시킨다. 주요리로 작은 귀처럼 속이 오목한 오레키에테 파스타를 선택해 레드와인 한 잔을 곁들여 먹고, 디저트로는 너무 달아서 평소에는 잘 먹지 않는 티라미수를 시켜 함께 주문한 에스프레소를 홀짝이며 천천히 먹는다. 삼삼오오 모여 앉은 손님들 사이에서 혼밥을 하고 있지만 뭐 어떤가. 역시 다시 오기를 잘했군. 마음속으로 감탄사를 날리며 마지막 한 조각 티라미수까지 입에 넣고 식당을 나온다.

자, 밥도 든든히 먹었겠다, 이젠 미술관 구경에 나설 차례다. 식당을 나와 지하철 12호선 생 조르주역 쪽으로 몇 걸음을 옮기다 길을 건너 라 브뤼에르가로 들어선다. 조금 걷다가 왼편으로 카트린 드 라 로슈푸코가를 따라가면 14번지에 귀스타브 모로 미술관이 모습을 드러낸다.

파리 안의 아테네, '누벨 아텐'

본격적으로 미술관을 둘러보기 전에 미술관이 자리한 동네에 대해 간략히 짚고 넘어가자. 1903년 개관한 귀스타브 모로 미술관은 명실상부 파리 최초의 개인 미술관으로 파리 북쪽의 '누벨 아텐Nouvelle Athènes' 지역에 속해있다. 프랑스어로 '새로운 아테네'라는 뜻을 가진 누벨 아텐은 오페라 가르니에와 몽마르트르 언덕 사이에 위치한 고급 주택가를 가리키는 말이다. 오늘을 사는 파리 주민들과 관광객들에게는 다소 생소하게 들릴지도 모르지만, 이 지역은 예로부터 '레 포르슈롱Les Porcherons'이라는 이름으로 불리던 파리의 외곽 마을로 과수원과 포도밭, 작은 집들이 있던 시골 동네였다. 이런 전원풍의 시골 마을이 오늘날 우리가 보는 모습처럼 고급 주택 지역으로 탈바꿈하게 된 것은 바로 프랑스 왕정복고기였던 1820년대의 일이다. 지도에서 보면 대략 오페라 가르니에 뒤편의 트리니테 데티엔 오르브역과 노트르담 드 로레트역을 밑변의 두 꼭짓점으로 하고 몽마르트르로 들어가는 입구 중 하나인 블랑슈역을 또 다른 꼭짓점으로 하는 직각삼각형 모양의 작은 땅에 해당한다.

1789년 대혁명이 발발한 후 프랑스에서는 부를 축적하고 새롭게 권력을 잡은 부르주아 계급이 교회와 귀족들이 차지하고 있던 땅을 사들이면서 부동산 투기 열풍이 일어난다. 그에 더해 1800년부터 1840년 사이 파리 인구의 급격한 증가로 주택 수요가 늘어나면서 파리 근교의 쓸 만한 땅들을 찾아다니는 투기꾼들의 발길도 덩달아 바빠진다. 그런 상황에서 파리로 통하는 주요 대로와 너무 멀지도, 그렇다고 지나치게 가깝지도 않은 이상적인 지리 조건을 갖춘 레 포르슈롱 마을은 고급 주택 단지를 공급하려던 부동산 업자들의 눈을 사로잡기에 충분했다.

당시 부동산으로 한몫 챙기려던 투자자들 가운데 센강의 재정 수령인이었던 오귀스탱 드 라페리에르Augustin de Lapeyrière라는 사람이 있었다. 그는 1820년부터 건축가 오귀스트 콩스탕탱Auguste Constantin과 힘을 합쳐 누벨 아텐 지역에 거주지를 건설하기 시작했고, 그로부터 10년 만에 새로운 주택 지구가 세상에 모습을 드러낸다. 당시 콩스탕탱이 건설한 투르-데-담 거리의 주택 단지를 보고, 「주르날 데 데바」의 기자 아돌프 뒤로 드 라 말Adolphe Dureau de La Malle이 1823년에 '누벨 아텐'이라는 별명을 붙인 데서 이 지역 전체의 이름이 유래했다. 실제로 건축가 콩스탕탱은 고대 문화에 정통한 사람이었고, 주택업자이자 예술 애호가였던 라페리에르는 루이 16세 치하의 신고전주의 스타일에 매료되어 있었다. 게다가 당시 다수의 예술가와 지식인들은 오스만 제국으로부터 독립 투쟁을 벌이고 있는 그리스를 지지하고 있었고, 그런 가운데 그리스 양식이 예술의 여러 분야에서 유행을 선도하고 있었다. 두 사람의 손에서 탄생한 누벨 아텐의 부르주아를 위한 고급 주택들이 내부의 현대적인 편리함과는 별개로 고대 그리스에서 영감을 받은 신고전주의와 신르네상스 형식의 웅장한 스타일의 외관을 자랑하고 있는 것은 바로 이런 이유에서다.

파리의 다른 지역에 비해 조성된 지 얼마 안 된 현대식의 주택 지구, 말하자면 신시가지였던 누벨 아텐 지역은 1853년부터 1870년까지, 즉 프랑스 제2제정기에 시행된 오스만 남작 주도의 파리 대개조 사업에서 비켜나 고대 그리스 양식을 떠올리게 하는 이 지역만의 특유한 매력을 그대로 유지할 수 있었다. 파리 중심부와 지척에 있으면서도 사적인 광장들이 존재하고 고요함이 보장되는 누벨 아텐은 금세 파리에서 인기 있는 주거 지역 중 하나가 된다. 특별히 오페라를 비롯해 많은 극장과 인접한 지리적 장점은 왕정복고 시대부터 탈마François-Joseph Talma와 같은 유명한 무대 위의 스타들이 이곳에 거처를 정하는 계기가 되었다.

어디 그뿐인가. 19세기 전반기는 프랑스에서 낭만주의 운동이 시작되어 꽃을 피운 시기다. 당대 문학, 회화, 음악 등에서 두각을 나타내던 낭만주의 운동의 위대한 인물들 역시 하나둘씩 이곳의 경사진 언덕 위에 자리를 잡기 시작하면서 누벨 아텐은 그야말로 19세기 프랑스 문학예술 공화국의 본거지가 된다. 택지 조성이 끝나고 주택들이 지어지기 시작하면서 알렉상드르 뒤마, 테오필 고티에, 빅토르 위고와 같은 작가들, 테오도르 제리코, 외젠 들라크루아, 외젠 이자베 등의 화가들을 비롯해 당대의 유명 여가수 폴린 비아르도, 오페라에서 활동하던 여성 무용수들이 이곳에 터를 잡았다. 이들 거주자 목록에 아돌프 티에르, 프랑수아 기조와 같은 정치인들, 당시 사교계를 풍미하던 화류계 여성들이 더해지면서, 파리의 이 새로운 지역은 지적이고 세속적인 동시에 불량함이 뒤섞인 흥미진진한 지역으로 변해 갔다. 한 마디로 누벨 아텐은 예술가와 정치가, 코르티잔으로 불리던 고급 매춘부들이 서로 만나고 교류하던 마을이었다. 친구 또는 이웃으로서 그들은 같은 살롱에서 시간을 보내고 같은 무도회에 초대받으며 같은 예술가에게 초상화를 그리게 하거나 실내 장식을 맡기곤 했다.

귀스타브 모로 미술관 방문차 이곳 누벨 아텐에 들렀다면, 미술관 방문 전후 잠시 시간을 내어 이곳에서 한 시대를 풍미했던 사람들의 흔적을 찾아보는 것은 어떨까. 예컨대 외젠 들라크루아를 애정하는 미술 애호가라면 바로 이전 장에서 방문했던 퓌르스탕베르의 주택, 즉 현재의 들라크루아 미술관 자리로 이사 가기 전 1844년부터 1857년까지 들라크루아가 살았던 노트르담 드 로레트가 58번지에 들러보면 좋을 것이다. 물론 들라크루아의 아틀리에는 보존되지 못했지만 1852년 출간된 판화를 통해 잘 정돈된 당시 아틀리에의 모습이 남아 있는 만큼 한때 그의 숨결이 머물렀던 장소 앞에 서면 남다른 감회에 젖을 수 있을지도 모른다. 그리고는 몇 걸음을 옮겨 같은 길 54번지에서 사랑의 역사에 불멸의 이름을 남긴 중세의 비극적 연인 아벨라르와 엘로이즈의 흉상을 새긴 원형 저부조가 있는 아름다운 건물의 정면 장식을 구경해보자. 잠시 시간을 거슬러 12세기 파리

노트르담 드 라 로레트 54번지 저부조

를 뒤흔들었던 신학자 가정 교사와 어린 제자의 이루어질 수 없는 사랑 이야기 속으로 들어가 보아도 좋겠다.

모로의 집, 미술관이 되다

귀스타브 모로 미술관 입구 좌측 벽면에는 프랑스어로 '저명인사들의 집'을 의미하는 '메종 데 일뤼스트르Maison des Illustres'라는 말이 적힌 붉은색 둥근 표지판이 붙어 있다. 이 표지판은 말 그대로 프랑스 정치, 사회, 문화 분야에서 두각을 나타낸 인물들의 기억을 보존하고 전승하기 위해 그들이 살았던 집이나 성, 작업실 등에 부여하는 프랑스 문화통신부의 인증 표시다. 인증의 취지가 그러하듯 귀스타브 모로 미술관은 화가 귀스타브 모로가 사망할 때까지 거주했던 생활 공간이자 그림을 그리던 아틀리에였다.

모로가 누벨 아텐의 카트린 드 라 로슈푸코가 14번지에 위치한 집에서 부모님과 함께 살기 시작한 것은 1852년 그의 나이 스물여섯의 일이었다. 모로의 아버지 루이는 건축가였고, 어머니 폴린은 음악가였다. 여덟 살부터 그림을 그리기 시작한 아들을 위해 최선의 지원을 아끼지 않았던 부모는 당대 모든 작가와 예술가들이 거주하길 바랐던 예술과 지식인의 거리에 아들의 이름으로 함께 살 집을 구입하고, 화가인 아들을 위해 4층에 작업실을 따로 마련해 주었다. 1898년 사망할 때까지 모로는 줄곧 이 집에서 살았고 정성을 다해 집을 가꿨다. 그

저명인사들의 집 표지판

런 점에서 보면 귀스타브 모로 미술관은 화가 스스로가 집 안 구석구석에 대해 아이디어를 내고 하나하나 직접 꾸며놓은 미술관으로, 미술관에 걸린 작품뿐만 아니라 건물의 내부 자체가 그의 손길을 거쳐 태어난 작품이라 해도 과언이 아닐 것이다.

실제로 모로는 젊은 나이부터 자신의 사후에 작품을 어떻게 보관할 것인지, 달리 말해 자기 작품의 운명이 어찌 될 것인지 고민했던 것으로 보인다. 1862년 그려진 크로키 하단에 아직 무명이었던 서른여섯 살의 화가는 다음과 같은 글을 적어놓는다. "1862년 12월 24일. 오늘 저녁 나는 나의 죽음과 내가 해놓은 보잘것없는 작업들과 내가 수고를 들여 모아 놓은 모든 작품의 운명을 생각한다. 따로따로 분리되면, 이것들은 사라질 것이다. 서로서로 모이면, 예술가로서 내가 어떤 사람이었는지, 내가 그 안에서 꿈꾸기를 좋아했던 환경은 어땠는지에 대해 조금이라도 아이디어를 줄 수 있지 않을까?"

이처럼 자신이 창조한 작품과 작품의 창작 공간을 따로 분리해서 생각하지 않았던 모로가 자신의 작품을 함께 모아 놓기 위해 선택한 곳은 바로 자신의 집이었다. 생애 말년 가까운 지인들이 하나둘씩 세상을 떠나고, 1890년 평생의 뮤즈이자 절친한 친구요 연인이었던 알렉상드린 뒤뢰Alexandrine Dureux마저 사망하자 모로는 구체적으로 미술관 건립 계획을 세우고 1895년 건축가 알베르 라퐁Albert Lafon에게 의뢰해 자신이 살던 집을 미술관으로 개조하기 위한 공사를 시작한다. 이 공사를 통해 2층의 가족 생활 공간은 벽마다 빼곡하게 사진이나 소품들이 걸려 있는 감성적인 박물관으로 바뀌었고, 북향으로 대형 통유리 창을 내서 최대한 넓게 공간을 사용할 수 있도록 설계된 3층과 4층은 웅장한 나선형 계단으로 연결되어 수백 점의 대형 작품들과 수천 점의 드로잉을 보관할 수 있는 전시장으로 변모한다.

2년 후인 1897년 9월 10일 자로 작성된 유언장에서 귀스타브 모로는 오랜 친구인 앙리 뤼프Henri Rupp에게 미술관 건립 계획 마무리를 부탁했고, 이듬해 4월 18일 모로가 사망하자 앙리 뤼프는 친구의 유언에 따라 작품을 배치한 후 모로의 집과 모든 유품을 국가에 기증할 뜻을 밝힌다. 유증은 1902년 승인되었고, 1903년 귀스타브 모로 미술관이 문을 열었다. 그리고 개관일부터 지금까지 120년이 넘는 오랜 시간 동안 미술관의 소장품은 화가의 유언장에 쓰인 다음과 같은 유지에 따라 변함없이 자기 자리를 지키고 있다. "나는 라 로슈푸코가 14번지의 주택과 회화, 데생, 밑그림 등을 포함해 50년간 내 작업의 결실들 전부, 그리고 예전에 내 부모님이 생활하셨던 거주 공간 안에 있는 모든 물건을 국가에 기증한다. 한 가지 명시적인 조건이 있다면, 그것은 예술가가 평생토록 노력한 결과물인 작업의 규모가 어느 정도인지를 확인할 수 있도록 전체적인 배치를 그대로 유지하면서 이 컬렉션을 영원히—그것은 나의 간절한 소망이 되리라—, 적어도 가능한 한 오랫동안 보존해 달라는 것이다." 서른여섯 살의 화가 모로가 사후 자기 작품의 운명을 걱정하며 떠올렸던 생각은 40년의 세월이 지난 후 이렇듯 온전히 작가의 뜻대로 꾸며진 파리 최초의 개인 미술관 개관으로 현실이 되었다.

1층 전시실에서 만난 〈나르시스〉

미술관 입구로 들어가 안내 데스크에서 8유로를 내고 표를 구입한다. 모로와 부모님이 거주했던 생활의 흔적이 배어 있는 2층의 공간으로 올라가기 전에 먼저 매표소 좌측으로 들어가 1층의 전시실을 둘러보기로 한다. 1층에 마련된 6개의 전시실은 18개월 동안 미술관 문을 닫고 공사를 진행해 2014년 재개관부터 관람객을 맞이하고 있다. 미술관 측은 당시 공사를 통해 1층에 있는 6개의 방을 모로가 남긴 미술관 전시 원칙에 충실한 방식으로 복원하는 한편, 지하에 작품 보관을 위한 수장고와 그래픽 아트 룸을 새롭게 만들었다.

A부터 F까지 알파벳 철자가 부여된 총 여섯 개의 방에는 대체로 크기가 작은 400여 점의 그림과 수백 점의 드로잉, 거장의 독특한 수채화 컬렉션이 전시되어 있는데, 이들 작품의 제작 시기는 제각각으로 다양한 작품이 혼합되어 전시 중이다. 예전에 식당으로 사용했던 벽난로가 있는 공간에 놓인 두 개의 찬장에는 모로가 이탈리아 체류 시 거장들의 작품을 모사한 677점의 데생이 보관되어 있다. 그 외에도 전시실의 벽마다 빽빽하게 걸린 작품들을 보고 있노라면 그 양에 혀를 내두르지 않을 수가 없다. 솔직히 말해서 아무리 훌륭한 화가의 그림이라도 이런 식으로 벽의 위아래, 양옆 할 것 없이 줄줄이 걸린 그림들을 하나씩 꼼꼼하게 쳐다보며 감상하기란 쉽지 않은, 사실상 거의 불가능한 일에 가깝다. 하지만 이렇게 많은 그림 사이에서도 언제나 유달리 눈에 띄는, 그래서 좀 더 시간을 두고 자세히 쳐다보고픈 작품들을 만나게 되는 법이니, 일단 이곳 전시실에 들어온 이상 인내심을 갖고 편안하게 작품들을 둘러보기를 권한다.

사람마다 다르겠지만 1층 전시실에서 유독 나의 눈길을 끈 작품은 수채화를 따로 모아둔 방에 걸린, 금박 액자에 보석처럼 장식된 작품번호 575번, 연도 미상의 수채화 〈나르시스〉다. 강의 신 케피소스와 님프 리리오페의 아들인 나르시스의 이야기는 오비디우스의

1층 전시실 풍경

『변신』 제3권에 등장한다. 리리오페가 나르시스가 오래 살 것인지를 묻자, 예언가 테이레시아스는 그가 스스로를 잘 모른다면 오래 살 것이라고 대답한다. 그런데 잘 알려진 것처럼 이 청년은 뛰어난 미모로 많은 이들의 사랑을 받았으나 이를 무시하고 모든 구애를 거절한다. 그에게 사랑에 빠진 여자 중에는 님프 에코도 있었다. 헤라 여신의 저주로 남이 한 말을 따라 할 수밖에 없는 에코는 나르시스를 사랑했지만 먼저 말을 할 수가 없었다. 마침 나르시스가 친구들과 헤어져 혼자 있을 때 에코는 '우리 여기서 만나자'라는 나르시스의 말을 따라 하고는 나와서 그의 목을 껴안았다. 나르시스는 그런 에코를 뿌

리치면서 모욕을 주었다. 수치심에 동굴로 들어간 에코는 시간이 가면서 점차 여위어 가다가 육신은 사라지고 목소리만 남았다. 나르시스가 계속해서 자신을 사랑하는 여인들을 멸시하자, 그들 중 하나였던 님프가 신에게 자신들이 당한 만큼 나르시스도 아프게 해달라고 기도한다. 기도를 들은 복수의 여신 네메시스는 그가 사랑은 하되 그 사랑을 즐길 수는 없도록 기이한 벌을 내리는 것으로 희생자의 소원을 들어준다. 그 벌은 다름 아닌 자기 자신을 사랑하게 되는 것이었다. 어느 날 샘물을 마시던 나르시스는 수면 위에 비친 자기 자신의 모습을 보고 사랑에 빠졌고, 그 열정은 죽어서 지하 세계로 내려가면서도 스틱스강에 비친 자신의 모습만을 찾을 정도로 치명적이었다.

이 아름답고도 처연한 나르시스 신화에서 영감을 받은 작품들 가운데 '토르숑torchon'지, 즉 표면이 꺼칠꺼칠한 수채화용 종이에 그려진 모로의 〈나르시스〉야말로 의심의 여지없이 가장 완성도가 높고 가장 매혹적인 작품 중 하나라고 말할 수 있다. 가로 0.61미터, 세로 0.53미터로 1층 전시실에 걸린 그림들 중에선 그래도 큰 편에 속하는 이 작품에서 나르시스는 벌거벗은 청회색 바위와 저무는 태양의 붉은빛으로 채색된 무성한 초목을 배경으로 왼손으로 머리를 받치고 상반신을 들어 올린 대각선의 자세로 비스듬히 누운 채 우리 눈앞에 등장한다. 1860년대부터 이미 남성과 여성을 굳이 구분하지 않고 양성적 신체를 묘사해 온 모로의 스타일에 부합하게 이 작품에서도 남성인지 여성인지 구분하기 어려울 만큼 젊고 섬세하며 아름다운 얼굴과 몸매를 지닌 나르시스는 여전히 도도하고 오만한 표정을 지으며 어딘가를 바라보

귀스타브 모로, 〈나르시스〉, 연도 미상

고 있다. 어쩌면 자기만의 꿈속에 빠져 있는지도 모르겠다.

모두의 사랑을 받았으나 오직 자신만을 사랑해서 비극을 맞이할 수밖에 없었던 미소년 나르시스, 모로는 그 눈부신 아름다움의 본질을 자신만의 스타일로 화폭에 옮겨 놓았다. 석양으로 붉게 물든 하늘 아래 모두가 숭배하는 나르시스의 육체는 마치 살아 움직이는 것처럼 생생하게 표현된 나뭇잎과 꽃들에 이미 붙잡혀있다. 하지만 깊은 관조 속에서 자신을 잊은 듯한 나르시스는 이에 아랑곳하지 않고 그저 신비로운 자연에 자신을 내맡기고 있다. 범신론적 시각을 가졌던 모로가 1897년 8월, 이 수채화와 이상적으로 공명하는 짧은 텍스트에서 "이제 태양이 지고 밤이 되면 이 아름다운 육체와 신비로운 자연은 함께 녹아들어 지고지순한 불꽃을 일으킬 것이다."라고 썼던 것처럼, 모로의 〈나르시스〉는 인간과 식물이 공생하는 자연에 대한 모로의 찬가라 불러도 무방할 것이다.

한 가지 덧붙이자면 2024년 현재 〈나르시스〉가 전시된 수채화 방은 주중에는 문을 닫고 주말 오후에만 관람객들에게 개방되고 있다. 이걸 몰랐던 탓에 나는 이번에 모로 미술관을 두 번 방문하게 되었다. 기대와 달리 이 작품을 보지 못하고 나오던 날, 타인의 연심을 모두 거부하고 오로지 자신만을 사랑했던 나르시스라 콧대가 세서 그런지 얼굴 보기가 쉽지 않구나. 그럼 안 보고 말지 뭐, 하는 괜한 반항심이 들기도 했지만, 아련하면서도 매혹적인 나르시스의 모습이 자꾸만 눈에 밟혀 바쁜 일정에도 불구하고 주말에 재방문을 할 수밖에 없었다. 지난번의 뾰족했던 마음은 온데간데없이 완전 무장 해제 상태에서 넋 놓고 그림을 바라본다. 그림 속에서 거봐, 내가 그럴 줄 알았어, 라고 말하는 나르시스의 도도한 음성이 들리는 듯하다. 그러게, 어쩌겠는가. 그것이 사랑인 것을.

짧지만 강렬했던 우정의 상대, 샤세리오와 드가

그림들을 둘러 보고 1층 전시실을 나와 계단을 통해 2층으로 올라간다. 2층은 모로가 살아생전 부모와 함께, 그리고 부모 사후에는 혼자서 생활했던 흔적이 남아있는 사적인 공간이다. 저택이 미술관으로 완전히 탈바꿈하기 전에 이미 모로는 자기 집의 2층 공간에 '작은 미술관'을 만들 생각을 했다고 한다. 1895년 3층과 4층에 거대한 아틀리에를 만드는 공사를 했을 때, 모로는 예전 어머니가 사용하던 살롱을 포함해 아파트의 일부를 리모델링했다. 그 결과로 오늘날 우리가 방문하는 미술관 2층은 복도와 식당, 모로의 침실로 바뀐 모친의 살롱, 알렉상드린 뒤뢰를 추억하는 내실로 바뀐 모로의 침실과 응접실로 구성되어 있다.

귀스타브 모로는 1826년 4월 6일 파리의 교양 있는 중산층 가정에서 태어났다. 1836년 콜레주 롤랭에 입학해 기숙학생으로 있던 모

모로의 침실

로는 연년생이었던 여동생 카미유가 13살 때 사망한 것을 계기로 학교에서 나와 부모님의 보호를 받으며 자랐다. 딸을 잃은 부모가 어릴 때부터 병약했던 아들마저 잃을까 겁이 났던 것일까. 어쨌든 아버지는 아들이 지닌 그림의 재능을 키우기를 바라면서도 인문학 교육을 소홀히 하지 않았고, 책이 빼곡하게 꽂힌 2층 응접실 서가에서 그 흔적을 살펴볼 수 있듯 어린 모로는 아버지의 서재에서 많은 책을 읽고 그리스어와 라틴어를 배웠다.

1841년 그의 나이 15세 때 어머니와 함께 이탈리아 북부로 여행을 떠난 모로는 미술관과 갤러리를 방문하면서 엄청난 감명을 받았고 화가로서 성공을 꿈꾸며 데생 작업을 행한다. 파리로 돌아온 후에는 신고전주의 화가이자 당대 파리의 교회들과 공공건물의 장식가였던 프랑수아 에두아르 피코François-Édouard Picot의 화실에서 수학하며 에콜 데 보자르 진학을 준비한다. 1846년 바라던 대로 에콜 데 보자르에 입학한 모로는 1848년과 1849년 연달아 프랑스에서 예술을 전공하는 학생들의 로망이자 목표였던 명망 있는 로마 대상에 도전하지만 두 차례 모두 입상에 실패하고, 크게 낙담한 나머지 학교를 그만두고 루브르 미술관에서 걸작들을 모사하며 시간을 보낸다.

그런 그에게 두 명의 동시대 화가가 큰 영향을 미쳤으니 외젠 들라크루아와 테오도르 샤세리오Théodore Chassériau가 바로 그들이다. 특히 신고전주의의 대가 앵그르Jean-Auguste-Dominique Ingres의 화실에서 수학했고, 이후 낭만주의의 거장 들라크루아의 가르침을 받으며 낭만주의에 경도된 샤세리오는 신고전주의의 요소와 낭만주의 미학을 결합한 독창적인 그림으로 명성을 쌓아가고 있었다. 모로는 샤세리오의 작품에 깊은 영향을 받아 피갈 광장 근처의 프로쇼 거리에 있던 그의 스튜디오 근처에 작업실을 마련하고 우정에 기반한 교류를 이어 나간다. 그런데 모로의 절친한 친구이자 멘토였던 샤세리오가 1856년 37세의 젊은 나이로 세상을 떠나는 일이 일어난다. 충격으로 상심에 빠진 모로는 이를 달래고자 이듬해 이탈리아 여행길에 오른다.

이탈리아 체류 동안 로마에서 피렌체, 밀라노, 베니스를 거치며 르네상스와 마니에리즘 시기의 작품들을 연구하던 모로는 1858년 초 로마에서 스물네 살의 젊은 화가 에드가 드가를 만난다. 드가에게서 샤세리오의 빈자리를 채워 줄 친구의 모습을 발견했던 것일까. 두 사람은 우정을 쌓으며 이탈리아를 함께 여행하고, 서로 상대의 초상화를 그려줄 정도로 가까운 사이가 된다. 모로는 이탈리아에 머무르는 동안 드가의 초상화를 세 점 남겼고, 드가는 이탈리아에서 돌아온 후 당시 자신이 스승으로 여겼던 모로의 초상화를 그린다. 미술관 2층 모로의 침실에 걸려 있는 모로의 초상화 두 점 가운데 하나가 바로 드가의 작품이다. 이 작품에서 19세기 부르주아의 전형적인 복장을 한 모로는 중절모와 장갑을 바닥에 내려놓고 왼쪽 주먹을 불끈 쥔 채 결연한 의지를 표현하는 제스처를 취하며 의자에 무심하게 앉아 있는 멋쟁이로 묘사되고 있다.

아쉽게도 개인적 기질도 예술적 성향도 서로 달랐던 두 사람의 관계는 세월이 흐르면서 점차 소원해졌지만, 두 사람이 완전히 절연했던 것은 아닌 모양이다. 1898년 4월 18일 드가는 모로의 장례식에

에드가 드가, 〈귀스타브 모로의 초상〉, 1868

참석해서 젊은 시절의 스승이자 친구였던 고인에게 마지막 예를 갖춘다. 모로가 애착을 가졌던 가구들을 한데 모아놓고, 가족의 추억들을 기리던 이곳 침실 벽에 걸린 많은 작품 중에서 드가의 〈귀스타브 모로의 초상〉을 찾아보는 일은 색다른 관람의 즐거움이 될 것이다. 너무 작아서 눈에 잘 띄지 않는 드가의 초상화를 찾았다면, 빙고! 그렇다면, 이제 그림을 천천히 바라보며 두 화가가 나누었던 짧았지만 강렬한 우정을 생각해 보기 바란다.

"가장 좋은, 유일한 친구" 알렉상드린 뒤뢰

모로의 침실에서 연결된 문을 통해 자그마한 내실로 들어선다. 이곳은 리모델링 전에 모로의 침실로 사용되던 곳이다. 조금 전 구경했던 침실의 가구가 부모님에게 속한 것이라면, 1895년 리모델링을 통해 탄생한 이곳 내실의 가구는 알렉상드린 뒤뢰의 것이었다. 그뿐 아니라 방에 걸린 〈선한 사마리아인〉이나 〈파지파에〉 같은 모로의 작품들 역시 그녀의 유품이었다. 모로는 죽기 전까지 이 방을 장식하고 가구와 그림들을 배치하는 데 마지막 힘을 다했다고 전해진다. 그렇다면 생전에 모로의 그림을 여러 점 소장했고, 사후에는 모로의 아파트 가장 내밀한 곳에서 존재감을 드러내고 있는 알렉상드린 뒤뢰라는 여인은 누구인가?

모로는 평생 결혼하지 않고 독신으로 살았다. 그의 사생활과 연애사에 관해서는 알려진 게 거의 없다. 과거에 많은 전기 작가들은 그가 평생 혼자 살았고, 여성에 대한 언급을 어디서도 한 적이 없으며, 무엇보다 그의 그림 속 남성 주인공들이 여성화되어 있고 남녀 양성적 모습을 띤다는 이유로 그가 동성애자였을 것이라 추정하곤 했다.

하지만 최근 연구에 따르면 모로는 이 내실의 주인공인 알렉상드린 뒤뢰와 30년 이상 사랑과 우정 사이를 넘나드는 관계를 유지했다고 한다. 이탈리아 여행 직후 당시 스물네 살이던 알렉상드린 뒤뢰를 만난 모로는 그녀를 모델로 삼아 수많은 드로잉과 수채화를 남겼고, 이들 작품 중에는 심지어 두 사람이 구름 위를 걸어가는 장면

알렉상드린 뒤뢰의 사진

을 묘사한 낭만적인 그림도 있다. 또한 뒤뢰가 모로의 집에서 몇 블록 떨어진 노트르담 드 로레트가에 아파트를 구입할 때 부족한 자금을 대주기도 했다. 모로의 어머니는 둘의 관계를 알고 있었고 아들의 "가장 좋은, 유일한 친구"였던 그녀를 좋아했다. 자기 아들이 먼저 죽으면 알렉상드린에게 연금을 주겠다고 할 정도로 말이다.

뒤뢰는 1890년 모로보다 먼저 세상을 떠났다. 내실의 한쪽 벽에 걸려 있는 뒤뢰의 은판 사진 초상을 가만히 들여다본다. 사랑과 우정 사이 어디쯤엔가 자리했던 그녀의 존재를 자기 마음속에만 간직하고 싶었던 걸까. 모로는 그녀 사후 둘 사이에 주고받은 편지들을 불태웠다. 그리고 그녀를 기억하기 위해 〈에우리디케 무덤의 오르페우스〉

를 그렸다. 잠시 후 올라갈 모로 미술관 4층에 걸린 이 그림이 묘사하고 있는, 연인의 무덤에 선 오르페우스의 슬픔과 탄식이 오랜 친구이자 연인을 떠나보낸 노화가의 슬픔과 그리움으로 보이는 것은 나만의 착각일까.

은둔자 모로의 인간적 면모

말년의 모로는 알렉상드린을 비롯한 몇몇 가까운 친구들과 친교를 유지했지만 대체로 사람들을 많이 만나지 않고 칩거에 가까운 생활을 한 것으로 알려져 있다. '세상을 등진 은둔자'라는 모로의 이미지는 1884년 출간된 조리스 카를 위스망스Joris-Karl Huysmans의 소설 『거꾸로』를 통해 널리 퍼지게 되었다. 하지만 1872년 후일 그의 수집가가 될 오노레 르펠-쿠앵테Honoré Lepel-Cointet가 모로에게 보낸 편지에서 이미 그러한 성향이 확인된다. "선생님, 저는 선생님께서 이 세상의 소음으로부터 멀리 떨어진 곳에서 얼마나 조용하게 살고 계시는지 잘 알고 있습니다. 따라서 오랫동안 선생님의 작품을 소장하고 싶다는 강한 열망에도 불구하고, 우리 두 사람의 공통의 친구인 프로망탱 씨 덕분에 선생님과 연락을 취할 수 있게 되지 않았다면 결코 선생님을 귀찮게 하지는 않았을 겁니다."

1870년대부터 모로의 그림이 그림 애호가들 사이에서 높은 가격으로 거래되고 작가의 작품을 한 점이라도 더 소장하고자 경쟁이 격화되었지만 정작 화가는 자기 그림의 판매를 꺼리고 권위 있는 기관의 전시 제안을 거부하기도 했다. 날이 갈수록 높아진 명성 덕분에 1888년 보자르 아카데미 회원으로 선출되었지만 교수직은 고사하기도 했다.

그런데 1890년 알렉상드린을 잃고, 이듬해인 1891년 친구 쥘 엘리 들로네Jules-Élie Delaunay마저 사망하자 모로는 그를 대신해 보자르에서 강의를 시작하기로 한다. 놀랍게도 환갑을 훨씬 넘어 강의를 시작한 모로는 교수로서 탁월한 재능을 보였다. 자유로운 수업 방식과 자상한 배려로 학생들의 신망도 얻었다. 모로의 제자 중 대표적 인물로는 앙리 마티스와 조르주 루오Georges Rouault, 알베르 마르케Albert Marquet, 앙리 망갱Henri Manguin 등이 있는데, 노스승은 일요일이면 이들과 함께 동료 예술가들을 자기 집에 불러 시간을 가졌다고 전해진다. 스승과 제자가 내가 지금 서 있는 이곳 서재 겸 응접실에 모여 서로 살아가는 이야기를 묻고, 삶과 예술과 시대의 상황에 대해 의견을 교환하며 담소를 나누었다고 생각하니 마음 한구석에서 따스한 온기가 느껴진다. 제자들에게 베풀었던 나이 든 스승의 배려와 관심이라는 구체적인 사실 앞에서 모로의 삶에 따라다니는 '비사교적인 은둔자'라는 평가는 어쩌면 그저 추상적인 이미지일 뿐임을 깨닫는다.

서재 겸 응접실을 나와 마지막으로 식당으로 들어간다. 식당에는 가족이 이 집으로 이사 오던 해 구입한 알렉상드르 푸르디누아Alexandre-Georges Fourdinois의 루이 16세 스타일 의자가 벽 아래쪽을 장식하고 있는 연두색 조각 장식 판넬과 조화를 이루고 있다. 벽면에는 오래전 판매된 모로의 작품을 재현한 사진들과 다른 예술가들의 판화가 걸려 있다. 여기서 특별히 눈길을 끄는 것은 한쪽 벽 가운데를 장식한

화려한 식기 거치대가 돋보이는 식당

식기대에 놓인 호화롭고 사치스러운 도자기들이다. 프랑스 왕정복고 시대 말기 혹은 제2제정시대에 유행하던 도자기 컬렉션은 아마도 화가의 아버지 루이 모로가 수집한 것일 테지만, 파란색과 녹색 유약으로 장식된 그릇들의 색채와 접시에 재현된 역사적 주제는 필경 모로의 작품 세계와 무관하지 않은 듯하다.

모로와 상징주의

2층의 공간을 나와 3층으로 올라간다. 북쪽으로 난 통창 유리로 환한 햇살이 목재로 마감한 전시실 바닥으로 쏟아져 들어온다. 이 공간은 거대한 화폭의 그림들을 걸기 위해 층고가 높게 설계되었다. 아틀리에의 한가운데는 때에 따라 열리는 특별 전시를 위한 공간이 마련되기도 하지만 평상시에는 시야를 가로막는 것 없이 탁 트여 있다. 예컨대 2023년 11월 15일부터 2024년 2월 12일까지는 '귀스타브 모로, 중세의 재발견'이라는 주제로 기획 전시가 열렸다. 커다란 창을 제외한 사면의 다홍색 벽에는 그 크기가 좌중을 압도하는 거대한 작품들이 빼곡하게 들어차 있다. 모로는 자기 작품에 일련번호를 매겨 치밀하게 관리하기로 유명한데, 쉽게 관람객의 눈에 띄는 대형 그림들이 아닌 소품이나 드로잉의 경우는 그림 진열장에 보관되어 책처럼 꺼내 볼 수 있게 가지런히 정리되어 있다. 정말이지 그리 넓지 않은 공간에 아주 많은 작품을 보관할 수 있는 최상의 비결이 아닐 수 없다.

그런데 3층의 전시 공간에서 모로의 그림들만큼이나 눈에 띄는 것이 있으니 그것은 바로 3층에 오르자마자 눈앞에 짠, 하고 나타나는 나선형 계단이다. 마치 현대 미술 작품을 방불케 하는 우아하고 아름다운 계단은 회오리 모양으로 감겨 있어서 오르고 내릴 때 약간 현기증이 나기도 하지만, 그 존재만으로 이 전시 공간을 아주 특별하게 만들어 준다.

천천히 계단을 올라 4층 아틀리에로 올라서면 아래층만큼이나

3층 전시 공간과 나선형 계단

높은 층고에 그만큼 많은 수의 작품이 걸려 있어 관람객의 기대를 저버리지 않는다. 1895년 리모델링 전, 4층 공간은 실제로 모로가 그림 작업을 하던 개인 아틀리에였다. 그의 뜻에 따라 화가의 걸작들을 만날 수 있는 이상적인 아틀리에이자 전시 공간으로 탈바꿈된 4층 전시실은 3층과 달리 공간이 두 개로 분할되어 있는데 첫 번째 공간은 레오폴드 골드슈미트Léopold Goldschmidt를 위해 작업한 모로의 유작 〈제우스와 세멜레〉가 지배하고, 두 번째 공간에는 〈프로메테우스〉와 더불어 〈유니콘〉, 그리고 명실상부한 모로의 대표작 〈춤추는 살로메〉와 〈환영〉

이 걸려 있다. 이곳에는 생전 화가의 모습을 짐작할 수 있는 두 점의 초상화가 걸려 있다. 또한 여기서 모로의 수채화 263점과 몇몇 파스텔 및 담채화 작품이 보관된 4면으로 개방된 회전식 캐비닛을 보게 되는 관객은 또 한 번 모로의 세밀한 작품 관리에 놀라게 된다.

3층과 4층 아틀리에에 걸린 모로의 대표작들을 감상하기 전에 잠깐 모로의 이름과 떼려야 뗄 수 없는 '상징주의'에 대해 간단히 살펴보기로 하자. 상징주의는 19세기 후반 프랑스에서 발전한 문예사조로 1886년 시인 장 모레아스Jean Moréas가 「피가로」지에 '상징주의 선언문'을 발표하면서 그 요체를 갖추게 되었다. 상징주의 시는 한 마디로 '관념에 감각적 형태를 입히는 작업'으로, 달리 말하면 가시적 이미지를 통해 비가시적 관념을 표현하는 것이다. 이처럼 상징주의 운동은 주로 문학, 특히 시와 관련되어 전개된 것이지만, 장 모레아스가 모로를 상징주의 예술가의 간판으로 내세우면서 모로의 이름은 이 운동과 불가분의 관계를 맺게 되었다.

상징주의 회화는 시를 중심으로 하는 상징주의 문학의 움직임과 마찬가지로 1880년대를 전후해 등장했다. 사실주의에 뒤이은 인상주의 화가들이 시시각각 달라지는 빛의 움직임을 반영하면서 겉으로 보이는 표현 기법의 변화를 시도했다면, 상징주의는 소재나 주제 면에서 변화를 시도했다. 즉, 가시적인 현실 세계가 아니라 죽음, 성, 환상, 꿈과 무의식, 불안과 공포 등 비가시적 세계를 상징적으로 표현하고, 현실적인 주제보다는 신화적이고 신비한 주제를 도입하여 상상의 세계를 그려 냈다.

오르세 미술관에서 만나볼 수 있는 피에르 퓌비 드 샤반Pierre Puvis de Chavannes이나 오딜롱 르동Odilon Redon 같은 상징주의 화가들의 몽환적이고 환상적인 작품들을 보고 있노라면, 당대 상징주의 화가들이 각자 다른 스타일로 그림을 그렸지만 공통적으로 '이 세상이 아닌 그 어딘가'의 분위기를 표현하고 있음을 알 수 있다. 모로가 자신의 작품 세계를 설명하면서 "나는 만질 수 있는 것이나 볼 수 있는 것을 믿지 않는다. 내가 믿는 것은 오로지 내가 보지 않는 것, 느끼는 것뿐이다."라고 말했던 것을 상기한다면, 말 그대로 상징주의 시대가 도래하기도 전에 이미 눈으로 볼 수 없는 세계, 특히 성서와 신화를 주제로 상징적이면서 환상적이고 탐미적인 표현 세계를 구축해 온 그가 상징주의를 대표하는 화가로 지목되고, 후일 표현주의, 초현실주의 운동에도 영감을 주게 된 것은 어쩌면 당연한 일이었는지도 모른다.

인간의 편에 섰던 신 〈프로메테우스〉

이탈리아에서 돌아온 모로는 1864년 살롱전에 〈오이디푸스와 스핑크스〉라는 제목의 작품을 출품한다. 오늘날 뉴욕 메트로폴리탄 미술관이 소장하고 있는 이 작품 덕분에 모로는 들라크루아와 앵그르 영향권 내에 있던 그저 그런 화가에서 일약 대중과 평단의 관심을 끄는 작가로 발돋움하게 되고, 이후 계속해서 성서와 신화 속 이야기를 주제로 독창적인 그림을 그리게 된다. 모로 미술관 4층에 걸려 있는 〈프로메테우스〉

는 자신만의 새로운 길을 개척하기 시작한 모로가 1869년 살롱전에 출품한 두 작품 중 하나로, 같은 해 쌍으로 출품된 〈에우로페의 납치〉가 부드러운 색채와 질감에 동화적인 구성을 지닌 것과는 달리 전반적으로 톤이 어둡고 남성적인 느낌을 풍긴다.

그리스 신화에 등장하는 티탄족의 신 프로메테우스는 무엇보다 제우스를 속이고 인간에 불을 전해준 일화로 잘 알려져 있다. 분노한 제우스는 인간을 벌하기 위해 프로메테우스의 동생 에피메테우스에게 판도라를 내려보내고 판도라의 상자가 열리면서 인류에게 재앙이 찾아오게 된다. 그런데 제우스에 대한 프로메테우스의 반항은 그걸로 끝이 아니었다. 예지력을 갖춘 프로메테우스에게 제우스가 자신의 미래를 물었을 때 그는 대답하기를 거부한다. 이에 화가 끝까지 치민 제우스는 그를 코카서스 산 바위에 쇠사슬로 꽁꽁 묶어 놓고 낮에는 독수리에게 간을 쪼이고, 밤이면 다시 간이 자라나게 해 끝이 나지 않는 고통을 겪도록 만들었다.

신들의 왕인 제우스의 뜻을 거스르고 인간의 편에 섰던 신 프로메테우스. 그림 중앙에 팔다리가 묶인 채로 프로메테우스가 앉아 있다. 왼편에는 수직으로 꺾인 검은 절벽과 신이 묶여 있는 기둥이 마치 영겁의 형벌처럼 버티고 있고, 오른편에는 보랏빛과 잿빛이 뒤섞인 하늘 아래 가파르고 험준한 바위가 내다보인다. 배경은 어둡고 암울하지만, 프로메테우스 주위로는 환한 빛의 기운이 감돈다. 신의 머리 위에는 인간에게 불을 주었다는 표지로 작은 불꽃이 떠 있다. 제우스가 보낸 맹금이 옆구리의 살을 파먹고 있는데도 신은 아랑곳하지 않고 그저 먼 곳을 바라볼 뿐이다. 온몸의 근육이 도드라질 정도로 신은 긴장해있다. 그런데도 눈을 부릅뜨고 꼿꼿하게 앉은 그의 자세에서 절대 고통 따위에 굴복하지 않겠다는 결연한 의지가 보인다. 그야말로 약간의 흔들림도, 한 치의 흐트러짐도 없다. 모로의 그림 속 프로메테우스는 미술사가 정연복의 표현처럼 온몸으로 “어둠을 뚫는 불굴의 의지”를 보여주며 운명 앞에 당당히 맞서고 있다.

이토록 의연한 신 프로메테우스에 비하면 제우스의 뜻을 받들어 날아온 독수리는 그야말로 볼품없이 무력하고 초라해 보인다. 신을 벌하기는커녕 오히려 신의 눈치를 살피고, 신에게 굴복한 것처럼 느껴진다. 실제로 프로메테우스는 왼발로 독수리의 깃털을 밟고 있고, 그 아래로 이미 죽은 독수리 하나가 몸을 축 늘어뜨리고 있다. 모로의 프로메테우스는 신의 형벌을 받은 자가 아니라, 희생을 무릅쓰고 인간의 편에 서서 투쟁한 혁명가이자 투사에 가깝다.

1869년 살롱전에서 비평가들에게 혹평을 받은 이 작품에 대해 테오필 고티에Théophile Gautier는 이런 글을 남겼다. “귀스타브 모로씨는 자신의 프로메테우스에게 아이스퀼로스의 비극 『결박당한 프로메테우스』의 주인공처럼 거대한 크기를 부여하지 않았다. 그는 티탄 족 거인이 아니다. 일부 교회의 교부들에 따르면 프로메테우스는 그리스도를 예고하는 이교도적 인물이자 예언자였다. 이에 따라 화가는 이 인물에게 그리스도와 유사성을 부여하고 싶었던 모양이다. 실제로 그 역시 그리스도처럼 인류의 죄를 대속하기를 원했고, 그들을 위해 고난을 겪지 않았는가.” 고티에의 말을 떠올리며 모로의 프로메테

귀스타브 모로, 〈프로메테우스〉, 1895

우스를 다시 바라본다. 그렇구나. 그림 속 신의 머리 위에 놓인 작은 불꽃, 뒤로 넘겨진 긴 머리, 수염과 결연한 표정이 중세에 많이 그려졌던 승리의 도상으로서 예수의 이미지와 닮아 있었다.

모로가 그린 살로메

모로의 대표작이 무엇이냐고 묻는다면 아마도 많은 이들이 그림 제목은 정확히 몰라도 살로메를 그린 그림이라고 답할 것이다. 살로메는 신약성서 마태복음 14장이 전하는 세례자 요한의 죽음 이야기에 등장하는 헤롯왕의 의붓딸을 지칭하는 이름이다. 성서에는 '헤로디아의 딸' 혹은 '여자아이'로만 기록되어 있을 뿐 직접 이름이 나오지는 않는다.

아무튼 성서에 따르면, 헤로디아의 딸 살로메는 의붓아버지 헤롯왕의 생일을 맞아 그 앞에서 춤을 선보이고, 크게 기뻐한 왕이 무엇이든 원하는 바를 들어주겠다고 얘기하자 두 모녀가 미리 상의한 대로 세례자 요한의 목을 달라고 청한다. 당시 세례자 요한은 감옥에 갇혀 있었다. 살로메의 어머니 헤로디아는 원래 헤롯왕의 이복동생 빌립의 아내였는데 헤롯이 그녀를 자신의 아내로 삼자 세례자 요한이 그 부당함에 대해 왕에게 직언을 했던 것이다. 헤롯은 요한을 감옥에 가두기는 했지만 그를 죽이지는 못했다. 사람들이 선지자로 여기며 믿고 따르던 요한을 죽일 경우 민중의 봉기가 일어날까 두렵기도 했고, 강직하며 옳은 말을 하는 그를 미워하면서도 존경하는 마음 역시 없지 않았기 때문이다. 그런데 살로메가 그의 목을 달라고 요구한 것이다. 세례자 요한의 처형을 명할 수도, 왕으로서 공개적으로 행한 약속을 어길 수도 없는 헤롯은 그야말로 곤란한 처지에 빠졌다. 하지만 사람들 앞에서 거짓말쟁이가 된다면 왕의 권위를 스스로 떨어뜨리는 행동이 될 것이기에 헤롯은 고민 끝에 세례자 요한의 목을 칠 것을 명한다.

헤롯왕과 헤로디아, 그녀의 딸 살로메와 세례자 요한의 처형 이야기는 이후 많은 예술가에게 영감을 주었다. 살로메를 작품의 제목으로 삼은 오스카 와일드Oscar wilde의 희곡과 리하르트 슈트라우스Richard Strauss의 오페라를 비롯해 이 가족의 이야기를 소재로 한 마스네Jules Massenet의 오페라 〈헤로디아드〉, 귀스타브 플로베르Gustave Flaubert의 단편소설 『헤로디아』는 물론이고 예로부터 여러 화가가 상상력을 동원해 이 장면을 화폭에 옮겨 왔다. 귀스타브 모로도 예외가 아니다. 모로는 헤롯왕과 헤로디아, 그리고 세례자 요한이 주인공으로 등장하는 성서 속 이야기에서 많은 예술가가 그러했듯 유독 살로메에게 매력을 느꼈다. 아직 어리지만 어머니만큼이나 아름다웠을 외모, 궁중에 모인 사람들 앞에서 왕의 마음을 얻기 위해 췄을 매혹적인 춤, 어린 소녀의 입에서 나온 아무도 예상치 못했을 충격적인 요구, 순수함과 관능성을 동시에 드러내면서 이른바 팜므파탈의 치명적 매력을 발산하는 살로메는 모로에게 탐나는 뮤즈가 아닐 수 없었다.

1689년 〈에우로페의 납치〉와 〈프로메테우스〉를 출품한 살롱전에서 거둔 반쪽짜리 성공 이후 모로는 절치부심한 끝에 1876년 살로메를 주인공으로 하는 두 편의 그림, 〈헤롯 앞에서 춤추는 살로메〉와 〈환영〉을 살롱전에 선보이며 자신의 재능을 만천하에 떨쳐 보인다. 모든 시선이 그를 향했고, 그를 지지하든 반대하든 누구도 더는 모로의 작품에 무관심할 수 없었다. 당대 에두아르 마네의 열렬한 지지자이자 자연주의 문학의 선봉장이었던 에밀 졸라Émile Zola가 보기에 귀스타브 모로의 예술은 현대를 선도하는 자연주의에 대한 반작용이었다. 자연주의 소설 대가의 비판은 분명했다. 즉, 모로의 그림은 정작 중요한 것은 다루지 않고 별것 아닌 부속품, 즉 부차적인 것에 지나치게 몰입하는 일종의 수수께끼 같은 것이라는 게 비판의 요지였다.

반면에 다른 사람들은 종교화에서 주제를 가져와 화가의 오리엔탈리즘을 특징짓는 몽환적인 분위기를 절정에 올려놓은 이 두 작품에 그야말로 매료되었다. 두 작품 중 어두운 배경 뒤쪽 중앙에 유령처럼 앉은 헤롯왕 앞에서 가장 좋은 옷과 장신구로 치장한 채 오른손에 순결의 상징인 연꽃을 들고 춤을 추는 살로메의 모습을 담은 〈헤롯 앞에서 춤추는 살로메〉는 현재 미국 LA 해머 박물관에 소장되어 있고, 시간상으로 볼 때 그 이후 일어난 사건, 즉 살로메의 요구에 따라 세례자 요한의 목이 달아난 사건을 그린 또 다른 작품 〈환영〉은 오르세 미술관 소장품으로 루브르 박물관 그래픽 예술부에 보존되어 있다.

아니, 그렇다면 우리가 방문한 귀스타브 모로 미술관에서는 그 유명한 모로의 살로메를 볼 수 없다는 말인가? 그럴 리가 있겠는가. 모로는 1876년 살롱전 출품 이후로 살로메를 주제로 한 연작을 그렸고, 그의 상상력과 화려한 붓질을 통해 〈춤추는 살로메〉, 〈감옥에 있는 살로메〉, 〈요한의 머리를 쟁반에 받쳐 들고 있는 살로메〉 등 여러 편의 작품을 세상에 남겼다. 귀스타브 모로 미술관 4층에서는 그중에서도 '문신을 한 살로메'라는 별명을 가진 〈춤추는 살로메〉에 담긴 가장 관능적이고 신비로운 살로메의 모습을 만날 수 있다.

음산하고 어두운 적갈색 배경에서 헤롯을 비롯한 모든 인물이 몸도 얼굴도 배경과 구분이 안 될 정도로 흐릿하게 그려진 가운데 오로지 흰 살결에 아름다운 몸매를 지닌 살로메의 나신만이 환하게 빛을 받고 있다. 앞서 1876년 살롱전에 출품되었던 작품에서는 살로메가 아름답게 옷을 차려입고 헤롯 앞에 나와 춤을 추기 시작한 모습을 묘사했다면, 이곳 미술관에 걸린 그림 속의 살로메는 왕을 유혹하듯 춤을 추면서 입고 있던 옷을 한 겹씩 벗으며 은밀한 속살을 조금씩 내보이는 관능적인 여인으로 그려진다. 거의 알몸과 다름없는 상태의 살로메가 살짝 몸에 둘러 팔에 걸치고 있는 것은 그 유명한 일곱 겹의 투명한 베일이다. 마치 문신처럼 보석과 장식, 꽃을 표현하는 화려한 문양이 새겨진 투명하고도 얇은 베일은 그녀의 몸을 가리기보다는 요염함과 관능미를 극대화하는 장치다. 의붓딸 살로메의 농염한 자태에 헤롯왕은 아마도 혼이 쏙 빠졌을 테고, 넋이 나간 상태에서 '무슨 소원이든 들어주겠다'는 위험한 약속을 했을지도 모르겠다.

1876년 살롱전에 〈헤롯 앞에서 춤추는 살로메〉와 함께 출품된 〈환영〉은 바로 살로메의 춤의 대가로 집행된 세례자 요한의 참수 이후를 다룬 그림이다. 모로 미술관 4층에 걸린 이 그림 앞에 선다. 이 그림은 2022년 12월 9일부터 2023년 4월 10일까지 독일 함부르크 쿤스

귀스타브 모로, 〈춤추는 살로메〉, 1871

트할레에서 열린 팜므파탈에 관한 전시회에 출품되었다가 전시회 종료 후 다시 이곳 미술관으로 돌아왔다. 작년 1월 파리에 와서 이 작품을 보지 못했던 게 내내 아쉬웠는데 올해 다시 찾은 미술관 4층 두 번째 방에서, 마치 오랜만에 돌아와 특별히 주목을 받을 만한 자격이 있다는 듯 다른 그림들과 달리 한쪽에 홀로 당당히 자리를 잡고 있는 모습을 보니 반가움이 밀려온다.

우리가 이곳 미술관에서 만나는 〈환영〉은 모로가 1876년 살롱전에 출품되었던 같은 제목의 유명한 수채화의 도상을 바탕으로 다시 제작한 것으로 유명하다. 세상에서 유일한 자기만의 미술관에서 자기 작품 전부를 전시하길 바랐던 모로는 팔린 그림을 다시 사들이거나 자기 손을 떠난 작품들의 도상을 구해 다시 그리곤 했는데, 〈환영〉 역시 그런 작품 중 하나였다. 그림의 왼편으로 연회를 위해 알몸이 드러나는 관능적인 드레스를 걸친 살로메가 서 있고, 그녀의 뒤쪽으로 고개를 숙이고 생각에 잠긴 채 왕좌에 앉아 있는 헤롯 옆에 붉은 망토를 두른 헤로디아가 흐릿하게 그려져 있다. 오른편에는 필시 세례자 요한의 머리를 가져왔을 냉담한 사형 집행인이 붉은 옷을 입고 칼을 든 채 서 있다. 헤롯과 헤로디아처럼 그 역시도 배경과 한 몸이 된 듯 얼굴을 제대로 분간할 수가 없다. 그런가 하면 이교도의 신상과 중세 장식 모티프가 섞인 선들이 기이하고 불안한 건축물을 구성하고 있다.

이런 가운데 관객의 눈길은 단연 강한 후광을 내뿜으며 공중에 떠 있는 그림 중앙의 세례자 요한의 머리로 향한다. 잘린 목에서 떨어진 피가 바닥을 흥건하게 적시고 있다. 살로메가 손을 뻗어 그를 가리키고 있지만 아무도 반응하지 않는 것으로 미루어, 목이 잘린 요한의 모습은 실제 현실이 아니라 어떤 이유에서든 살로메에게만 보이는 '환영' 혹은 '유령'임을 알 수 있다. 목이 잘린 요한의 유령을 노려보고 있는 살로메는 어떤 마음이었을까? 헤로디아의 순진한 딸로서 자기가 벌인 일의 결과를 보며 공포에 질렸거나 후회의 감정을 느꼈던 것일까?

후대의 평가에 따르면 모로의 〈환영〉 속 살로메는 어머니 헤로디아의 조언에 따라 세례자 요한의 머리를 원했던 성서 속 수동적인 소녀가 아니라, 스스로 원한 일에 대한 결과를 마주한 주체적이고 욕망하는 여성을 표현했다고 한다. 실제로 유럽 미술에서 살로메가 관능미를 대표하는 여성 인물이 된 것은 모로의 그림이 발표된 이후부터다. 거의 알몸으로 무대에 서서 이미 죽은 요한의 유령에게 팔을 내뻗고 있는 마성의 여인 살로메. 피를 철철 흘리며 후광으로 뒤덮인 세례자 요한의 유령은 이런 그녀를 한심하다는 듯, 미우면서도 딱하다는 듯 내려다보고 있다. 살로메에 대한 해석이 어떠하든, 가장 먼 세기, 가장 먼 문명에서 소재를 차용해 화폭에 옮긴 모로는 이 장면을 명확한 시공간에 배치하기를 거부하며 수수께끼 같은 성격을 더했다. 이로써 모두가 아는 성경의 에피소드가 교훈적인 목적만이 아니라 관능, 공포, 환상을 통해 꿈을 꾸게 하는 우화, 말하자면 회화적 시로 변모했다는 사실에는 이견이 없을 듯하다.

귀스타브 모로, 〈환영〉, 연도 미상

말년의 대작 〈제우스와 세멜레〉

모로의 화풍을 한 마디로 정의하기는 어렵지만 간략하게 요약하자면 두드러지는 명암 대비와 대담한 구도, 정밀한 묘사와 입체적인 색채를 통해 완성된 상징적이면서도 탐미적인 표현 세계의 구축 정도가 되지 않을까.

모로의 말년작 〈제우스와 세멜레〉는 이러한 모로의 화풍을 완벽하게 담아낸 걸작이라고 할 수 있다. 이 그림은 은행가이자 미술 수집가였던 레오폴드 골드슈미트의 의뢰로 그려진 것으로, 1895년 의뢰인에게 작품을 넘기기까지 무려 6년 동안 화가가 고심에 고심을 거듭하며 작업한 대작이다. 작품의 전체적인 분위기는 마치 사후 세계를 방불케 하듯 어둡고 기묘하지만, 생과 사가 하나로 이어지듯 죽음의 한가운데서 술의 신 디오니소스가 탄생하는 아이러니의 순간이 담겨 있다. 세로가 2m에 달하는 대형 화폭에 여러 상징물이 난해하게 흩어져 있는 가운데 거대한 몸집의 제우스가 화려한 금박 양식의 옷을 걸치고 비잔틴 양식 회화에 등장하는 인물처럼 다소 경직된 표정으로 눈을 크게 뜨고 휘황찬란한 왕좌에 앉아 있다. 관람객의 왼편, 그의 오른쪽 무릎 위로 유독 하얀 살결이 두드러지는, 제우스와 비교하면 마치 인형처럼 보일 만큼 몸집이 작은 한 여인이 놀란 얼굴을 하고 왼쪽 옆구리에 피를 흘리며 누워있다.

바람둥이 제우스는 테베의 창시자 카드모스와 하르모니아의 딸 세멜레와 사랑에 빠졌고, 세멜레는 그의 아이를 임신했다. 서로를 지

귀스타브 모로, 〈제우스와 세멜레〉, 1895

극히 사랑하여 행복하고 아름다운 날들을 만들어가는 두 사람을 두고 볼 수 없었던 제우스의 아내 헤라는 변장을 하고 세멜레를 찾아가 '당신이 사랑하는 제우스에게 본 모습을 보여달라고 부탁하라'고 꼬드긴다. 이에 마음이 동한 세멜레는 평소처럼 자신을 찾아온 제우스에게 소원을 들어달라 청을 하고, 세멜레를 사랑했던 제우스는 아무것도 모른 채 '무엇이든 들어주겠다'며 스틱스강을 두고 맹세한다. 뒤늦게 세멜레의 소원이 그녀의 죽음을 재촉하는 길임을 알게 되지만 애석하게도 이미 물은 엎질러졌다. 스틱스강에 맹세를 한 이상 제아무리 신들의 제왕인 제우스라도 약속을 지키지 않을 수 없는 노릇이다. 다음 날 제우스는 약속대로 신의 광휘에 둘러싸인 채 번개와 천둥을 동반하고 세멜레 앞에 나타났다. 평범한 인간의 몸으로는 신의 광휘와 몰아치는 번개를 감당할 수 없었기에 세멜레는 그 자리에서 불에 타 죽고 한 줌의 재로 화한다. 다행히도 그 순간 제우스가 뱃속 태아를 꺼내 허벅지에 넣고 달을 채워 세상에 내놓는데, 그렇게 태어난 아기가 바로 포도주와 풍요의 신 디오니소스다.

그런데 모로의 〈제우스와 세멜레〉를 들여다보면 그림 속에 묘사된 상황이 우리가 방금 얘기한 그리스 신화의 내용과는 큰 관계가 없어 보인다. 우선 제우스의 다리에 누워있는 세멜레의 몸은 신의 광휘와 번개 때문에 타 죽은 사람의 것으로 보기에는 너무 멀쩡하다. 게다가 그림 상하좌우로 등장하는 형상들과 상징적인 오브제들은 그리스 신화의 세계를 마치 중동의 어느 이슬람 성전 혹은 아시아의 힌두교나 불교 성전에서 마주칠 법한 이국적 세계로 보이게 만든다. 모로가 고치고 또 고치기를 반복하면서 이 작품에 담아 놓은 모든 상징과 도상들의 의미를 파악하는 것은 우리의 역량과 관심을 벗어나는 일이므로 여기서는 관람객의 입장에서 궁금할 만한 몇 가지 사항만을 미술 평론가들의 설명을 빌어 간단히 이야기하고 넘어가겠다.

제일 먼저 떠오를 만한 질문 하나. 이 그림에서 제우스와 세멜레 사이에서 잉태되었고, 아버지 제우스의 기지로 간신히 죽음을 면한 아이 디오니소스의 모습을 볼 수 있는가? 답은 '그렇다'이다. 번개에 맞아 옆구리에서 피를 흘리는 세멜레의 옆에 양팔로 얼굴을 감싸고 슬퍼하는 날개 달린 정령이 보이는가? 모로는 이 작품에 대한 노트에서 이 존재를 "지상의 사랑을 대표하는 정령, 염소의 발을 가진 정령"이라고 메모해 두었다. 하지만 이 사랑의 정령은 많은 경우 제우스와 세멜레가 나눈 비극적 사랑의 결실인 디오니소스와 동일시된다.

그렇다면 두 번째 질문. 제우스의 아내이자 남편에 대한 질투 때문에 이런 비극을 자초한 헤라는? 헤라 여신을 찾으려면 제우스의 왼쪽 어깨 뒤를 보면 된다. 제우스의 거대한 왕좌에 가려 얼굴만 보이지만 금색 후광을 쓴 채 신성한 결혼을 상징하는 횃불을 들고 있는 여인, 그녀가 바로 헤라다. 자신의 계략에 빠져 결국 죽음을 맞이한 인간 세멜레를 보며 여신 헤라는 어떤 생각을 했을까? 이 모든 비극이 자신과는 상관없다는 듯 세멜레와는 다른 방향을 쳐다보는 여신의 무표정한 얼굴을 보며 눈길을 그림 아래쪽으로 향한다.

이번에는 제우스의 권력과 위엄을 보여주는 거대한 왕좌 아래쪽에 검은 날개를 곧게 펼치고 있는 독수리가 보이는가? 독수리 좌우로 두 명의 인물이 등을 돌린 채 앉아 있다. 피 묻은 칼을 든 인물은 방금 자기 일을 끝낸 죽음의 알레고리고, 그리스도처럼 가시 면류관을 쓰고 순결의 상징인 백합을 든 인물은 슬픔의 알레고리다. 모로에 따르면 이 두 인물은 "인간 삶의 비극적 기초를 형성한다." 그들의 앞쪽으로 고개를 숙이고 앉은 산과 들의 신 판이 지상과 하계를 연결해 준다. 판의 시선을 따라 더 아래로 눈길을 돌리면 그림 왼쪽에 초승달을 머리에 이고 있는 인물을 만나게 되는데, 그녀는 다름 아닌 지옥의 관문을 지키는 여신 헤카테의 형상이다.

오랜 시간 고민과 수정을 거듭하며 작가의 마지막을 함께한 이 작품은 그야말로 모로가 그림으로 남긴 유언장이며 그의 작품 세계를 집대성한 작품이라고 할 수 있다. 이런 작품의 의미를 알았던 걸까. 1895년 작가로부터 완성작을 건네받았던 의뢰인 레오폴드 골드슈미트는 1903년 모로 미술관 개관에 맞춰 이 그림을 미술관에 기증했다. 덕분에 우리 같은 관람객들이 모로의 말년 대작을 두 눈으로 직접 만나볼 수 있게 되었다. 화가의 재능에 더해 기증자의 관대함이 고맙다.

페넬로페의 〈구혼자들〉

4층에 걸린 모로의 대표작을 둘러보고 다시 나선형 계단을 통해 3층으로 내려온다. 계단을 내려오는 관람객의 눈에 정면으로 들어오는 거대한 그림은 모로의 초기 대표작 〈구혼자들〉이다. 모로가 이 그림을 그리기로 계획한 것은 그의 나이 스물여섯이던 1852년의 일이었지만 실제로 작업을 시작한 것은 1859년 말 이탈리아 여행에서 돌아온 이후였다. 놀랍게도 이 그림은 오랫동안 미완성 상태로 남아있다가 1882년이 되어서야 수평과 수직으로 캔버스를 덧대는 확장 작업 끝에 최종적으로 오늘날 보는 것처럼 가로 3.43m, 세로 3.85m의 크기로 완성되었다. 매의 눈을 가진 관람객이라면 화폭 위쪽과 오른쪽에서 당시 캔버스를 확장한 이음새의 흔적을 발견할 수 있을 것이다.

이 작품의 주제는 트로이 전쟁 영웅 오디세우스의 귀향 모험담을 담은 호메로스의 『오디세이아』에서 가져온 것이다. 오디세우스가 트로이 전쟁 참여로 자리를 비운 사이, 이타카섬 인근의 많은 귀족 젊은이가 홀로 남은 오디세우스의 아내 페넬로페와 결혼하기 위해 열렬한 구애 작전을 펼친다. 우리가 알고 있듯 페넬로페는 장장 20년 동안 돌아오지 않는 남편을 기다리며 여러 계략을 동원해 구혼자들을 물리친다. 전쟁이 끝나고 고향으로 돌아온 오디세우스는 아들 텔레마코스와 함께 아내에게 구혼했던 젊은 왕자들을 모조리 죽였다. 모로의 〈구혼자들〉은 바로 이 학살의 장면을 화폭에 옮긴 것이다.

이런 이야기를 염두에 두고 그림을 보면 관람객은 아무래도 이 장면의 주인공 오디세우스가 어디 있는지를 찾아보게 될 것이다. 그런데 이 학살의 현장에서 관람객의 눈에 제일 먼저 띄는 인물은 마치 최후의 심판을 내리는 그리스도처럼 후광에 둘러싸인 채 작품의 한가운데 떠 있는 상태로 이 장면을 바라보는 여신 미네르바다. 그런가 하면 여신의 오른편에서 한 손을 허리에 대고 다른 한 손을 하늘로

귀스타브 모로, 〈구혼자들〉, 1852년 작업 시작, 1882년 캔버스 확장

들어 올리며 연극적 몸짓을 하고 있는 푸른색 옷을 입은 양성적 느낌의 젊은이 역시 여신만큼이나 관람객의 시선을 사로잡는다. 배가 훤히 드러나는 옷을 입고 남성인지 여성인지 구분하기 어려울 정도로 아름다운 얼굴과 몸매를 자랑하는 이 중성적인 인물은 모로가 1858년 피렌체의 우피치 미술관을 방문했을 당시 그곳에 전시된 아티스신의 고대 조각에서 영감을 받아 그려 넣은 것이라고 한다.

그렇다면 이타카에 돌아와서 자신이 없는 동안 아내 페넬로페에게 구혼한 자들을 모조리 처단한 오디세우스는 대체 어디에 있는 것일까? 그를 찾으려면 죽은 자들의 시신이 널브러져 있는 그림의 전경에서 눈을 돌려 저 안쪽 그림의 원경을 바라보아야 한다. 저 멀리 실내로 들어오는 문 앞에, 머리 위에 떠 있는 미네르바 여신의 상징 동물 올빼미의 보호를 받으면서 활시위를 당기는 듯한 포즈를 취하고 서 있는 남자가 보이는가? 그가 바로 이 장면의 주인공인 오디세우스다. 그가 그림의 뒤편 높은 곳에서 무장도 하지 않은 수많은 구혼자에게 분노의 화살을 쏘았던 것이다.

너무 멀리 있어 분간도 잘 안되는 오디세우스를 눈으로 좇다 보니 이런 삐딱한 생각이 내 머릿속을 채운다. 좋아, 아내를 사랑했다고 치자고. 그렇다고 자기가 없는 사이에 아내한테 구혼한 사람들을 다 죽일 필요가 있는 거야? 본인은 자그마치 20년을 소식도 없이 밖으로만 떠돌았으면서? 그렇게 아내를 사랑했다면 빨리 아내 곁으로 돌아왔었어야지. 안 그래? 페넬로페를 대신해 마음속으로 이런 쓴소리를 던지며 오디세우스에게서 시선을 거둔다. 하긴 20년 동안 남편이 곁에 없다는 사실에 매일 같이 울며 밤낮을 지새웠다는 페넬로페한테는 나의 이런 쓴소리가 필요 없을지도 모르겠다.

제우스가 사랑한 스파르타의 왕비 〈레다〉

마지막으로 3층 전시실 나선형 계단 오른쪽 벽에 걸린 〈레다〉를 바라본다. 레다는 아이톨리아의 왕 테스티오스와 에우리테미스 사이에서 태어난 딸로 스파르타의 왕 틴다레오스의 아내였다. 천상에서 지상을 내려다보던 제우스의 눈에 강가에서 목욕하던 한 여인의 모습이 쏙 들어온다. 첫눈에 반한 제우스는 그녀가 자주 강가에서 백조들과 논다는 사실을 간파하고 백조로 변신해 그녀에게 접근한다. 아름다운 백조가 다가와 애교를 떠니 레다는 제우스인 줄은 꿈에도 모른 채 그 백조를 품에 안고 부드럽게 쓰다듬는다. 제우스는 때를 놓치지 않고 바로 그녀와 관계를 맺고 레다는 알을 낳는다. 거기에서 트로이 전쟁의 시작과 끝을 알리는 주요 인물인 헬레네와 클리타임네스트라, 그리고 쌍둥이 폴리데우케스와 카스토르가 태어난다.

〈에우로페의 납치〉의 에우로페, 〈제우스와 세멜레〉의 세멜레에 이어 〈레다〉의 레다까지 또 제우스가 사랑한 여인 이야기인가 싶지만, 지혜의 여신 메티스부터 시작해 인간 다나에와 알크메네를 거쳐 요정 아스테리아까지 이르는 길고 긴 제우스의 여인들 목록을 생각하면 이건 새 발의 피다. 어쨌든 바람둥이 제우스의 연애 이야기 중에서 백조를 사랑한 레다와 제우스 신의 결합은 화가들에게 끊임없는 영감의 원천이 되었다. 레오나르도 다빈치, 루벤스, 베로네세, 코레조, 미켈란젤로, 틴토레토 등 서양 회화사의 한 장을 장식한 화가들이 모두 이 일화를 가지고 그림을 그렸다. 이 이야기의 매력에 사

귀스타브 모로, 〈레다〉, 연도 미상

로잡힌 건 비단 화가만이 아니었다. "갑작스러운 습격, 커다란 날개를 아직도 비틀거리는 여인 위에서 퍼덕이며, 그녀의 허벅다리를 검은 물갈퀴로 쓰다듬고, 부리로 목덜미를 붙들어 백조는 꼼짝 못 하는 여인의 가슴을 제 가슴에 껴안는다."라고 노래했던 윌리엄 버틀러 예이츠William Butler Yeats의 시는 또 어떤가. 사정이 이러하니 젊을 때부터 신화에 빠져들었던 모로가 레다와 백조의 이야기를 자신의 화폭에 옮겨 놓은 것은 어쩌면 당연한 일이었다.

모로의 〈레다〉에서 제우스의 변신인 백조는 화려한 금빛 후광을 지닌 채 밝게 빛나고 있다. 백조의 몸은 마치 수를 놓은 망사 레이스를 걸친 듯 눈에 띄는 여러 문양으로 장식되어 있다. 그림의 오른쪽 상단에는 사랑의 신 에로스가 날개를 펼치고 의기양양하게 하늘을 향해 날아오르고, 왼편에는 두 명의 날개 달린 정령이 제우스의 상징인 독수리 옆에서 신의 힘을 드러내는 왕관과 벼락을 들어 올리고 있다. 머리를 쓰다듬는 백조의 존재에도 놀라거나 무서워하지 않고 평온한 표정으로 눈을 감은 레다의 모습은 위의 예이츠 시에서 묘사된 다소 거칠고 폭력적인 백조의 습격 장면과는 전적으로 다른 분위기를 형성한다. 아마도 예기치 않았던 백조와의 만남에서 레다가 느꼈을 감정 역시 서로 달랐을 것이다. 같은 주제를 표현하면서도 예술가가 지닌 고유의 창의성에 따라 매번 다른 작품이 탄생한다는 사실이 놀라울 따름이다.

그림으로 배우는 학교

가능한 한 천천히 그림들을 둘러보고 있는데 한 무리의 꼬마들이 우르르 몰려 들어와 〈테스피우스의 딸들〉이라는 제목이 붙은 거대한 그림 앞에 자리를 잡고 앉는다. 인상 좋은 중년 여성이 아이들 앞으로 나가더니 성우 같은 목소리로 그림에 등장하는 영웅 헤라클레스에 대한 이야기를 시작한다. 인종도 생김새도 각각이지만 애니메이터 선생님의 실

그림을 보며 선생님의 설명을 듣는 아이들

감 나는 몸짓 연기와 목소리에 꼬마들의 눈이 반짝반짝 빛난다. 선생님이 목소리를 바꿔 가며 일종의 상황극처럼 내용을 설명하자 아이들이 일제히 까르르 웃음을 터뜨린다. 귀여운 꼬마들의 싱그러운 웃음소리와 쉽지 않은 내용을 최대한 아이들 눈높이에 맞추어 설명하느라 열성을 다하는 선생님의 모습에 덩달아 기분이 좋아진다.

이렇게 어린 아이들도 미술관에 단체 관람을 와서 그림 구경을 하는구나. 어릴 때부터 미술관을 드나들며 그림과 친숙해진다면 성인이 되었을 때 더 깊이 예술을 향유하며 살아가겠지. 프랑스 미술관에서 학생 단체 관람객들을 마주칠 때마다 예외 없이 부러운 마음이 드는 것은 어쩔 수가 없다. 그랬다. 여기도 '저명인사들의 집' 라벨을 받은 곳임을 다시 한 번 깨닫는다. 이 라벨은 수준 높은 문화 프로그

램을 보장하고 관람객들, 특히 모든 나이대의 학생들에게 적합한 형태의 관람 지원을 제공하는 것을 조건으로 하지 않았던가. 그 취지를 곱씹으며 우리나라에도 이런 좋은 제도가 생겨나기를, 나이 어린 미취학 아동부터 중고등학생들까지 다양한 예술을 접할 기회가 더 많아지기를 바라본다. 먹고사는 일이 중요하다지만 정신과 마음을 다듬고 살찌우는 일도 그만큼 중요한 일이 아니겠는가.

Musée de la vie romantique

07 낭만적 삶의 미술관

주　소 16 Rue Chaptal, 75009 Paris

관람시간 화-일 10:00~18:00(월 휴무)

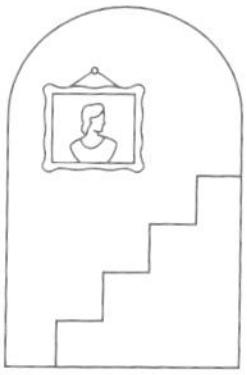

이왕 누벨 아텐에 나온 김에 샵탈가 16번지에 있는 낭만적 삶의 미술관까지 가보기로 한다. '낭만적 삶의 미술관'이라니 이름만으로도 정말이지 낭만적이지 않은가? 파리시에서 직접 운영하는 미술관 중 하나인 낭만적 삶의 미술관은 1830년부터 1858년까지 이 집에 살았던 화가 아리 셰퍼Ary Scheffer의 생활 공간과 아틀리에를 개조해 1983년 미술관으로 개관한 곳이다. 이 미술관은 프랑스 7월 왕정과 제2제정기에 이 집에 살았던, 혹은 이곳을 자주 방문했던 위대한 인물들의 초상화와 기념물을 주요 소장품으로 해서 낭만주의 시대 파리의 사교적이고 예술적인 분위기를 재현하고 있다. 그런 면에서 보자면 '낭만적 삶'에서 '낭만적'이라는 말을 일단 '낭만주의 시대와 관련된' 정도로 풀어 해석해도 큰 무리는 없을 듯하다.

모로 미술관을 나와 올라온 방향으로 쭉 걸어 올라가다가 좌회 전해서 샵탈가로 들어선다. 진정한 낭만적인 삶이 어떤 것인지는 잘 모르겠지만 매번 이 미술관에 들어설 때면 나도 모르게 파리에 이런 낭만적인 장소가 숨어있다니! 라는 생각을 하게 된다. 사실 파리의 다른 길들과 별반 다르지 않은 샵탈가를 무심히 걸어가다 보면 안쪽 깊숙한 곳에 들어선 미술관의 존재를 모르고 지나치기 쉽다. 물론 눈썰미가 좋은 사람이라면 길가에 붙어 있는 미술관 표지판을 놓치기는 어렵겠지만 말이다. 어쨌든 주변을 돌아보지 않고 자기 길을 가던 사람이 길가에 키가 큰 나무가 비쭉 밖으로 뻗어 나온 것을 보고 뭔가 싶어 안쪽을 들여다보기로 했다면, 그의 호기심은 곧 숨겨진 보물

미술관 본관의 모습

을 발견하는 기쁨으로 보상을 받게 될 것이다.

빛이 들지 않아 어둡고 좁은 터널 같은 골목을 통과하면 거짓말처럼 환한 햇살이 쏟아진다. 그리고 눈앞에 덧창부터 계단 난간, 아치형 창문의 자그마한 격자무늬까지 온통 민트색으로 칠해진 아담하면서 우아한 2층 건물이 나타난다. 순간적으로 시공간의 이동을 한 걸까. 찰나의 순간에 속세의 현실에서 갑자기 동화 속 요정의 세계로 들어온 것만 같다. 살짝 들뜬 마음을 누르고, '누벨 아텐의 심장부'라고 불리는 이 귀엽고 아기자기한 공간의 탐사를 시작해 보자.

누벨 아텐의 사랑방, 아리 셰퍼의 아틀리에

낭만적 삶의 미술관은 총 세 개의 공간으로 구성되어 있다. 저택의 본관인 민트색 건물과 매표소가 있는 왼쪽 건물, 그리고 종종 열리는 특별전을 위한 전시 공간으로 사용되는 오른쪽 건물이 그것이다. 관람객의 눈을 사로잡는 경쾌한 민트색 건물에서 잠깐 시선을 거두고 간단한 기념품을 파는 샵을 겸한 매표소가 있는 왼쪽 건물로 들어선다. 이곳은 파리시가 운영하는 미술관이기 때문에 특별 전시나 기획전이 없을 때는 무료 입장이 가능하다. 2019년 겨울에 들렀을 때는 기획전이 열려 유료 관람을 했는데 2023년에 이어 2024년 1월에도 특별 전시 없이 상설 전시만 보느라 공짜였다. 이번에도 특별 전시가 없으니 조금 아쉬운 마음이 들었지만 덕분에 이 공간을 오롯이 즐길 수 있다고 생각하니 그것도 그리 나쁘지는 않다. 무료지만 표는 받는다. 관람객이 몇 명이나 왔는지 확인하는 조치라고 한다.

표를 내고 입장하면 위쪽으로 큰 유리창이 나 있고 층고가 높은 방이 나온다. 마치 서재처럼 꾸며진 이곳은 예전 아리 셰퍼의 아틀리에로 사용되던 공간이다. 한쪽 벽에는 가죽 장정의 책들이 꽂힌 책장이 자리하고 있고, 다홍색 벽지로 마감된 삼면의 벽에는 그림들이 걸려 있으며 가운데에는 그랜드 피아노 한 대가 놓여있다. 또한 아리 셰퍼가 그림을 그릴 때 사용했던 화구도 유리 진열장 안에 가지런히 자리를 잡고 있다. 한 가지 특기할 것은 전에 왔을 때는 여기서 프레데릭 쇼팽Frédéric Chopin의 왼손을 본뜬 석고상을 본 것도 같은데, 이번에는 아무리 찾아봐도 눈에 띄지를 않았다는 것이다. 예전 방문 당시 수첩에 "쇼팽의 왼손, 피아니스트의 손 치고는 작은 편. 하지만 섬세하고 가느다란 손가락이 참으로 아름답다. 섬섬옥수의 표본."이라고 써놓기도 했었건만 어찌된 영문인지 모르겠다.

벽에 걸린 그림 중 〈샵탈가 아리 셰퍼의 큰 화실〉이라는 제목의 그림이 눈에 띈다. 아리 셰퍼의 사촌 아리 요하네스 람메Arie Johannes Lamme가 1851년 그린 그림이다. 알다시피 낭만적 삶의 미술관은 샵탈가 16번지에 있다. 그러니 이 그림은 지금은 미술관이 된 이곳 저택의 아틀리에에서 작업하던 아리 셰퍼의 모습을 그림 속에 영원히 박제한 것이라 할 수 있다. 그림 속에서 아리 셰퍼는 자신의 그림을 마무리하고 있다. 그런가 하면 그의 아내 소피는 그림의 중앙 깊숙한 구석에 놓인 책상에서 높은 창문으로 들어오는 희미한 빛에 기대어 글을 쓰고 있다. 화가의 오른쪽에는 그림 도구가 보관된 나무 상자가

아리 요하네스 람메, 〈샵탈가 아리 셰퍼의 큰 화실〉, 1851

있고, 왼쪽에는 그에게 영감을 주었던 오랜 조각상들이 일렬로 늘어서 있다. 이 그림을 통해 우리는 말년의 아리 셰퍼가 어떤 주제에 관심을 가지고 작업해 왔는지를 추측해볼 수 있다. 그림이나 글 속에서 실존했던 인물들의 삶의 일부를 발견하고, 그 흔적을 찾아보는 일은 언제나 즐거운 일이 아닐 수 없다.

이쯤 해서 이 아름다운 저택의 주인이자 그림 속 화실에서 작업하던 화가 아리 셰퍼에 대해 간략하게나마 언급할 필요가 있겠다. 네덜란드 국왕의 궁정화가였던 아버지의 피를 이어받아서인지 어려서부터 그림에 소질을 보였던 아리 셰퍼는 열 살 무렵부터 암스테르담의 미술 학교에서 그림을 배웠다. 열네 살 때 아버지가 사망하고 2년 후인 1811년 아리 셰퍼는 어머니, 그리고 동생 둘과 함께 네덜란드를 떠나 그림 공부를 하러 프랑스로 온다. 프랑스에서 화가 피에르-나르시스 게랭의 화실에서 수학하면서 낭만주의 선구자 테오도르 제리코를 사귀었고, 1822년에는 화가 프랑수아 제라르François Gérard의 중개로 후일 7월 혁명으로 프랑스의 왕이 되는 루이 필립의 세 자녀에게 그림을 가르치는 선생이 된다. 예술적 재능과 더불어 정치적으로나 사교적으로 뛰어난 친화력 덕분에 이 네덜란드 출신 화가는 금세 프랑스 예술계의 주요 인물 중 하나로 떠오른다. 그는 1824년과 1827년의 살롱전에서 큰 성공을 거두었고, 1828년에는 레지옹 도뇌르 기사 작위를 받았다. 특별히 1831년 살롱전에 출품한 두 작품은 화가로서 아리 셰퍼의 경력에 정점을 찍는 계기가 되었다. 이 작품 이후로 그는 루이 필립이 설립한 베르사유의 프랑스 역사박물관을 위한 작품을 다수 의뢰받는 등 그야말로 황금기를 구가한다.

1830년 아리 셰퍼는 가족과 함께 누벨 아텐의 중심부에 있는 샵탈가에 정착한다. 앞서 얘기했다시피 당시 누벨 아텐 지역은 지적이고 예술적인 파리의 중심지로 각광받던 곳이다. 아리 셰퍼가 이사를 왔을 때 이 동네에는 테오도르 제리코, 외젠 들라크루아, 오라스 베르네Horace Vernet, 폴 들라로슈Paul Delaroche와 같은 화가들이 이미 자리를 잡고 있었다. 1839년에는 낭만주의 시대 정열의 화신이자 사랑의 여신이었던 조르주 상드가 근처 장-바티스트-피갈 거리에 집을 얻어 이웃이 되었고 2년 뒤에는 그녀의 연인 프레데릭 쇼팽이 상드와 함께 거주하기 위해 그곳에 온다. 그야말로 프랑스 낭만주의 예술을 대표하는 인물들이 모인 곳에 아리 셰퍼가 터를 잡게 된 것이다.

아리 셰퍼는 역사와 신화를 그리는 화가로서 국가로부터 수주받은 대형 프로젝트를 완성하기 위해 최상의 작업 환경을 갖출 필요가 있었다. 동시에 새로 이사 온 누벨 아텐 지역의 지적, 예술적 활기에 동참하고 싶은 마음도 컸다. 그런 까닭에 자신이 세를 든 집의 주인에게 북향으로 크게 유리창을 낸 아틀리에 두 개를 지어 하나는 자신의 화실로, 다른 하나는 손님 접대 공간으로 사용할 수 있게 해달라고 요청한다.

그의 요청에 따라 건축된 이곳 아틀리에에서 1831년부터 아리 셰퍼가 사망하던 1858년까지 매주 금요일마다 친교 모임이 열렸다. 그리고 당대 낭만주의 운동의 가장 유명한 인사들이 이 모임에 정기적으로 참여했다. 음악을 사랑했던 주인의 영향이었을까. 아리 셰퍼 저택 금요 모임의 단골손님 중에는 화가와 문인은 물론이고 유명 음악가들이 많이 있었다. 프란츠 리스트Franz Liszt와 프레데릭 쇼팽은 아틀리에에 놓인 피아노를 연주했고, 가수 폴린 비아르도Pauline Viardot는 종종 노래를 불렀다. 이탈리아의 천재로 불리며 경쾌하고 밝은 이탈리아풍 음악을 유행시킨 조아키노 로시니Gioacchino Antonio Rossini와 오페라 〈파우스트〉와 〈로미오와 줄리엣〉을 작곡한 프랑스 작곡가 샤를 구노Charles-François Gounod 역시 친구 자격으로 이곳을 찾았다. 아틀리에에 모여 담소를 나누던 사람들이 흥이 나서 쇼팽과 리스트에게 즉흥 라이브 연주를 청해 듣고, 함께 있던 유명 여가수 폴린 비아르도가 감정을 잡고 노래를 부르는 광경을 떠올려본다. 상상만으로도 가슴이 벅차오르지 않는가. 그야말로 '낭만적인' 풍경이 아닐 수 없다.

신고전주의와 낭만주의 사이에서

좀 전에 아리 셰퍼가 이곳 샵탈가 16번지 저택에 두 개의 아틀리에를 짓도록 했다고 말했다. 손님 접대용 아틀리에 외에 아리 셰퍼가 그림 작업을 하던 아틀리에의 분위기는 진지하고 학구적이었지만 동시에 친근하고 가족적이기도 했다. 화가였던 그의 어머니와 딸 코르넬리아도 이곳을 작업실 삼아 그림을 그렸고, 동생인 헨리 셰퍼Henry Scheffer 역시 1839년 근처 노트르담 드 로레트가로 이사하기 전까지 여기서 형과 함께 그림 작업을 했다. 때때로 가족들은 아리 셰퍼의 그림 속 인물의 모델이 되어주었고, 초상화를 즐겨 그렸던 아리 셰퍼는 가족들의 초상화를 여러 점 남겨놓았다. 사교성 있고 우의를 중시했던 아리 셰퍼는 때로 몇몇 동료들에게 자신의 아틀리에를 빌려주기도 했다. 예컨대 1836년에는 바르비종 화파를 대표하는 테오도르 루소Théodore Rousseau의 대작 〈암소들의 하강〉이 이곳에서 그려졌다.

오늘날 아리 셰퍼는 신고전주의와 낭만주의 양식을 절충한 화가로 알려져 있다. 1830년대부터 이곳 샵탈가의 저택에서 교류하던 예술가 대다수가 당시로는 새로운 예술 조류로 여겨지던 낭만주의의 신봉자였지만, 정작 자신의 저택에서 20년 이상 매주 1회씩 모임을 주관하고 초대 손님들을 맞이했던 아리 셰퍼는 낭만주의자들이 비판해 마지않던 신고전주의의 틀을 완전히 벗어나지 않았다. 아리 셰퍼는 분명 재능 있는 예술가였지만 정치색이 너무나 분명했다. 그의 살롱에는 예술가들 외에도 티에르, 라파예트, 기조 등 정치인들이 단골 손님처럼 드나들었다. 무엇보다도 그는 7월 왕정이 무너지면서 프랑스를 떠나야 했던 왕가의 소장품을 자신의 집에 보관할 정도로 프랑스 왕실과 각별한 사이였다. 덕분에 루이 필립의 통치하에서 왕실의 비호를 받으며 당대 최고의 영예와 상업적 성공을 누렸던 것이다.

어떻게 보면 아리 셰퍼는 시대를 앞서가며 자신의 독창적 예술 세계를 창조하고 그로 인해 동시대인들의 몰이해와 박한 평가에 시달렸던 당대의 낭만주의 화가들과는 달리, 기술적으로는 완벽하지만 자기만의 개성이 부각되지 않는 소위 '관제 예술'을 했던 화가라고 말할 수도 있겠다. 실제로 아리 셰퍼는 이곳 샵탈가의 아틀리에에서 아카데미즘 교육 전통에 충실한 방식으로 150여 명의 제자를 길러낸 선생이기도 했다.

아리 셰퍼가 낭만주의 사조를 대표하는 예술가들과 어울리고 그들에게서 많은 영향을 받은 것은 사실이다. 하지만 사제 관계로 시작해 돈독한 인연을 맺었고, 자신에게 세간의 인정과 상업적 성공을 안긴 루이 필립 왕실의 총애를 받는 화가의 지위를 벗어던질 수는 없는 노릇이었을 것이다. 이쪽과 저쪽 사이에서 하나를 선택하기 어려웠던 상황이 낭만주의의 감정적인 표현과 신고전주의의 우아함을 결합한 아리 셰퍼 고유의 스타일로 나타난 것일까. 오늘날 미술사에서 화가 아리 셰퍼의 인지도를 들라크루아 같은 낭만주의 화가들과 비교해 보면, 그가 루이 필립 통치 시대 최고의 화가로 군림했다는 사실이 조금은 무색하게 여겨지기도 한다. 하지만 한편으로 그가 오랜 시간 정성을 다해 맞이하고 교류했던 낭만주의 예술가들 덕분에 오늘날 그의 명성이 이어지고, 다른 한편으로 그가 자신의 저택을 제공하고 환대한 덕분에 낭만주의 시대 예술가들의 낭만적 삶이 현재까지 조명을 받을 수 있다는 사실을 생각하면, 아리 셰퍼와 낭만주의 예술가들의 만남은 분명 서로에게 윈윈이었던 것이 분명하다.

토마스 필립스, 〈아리 셰퍼의 초상〉, 1840

미술관 변천의 역사

1858년 아리 셰퍼가 사망하자 그의 딸이 아버지가 살던 집을 구입했다. 그리고 그곳에서 남편과 함께 거주하면서 아틀리에 중 하나를 아버지의 대표작을 전시하는 미술관으로 개조했다. 1870년 보불전쟁이 발발하자 의사였던 남편의 뜻에 따라 두 개의 아틀리에가 임시 병동으로 사용되기도 했다. 1830년부터 1870년 사이 대단했던 아리 셰퍼의 명성은 19세기 말부터 눈에 띄게 줄어들었다. 셰퍼의 딸 코르넬리아는 자신이 사는 집과 그 집에 보관 중인 아버지의 작품 전체를 기증하는 조건으로 이곳을 셰퍼 미술관으로 바꾸자고 제안했지만 파리시는 묵묵부답이었다. 결국 20세기에 들어서면서 아리 셰퍼의 아틀리에에 전시되었던 컬렉션은 여러 곳으로 흩어지게 되었다. 1899년 사망한 코르넬리아는 에르네스트 르낭Ernest Renan과 코르넬리 셰퍼Cornélie Scheffer의 딸인 자신의 5촌 조카 노에미 르낭Noémi Renan에게 재산을 물려주었고, 아틀리에 컬렉션의 대부분을 아리 셰퍼의 고향인 네덜란드의 도시 도르드레흐트에 기증했다. 이 도시의 미술관에는 평생을 파리에서 살았던 화가 아리 셰퍼의 중요한 작품들이 지금까지 보존되고 있다.

1943년 노에미의 사망과 함께 집의 소유권은 그녀의 딸 코리에게 귀속되었다. 코리는 문화 기관을 설립하는 조건으로 1956년 상징적인 금액만 받고 집의 일부를 국가에 매각했다. 계약 조건에 따라 이듬해 이 집에 대학 부설 미학 연구소가 들어섰고, 저택은 강의실로 변모했다. 이 연구소가 1974년 활동을 멈추자 향후 집의 사용에 관한 여러 기획안이 제시되었지만 결과적으로 어떤 것도 빛을 보지 못했다. 1980년 여전히 집의 왼쪽 날개부와 아틀리에 중 하나를 소유하고 있던 코리는 다시 파리시에 연락해 아리 셰퍼와 에르네스트 르낭과 관련된 역사적 기념물 컬렉션의 유증을 제안하며 이곳을 박물관으로 만들 것을 요청했다. 파리시는 이 제안을 받아들여 낭만주의 시대 파리의 면모를 증언하는 이 집을 카르나발레 파리 역사박물관의 별관으로 삼기로 했고, 1983년 르낭-셰퍼 미술관이 탄생했다.

하지만 미술관의 진정한 정체성이 만들어진 것은 그로부터 5년 후인 1987년의 일이었다. 마침내 '셰퍼-르낭의 집, 낭만적 삶의 미술관'이라는 이름을 부여받은 이 미술관은 오늘날 우리가 아는 그대로 주거 공간인 저택과 정원으로 나 있는 아틀리에를 가진 공간의 아름다움에 더해 19세기 전반기를 살았던 예술가의 집 분위기를 지닌 도심 속 낭만의 공간으로 자리매김하게 되었다. 그로부터 20년 후인 2007년 1월 프랑스 정부는 이 미술관 프로젝트의 성공과 영속성을 확인하면서 건물과 정원의 소유권을 파리시에 이양하였고, 그때부터 파리시가 운영하는 미술관 중 하나가 되어 파리 시민과 프랑스 국민은 물론 세계 각국에서 찾아오는 관람객들에게 한때의 여유를 선사하고 있다.

저택의 귀빈, 조르주 상드

아리 셰퍼의 아틀리에에서 그림들을 둘러보고 나서 정원으로 나 있는 작은 문을 열고 밖으로 나오면 아까 우리의 마음을 빼앗아 간 민트색의 2층 건물이 눈에 들어온다. 미술관의 본관이다. 안에 들어서자마자 가장 먼저 보이는 그림은 영국의 초상화가 토마스 필립스Thomas Philips가 그린 아리 셰퍼의 초상화다. 이 저택의 주인이었던 아리 셰퍼의 1840년경 모습이 담겨 있다. 오른쪽으로 몸을 돌리면 아리 요하네스 람메의 작품 두 개가 걸려 있는데, 하나는 1858년에 그린 〈아르장퇴유의 아리 셰퍼의 아틀리에〉이고 다른 하나는 1865년 작인 〈아리 셰퍼 저택의 정면부〉이다.

그중에서 〈아리 셰퍼 저택의 정면부〉를 좀 더 자세히 들여다본다. 이곳 낭만적 삶의 미술관 본관의 정면이 그대로 그림 속에 담겨 있다. 그림을 꽉 채운 저택의 정면부 아래쪽 전경에 다정한 눈길로 검은 개와 눈을 맞추고 있는 젊은 여인의 모습이 보인다. 아버지 아리 셰퍼가 사망한 후 저택의 지킴이가 되었던 그의 딸 코르넬리아를 그린 것이다. 창문의 덧창은 닫혀있고, 발코니에는 붉은색 카펫을 널어놓았다. 따뜻한 한낮의 햇살에 말리는 중일까? 집을 비추는 햇빛이 저택의 벽면에 푸르고 싱그러운 나뭇잎 그림자를 만들어 놓았다. 한가롭고 평화로운 일상의 정겨운 풍경이다.

그림을 보며 미소를 짓다가 왼쪽으로 들어선다. 맨 처음 만나는 방에는 조르주 상드의 추억이 담긴 다양한 기념물이 전시되어 있다. 이어 조르주 상드의 가구와 유품이 놓여 있고 그녀의 초상화가 걸린

아리 요하네스 람메, 〈아리 셰퍼 저택의 정면부〉, 1865

조르주 상드의 살롱이 나타난다. 마지막으로 '문학적 상상력'이라 이름 붙은 방에는 조르주 상드 본인의 수채 풍경화 작품을 비롯해 문학 작품에서 영감을 받은 작품들이 나란히 관람객을 맞이한다. 그러고 보면 이 미술관의 1층 전체가 조르주 상드라는 이름과 관련되어 있다. 조르주 상드의 우주가 펼쳐진다고 말해도 과언이 아니다.

그렇다면 조르주 상드는 누구인가? 대체 어떤 인물이기에 이곳 미술관 한 층을 독차지하고 있는 걸까? 우선 이 미술관과 관련해 한 가지 확실한 것은 조르주 상드가 이 집에 살았던 적은 없다는 사실이다. 다만 그녀는 19세기 초반 아리 셰퍼의 살롱을 단골로 방문했던 손님 중 한 명이었다. 그런 그녀가 '낭만적 삶의 미술관' 1층의 당당한 주인이 될 수 있었던 것은 다름 아닌 20세기 전반기에 있었던 두 번의 기증 덕분이었다. 1923년과 1953년, 파리시는 두 차례에 걸쳐 작가의 손녀인 오로르 로스-상드Aurore Lauth-Sand로부터 조르주 상드가 지니고 있던 기념품, 오브제, 감성적인 장신구 및 수기로 작성된 원고를 기증받았다. 1980년대 초 낭만적 삶의 미술관이 문을 열자, 파리시는 그동안 카르나발레 미술관과 파리 역사 도서관에 보관되어 있던 200여 점의 조르주 상드 관련 유물을 이곳으로 옮겨 전시하기로 결정했다.

그로부터 약 10년 후인 1993년, 무용수이자 안무가였던 자크 샤조Jacques Chazot의 소장품 중 일부가 이곳 조르주 상드 컬렉션에 추가되었다. 자크 샤조는 자신이 존경했던 19세기의 위대한 여성 인물들과 관련된 물건들을 주로 수집했는데, 대표적으로 당대를 대표하는

조르주 상드의 살롱

연극 배우이자 나폴레옹 3세의 정부로 알려진 '마드무아젤 라셸Rachel Félix'과 작가 조르주 상드가 그 경배의 대상이었다. 그런 이유로 이곳 낭만적 삶의 미술관은 조르주 상드와 관련해서 그녀의 저택이 있던 프랑스 중부 베리 지방의 노앙 박물관에 뒤이어 가장 중요한 컬렉션을 선보이는 곳이 되었다.

1층에 전시된 많은 작품과 오브제 중 가장 유명한 소장품을 들라면 필시 조르주 상드의 살롱 벽에 걸린 오귀스트 샤르팡티에Auguste Charpentier의 초상화 〈조르주 상드의 초상〉일 것이다. 1838년 상드를 모델로 그린 이 초상화에는 풍성한 흑발을 희고 붉은 꽃으로 장식한 삼십 대 중반의 원숙한 여인이 시선을 정면에 두고 우리를 바라보고 있다. 많은 이들이 낭만적 삶의 미술관의 아이콘으로 여기는 이 작품은 내게도 의미가 있다. 나의 석사학위 지도 교수님은 한국인 최초로 프랑스에서 조르주 상드 연구로 박사 학위를 받고 귀국한 후 상드의 작품을 번역하고 상드 연구서를 여러 권 출판하셨다. 학부에서 상드 강의를 하실 때 바로 이 초상화를 보여주시며 본인이 전공한 작가를 열정적으로 소개하시던 모습이 아직도 눈에 선하다. 기억 속에서 잠자던 이 매혹적인 초상화를 이곳 상드의 살롱에서 처음 발견했을 때 얼마나 기뻤는지 모른다. 그래서일까. 이후로 이곳에 들를 때마다 그림 속 얼굴을 오래도록 들여다보게 된다. 2023년 1월에는 보수공사를 마치고 재개관한 카르나발레 미술관에 대여 중이라 보지 못해 아쉬웠는데 2024년 1년 만에 다시 찾았더니 언제 그런 일이 있었냐는 듯 제자리에 놓여있었다. 마음속으로 반갑다는 인사를 전한다.

이 그림을 그린 화가는 후일 동시대 유명인들의 초상화 작가로 유명세를 얻게 되는 오귀스트 샤르팡티에다. 1838년 상드가 머물던 노앙의 저택에서 발신된 오귀스트 샤르팡티에의 편지에는 조르주 상드라는 세기의 인물을 만난 젊은 화가가 하루라도 빨리 매력적인 모델의 초상화를 그리고 싶어 안달하는 마음이 담겨 있다. "1838년 노앙. 그녀의 얼굴은 우리가 볼 수 있는 얼굴 중 가장 감탄할 만한 얼굴입니다. 저는 아직도 그 첫인상의 충격에서 헤어나지 못했어요. 내일이 되면 그녀의 초상화를 시작한답니다."

하지만 신고전주의의 대가 앵그르의 제자였던 스물네 살 젊은

오귀스트 샤르팡티에, 〈조르주 상드의 초상화〉, 1838

화가의 조바심과는 상관없이 초상화 작업은 진척이 더뎠다. 당시 남편 카지미르 뒤드방Casimir Dudevant과 이혼 소송 중이던 상드는 자주 노앙을 떠나 파리에 올라가야 했고, 모델의 부재로 인해 초상화 그리기 작업은 규칙적으로 진행되지 못했다. 이를 미안하게 생각한 상드는 노앙에 남은 샤르팡티에에게 유머를 섞어 다음과 같은 내용이 담긴 편지를 보냈다. "오귀스트 샤르팡티에씨. 그러니까, 아이들을 돌보는 사람이 바로 당신, 나의 착한 샤르팡티에인 건가요? 나의 '어릿광대 같은 얼굴'을 그리겠다고 나 대신 집안의 엄마 노릇을 하느라 무진 애를 쓰고 있는 사람이 바로 당신이란 말이지요?"

이런 우여곡절 끝에 완성되어 1839년에 전시된 이 초상화는 비평가들의 찬사를 받았고, 판화로 제작 복제되어 널리 유포되었다. 오늘날 우리가 보는 초상화는 조르주 상드의 딸인 솔랑주가 화폭의 크기를 줄이고 그림 일부를 잘라낸 형태지만, 원래의 원본 그림에는 지금도 이곳 살롱에 남아있는 두 개의 네덜란드 의자 중 하나에 몸을 기대고 있는 조르주 상드의 상반신 전체가 그려져 있었다. 1833년 상드의 연인 낭만주의 시인 알프레드 드 뮈세Alfred de Musset의 말처럼 "마치 인도 여자의 눈처럼 크고 검으며 부드러운 눈"의 광채는 머나먼 이국땅의 수녀 같은 복장을 하고 어딘가를 응시하는 여인의 차가운 듯 창백한 표정에 온기를 불어넣는다.

이 초상화 외에도 이곳 조르주 상드 관련 전시실에는 그녀의 가족, 지인과 친지들의 초상화와 그들을 기념하는 아기자기한 소품들이 놓여있어 이 위대한 여성 작가의 삶과 작품들을 돌아보게 한다.

한편 세 번째 전시실에서 눈여겨봐야 할 것은 조르주 상드가 생애 말년에 노앙의 자택에서 작업한 수채화 그림들이다. 펜을 놓고 붓을 들고 싶었던 것일까. 1874년경부터 시작해 생애 말년의 몇 년 동안 조르주 상드는 마치 돌에 무늬가 새겨진 '모수석'을 닮은, 본인 스스로는 '짓뭉갠 수채화'라고 명명했던 그림 그리기에 몰두한다. 작은 종이나 판지에 붓으로 대개는 녹색이 주를 이루는 색을 칠하고 나서 아직 마르지 않은 물감 위에 흡수성 브리톨 시트를 덮어 누르면 색이

뭉개지면서 광물 위에 새겨진 화석 자국처럼 미세한 결이 있는 얼룩이 생긴다. 상드는 이처럼 우연히, 무작위로 만들어진 모호한 형상을 바탕으로 상상력을 더해 그야말로 현대적인 개념의 풍경을 만들어냈다. 먼저 눈으로 감지할 수 있도록 하늘, 계곡, 강의 형상과 방향을 결정하고, 이어 바늘이나 펜을 이용해 특정 선을 강조한 후 마지막으로 종이의 여백을 사용하여 때로는 흰색으로 강화된 상상의 풍경 수채화를 완성하는 것이다.

수채화 그리기 작업은 대개 노앙에서 가족의 도움을 받아 진행되었다. 아들 모리스의 도움을 받기도 했지만, 두 손녀인 오로르와

전시실에 걸린 상드의 그림들

가브리엘 역시 마치 게임을 하듯 자주 할머니를 도와 그림 작업에 참여했다. 귀여운 손녀들에 대한 사랑의 표현이었을까. 상상의 풍경을 담은 그림이 완성되고 나면 상드는 때때로 그림 하단에 두 손녀와 그들의 반려견인 파데의 실루엣을 그려 넣는 것으로 작가 서명을 대신하곤 했다. 얼핏 놀이처럼 보이기도 하는 이 목가적인 상상의 시들은 동시대의 저명한 작가 빅토르 위고Victor Hugo가 화가로서 동양의 먹을 이용해 창조한 잉크 자국 혹은 '먹그림'과 비슷한 류의 창작물이다. 1층의 세 번째 전시실 벽면을 가득 메운 상드의 회화 작품들은 예술가의 본성에 충실했던 그녀가 '짓뭉갠 수채화' 기법을 통해 이번에는 작가가 아니라 화가로서 아카데미의 전통과 회화 장르의 위계를 벗어나 창조적 충동의 활력을 표현했음을 보여 준다.

조르주 상드의 삶과 사랑

낭만적 삶의 미술관 1층의 조르주 상드 전시실에서 다양한 작품들과 오브제들을 둘러보다 보면 작가로서, 한 인간으로서, 그리고 무엇보다 한 여성으로서 그녀의 삶이 더욱 궁금해진다. 조르주 상드라는 필명으로 발표한 소설 『앵디아나』를 시작으로 평생 출간된 소설만 100권에 이를 정도로 방대한 작품을 남긴 19세기 낭만주의 시대를 대표하는 작가이지만, 국내에서는 『마의 늪』, 『사생아 파데트』, 『렐리아』 등 몇 권을 제외하고는 번역된 작품이 별로 없어서 국내 독자들에게는 조르주 상드라는 이름이 다소 생소하게 들릴지도 모르겠다. 반면 클래식 음악을 좋아하는 사람이라면 쇼팽의 연인 조르주 상드라는 이름은 많이 들어 익숙한 것일 수도 있겠다.

최근 상드의 자서전인 『내 생애의 이야기』 전 7권이 번역 출판되어 독자를 만나고 있고, 오래전 절판되었던 상드의 편지 번역본 전 6권 또한 출판사를 달리하여 재출간된 것은 이런 점에서 반가운 일이다. 하지만 솔직히 프랑스에서조차 조르주 상드를 유명하게 만드는 것은 작가적 재능보다는 전설적인 '스캔들의 여왕'으로 불릴 만큼 특별한 삶을 살았던 그녀의 이력과 더불어, 무엇보다 쉴 새 없이 상대를 바꿔가며 자유연애를 하고 사랑을 나눴던 그녀의 화려한 연애사라고 하는 것이 맞을 것이다. "사람들이 상드에 대해서 욕을 할 때 상드를 더욱 영예롭게 만든다고 느꼈다."라고 했다던 빅토르 위고의 말마따나 실제로 프랑스 문학 예술사를 통틀어 상드만큼 많은 염문을 일으키고 세간의 비난과 험담을 많이 들었던 예술가는 찾아보기 어렵다.

1804년 파리의 가난한 지역에서 폴란드 왕을 지낸 오귀스트 2세를 조부로 둔 아버지 모리스 뒤팽Maurice Dupin과 가난한 서민 출신에 파리 센강 변 새 장수의 딸로 전쟁터의 막사를 떠돌아다니던 단역 배우였던 어머니 빅투아르 사이에서 태어난 조르주 상드의 본명은 아망딘 오로르 뤼실 뒤팽Amandine Aurore Lucile Dupin이다. 오로르의 부모는 서로를 열렬히 사랑했다. 하지만 집안 차이가 크게 나는 며느리에 대한 시어머니의 강한 반대로 둘의 사랑은 시련을 겪었다. 간신히 결혼 승

낙을 받은 부부는 프랑스 중부 베리 지방에 자리한 고향 노앙으로 돌아온다. 그러나 오로르의 나이 네 살 때 아버지가 그만 낙마 사고로 사망하는 일이 일어난다. 그 일을 계기로 전원의 평화 속에 묻혀 있던 노앙의 성에는 고부간의 불화가 끊이질 않았다. 끝내 할머니의 성화에 못 이긴 어머니가 파리로 떠나버리자 어린 오로르는 고아 아닌 고아로 살면서 외로움과 슬픔의 세월을 견뎌야 했다.

13세부터 16세까지 한참 예민한 사춘기 시절을 파리에 있는 영국 수녀원에서 보낸 오로르는 고향으로 돌아와 18세에 뒤드방 남작과 결혼하여 슬하에 1남 1녀를 두었다. 둘 중 남편과의 사이에서 얻은 아들 모리스는 출중한 미모로 평생 엄마의 사랑을 독차지했다. 이를 두고 상드 연구가 모리스 토스카Maurice Tosca는 상드의 가장 위대한 사랑은 '아들에 대한 사랑'이었다고 말하기도 했다. 한편 딸 솔랑주는 남편과 별거 중이었을 때, 어린 시절의 가정교사이자 그녀의 첫 연인이었던 스테판이라는 정부와의 관계에서 태어났다.

상드의 남편 카지미르 뒤드방 남작은 "뜨거운 연애 감정과 열렬히 사랑하고 싶은 마음으로 충만되어 있는" 아내와는 성격이나 취미가 달라도 너무 달랐다. 그는 자신의 아내를 정신적으로 감당할 능력이 없었다. 부부 사이는 점점 멀어졌고, 상드는 남편과 헤어져 파리로 갈 결심을 한다. 당시 금발에 얌전하고 매력적인 열아홉 살 청년 쥘 상도Jules Sandeau와 새롭게 사랑에 빠진 상드는 한 편지에서 다음과 같이 쓴다. "산다는 것은 멋지고 아름다운 일입니다. 괴로움, 남편, 권태, 부채, 가족들 그리고 가슴이 미어지는 고뇌와 끈질긴 중상모략에도 불구하고, 산다는 것은 도취하는 것입니다. 사랑한다는 것은 가슴 설레는 일이며, 행복입니다. 천국입니다. 아! 나는 맹세코 예술가의 생애를 살고 싶습니다. 우리의 좌우명은 자유입니다." 그렇다. 남편을 떠나 파리에 정착해 글쓰기를 시작한 상드에게 예술가의 삶이란 곧 사랑, 도취, 행복, 천국, 자유와 동의어였다.

자유롭게 사랑하는 예술가의 삶을 살겠다고 결심한 상드는 이름을 조르주 상드로 바꾼다. 먼저 '조르주'라는 이름을 보자. 몇몇 예외가 있긴 하지만 프랑스에서 '조르주'는 흔히 남자아이에게 붙이는 이름이다. 상드는 자신의 가명 혹은 필명으로 왜 남자 이름을 선택했을까? 추정컨대 여성의 역할이 제한적이었던 19세기에 이미 여성의 사회적 지위 향상을 비롯해 여성 해방을 부르짖은 선구자였고, 자유분방한 남성 편력을 자랑하면서 정치와 혁명에 참여하는 등 폭넓은 사회 활동을 했던 상드였기에 예술가의 삶을 살기로 결심한 이상 여성의 삶이 갖는 사회적 한계에 자신을 가두고 싶지 않았을 것이다.

실제로 상드는 이후 세간의 시선에 아랑곳하지 않고 남장을 하고 거리를 활보하는 등 그야말로 사회가 부여한 성 역할에 구애받지 않는 삶을 살았다. 그렇다면 '상드'라는 성은 어디서 가져왔을까? 이에 대해서는 당시 연인이었던 쥘 상도의 성 '상도'를 줄여서 사용했다는 설과 당시 독일의 한 혁명가의 이름을 붙인 것이라는 설 등 여러 주장이 있다. 어쨌든 이름을 조르주 상드로 바꾸고 작가이자 예술가로서 홀로 서기를 시작한 이 시기부터 문학과 민주주의에 대한 사명감, 사랑과 우정이 한데 어우러진 그녀의 파란만장한 생애가 시작된다.

남편을 떠나 파리에 도착한 상드는 센강 변의 허름한 다락방에 세 들어 살면서 어릴 때부터 시작했던 독서에 전념하는 한편 작품의 구상을 마치고 집필을 시작할 때면 하루 14시간 이상씩 창작에 매달렸다. 상드는 노앙에서 생활비를 받고 있었지만, 그와 관계없이 돈을 벌기 위해 글을 쓰고 그 돈으로 생활한 최초의 여성이었다. 출간된 100여 권의 소설 외에도 신문 및 잡지에 기고한 글과 그녀가 남긴 4만여 통에 달하는 방대한 규모의 편지들을 생각하면 그야말로 빚을 갚기 위해 커피의 힘을 빌려 밤낮없이 글을 썼다는 프랑스의 대문호 오노레 드 발자크Honoré de Balzac에 버금가는 작업량이라고 할 만하다. 놀라운 것은 그렇게 글을 쓰는 와중에도 상드가 남녀를 가리지 않고 많은 이들과 우정을 나누었으며, 그들 중 여럿과 연인 관계를 유지했다는 사실이다. 쥘 상도 이후 상드의 연인이라는 타이틀을 거머쥔 이들의 목록을 살펴보면 의사와 변호사, 옛 가정교사, 희극 배우 등등 수많은 인물 가운데 생트뵈브, 메리메, 알프레드 드 뮈세 등 유명 작가들의 이름이 눈에 띈다. 하지만 누가 뭐래도 상드의 연애사에서 가장 잘 알려진 사건은 세기의 스캔들이라 불리는 쇼팽과의 로맨스일 것이다.

26세의 쇼팽이 여섯 살 연상 상드를 만난 것은 1836년 가을의 일이다. 둘은 쇼팽의 동료 음악가이자 친구인 리스트의 소개로 리스트의 애인 마리 다구 백작 부인이 운영하는 살롱에서 서로를 처음 보았다. 그날 남장을 하고 담배를 피워문 상드를 보고 쇼팽은 친구 힐러에게 그녀에 대한 첫인상을 “저 오만하고 뻔뻔스러운 남자처럼”이라고 표현했고, 상드는 친구 마를리아니에게 “쇼팽 씨는 정말 소녀 같지 않아?"라고 속삭였다고 한다. 두 사람을 다 아는 마리 다구 백작 부인의 말처럼 쇼팽과 상드는 모든 면에서 너무 대조적이라 서로 어울리기가 어려워 보였다. 실제로 쇼팽은 소극적이고, 신중함이나 결단력, 적응력 등이 부족하고 귀족적인 취미를 갖고 있었던 반면, 상드는 적극적이고 개방적이며 솔직하고 결단력이 강해서 어떤 상황에도 적응을 잘하는 성격이었다. 외모로 보아도 둘의 차이는 완연했다. 호리호리한 몸매에 다갈색 머리카락, 우수 어린 얼굴에 창백한 안색, 우아한 미소와 몸짓, 품위 있는 걸음걸이, 섬세하면서도 약간 가라앉은 듯한 목소리를 가진 쇼팽에게서 무엇보다 고귀하고 귀족적인 뭔가가 느껴졌다면, 남장을 자주 하던 상드는 작은 키에 검고 짙은 머리카락을 길게 늘어뜨리고 다녔으며, 부드럽고 속삭이는 듯한 검고 큰 눈, 다정다감한 목소리에도 불구하고 다소 이국적으로 보이는 그녀의 얼굴은 첫눈에 남자들의 호감을 살 정도는 아니었던 듯하다.

하지만 사랑은 때로 모든 차이를 뛰어넘는 법이다. 1838년 어느 초여름 밤 파리의 야회에서 만난 쇼팽과 상드는 서로를 향해 사랑의 불을 지피는 큐피드의 화살을 맞았다. 어둠이 내리기 시작하는 파리의 아름답고 낭만적인 밤, 정원을 향해 열린 창문으로 그윽한 꽃향기가 들어와 실내에 퍼지고, 그 분위기에 취한 쇼팽이 피아노 앞에 앉아 몇 시간 동안 훌륭한 즉흥 연주를 한다. 상드는 작곡가이자 연주자인 쇼팽의 본모습을 처음 보았고, 쇼팽에게 완전히 마음을 빼기고 말았다. 쇼팽 역시도 남자 같은 외관과는 달리 섬세한 여성의 마음을 가진 상드에게 차차 마음이 가기 시작했다. 마침내 상드가 쇼팽에게 "당신을 열렬히 사랑합니다. 조르주."라고 쓴 고백의 편지를 보냈다. 쇼팽은 상드가 처음으로 보낸 이 짧은 편지를 앨범에 넣어 평생 가지고 다녔다.

연인이 된 둘은 이후 상드의 두 자녀와 함께 마요르카섬으로 여행을 떠났다. 그곳에서 쇼팽은 생명의 위협을 느낄 정도로 병세가 악화되기도 했지만 그런 위기 덕분에 두 사람의 마음은 더욱 강한 사랑의 끈으로 묶이게 되었다. 그 후로 쇼팽과 상드는 주로 여름에는 노앙에서 겨울은 파리에서 지내며 한 사람은 작곡에, 다른 한 사람은 글쓰기에 매달렸다. 물론 노앙에서든 파리에서든 친구들과의 담소와 즉흥연주가 있는 사교 생활은 계속되었다. 때로 소소한 갈등이 있었지만 두 연인은 각자 곡을 쓰고 소설을 탈고하면서 평온한 시절을 보냈다.

하지만 세월이 흐르고 상드의 아이들이 성인이 되어 자기주장을 하기 시작하면서 쇼팽과 상드의 관계가 틀어지기 시작했다. 쇼팽은 노앙에서 자신의 존재가 이제 '거추장스러운 손님' 그 이상도 그 이하도 아니라고 생각하며 괴로워했고, 상드는 쇼팽이 평상시에는 착하고 훌륭하고 존경스럽지만 때때로 집안에서 문제를 일으키는 데 진저리가 난다고 주변 사람들에게 이야기했다. 1846년 11월 쇼팽은 노앙을 떠났고, 다시는 돌아오지 않았다. 그리고 1847년 7월 28일 상드는 9년에 걸친 쇼팽과의 관계가 파국에 직면했음을 깨닫고 그에게 마지막 편지를 썼다. 상드와 결별한 후 건강이 더 악화된 쇼팽은 작곡 활동을 중단했으며 그 어느 때보다 고독했고 외로웠다. 상드는 계속 냉담했고, 평소의 그녀와는 달리 친구들에게 쇼팽에 대한 비난과 증오, 온갖 오해와 곡해, 거짓과 과장이 담긴 편지를 썼다.

쇼팽은 예전부터 그를 열애하던 스코틀랜드 부호의 딸이자 제자인 제인 스털링Jean Wilhelmina Stirling과 7개월 동안 영국 연주 여행을 떠났다가 병이 심하게 도져 깡마른 몸에 빈털터리가 되어 파리로 돌아왔다. 영국 체류 중에도 수시로 파리의 친구들에게 상드의 소식을 물었지만, 결국 파리에 와서도 상드를 만날 수 없었다. 1849년 10월 12일 쇼팽은 파리의 방돔 광장 12번지 자택에서 자신이 죽으면 심장을 조국 폴란드에 묻어달라는 유언을 남겼고, 10월 17일 새벽 2시에 벨리니와 로시니의 눈물로 얼룩진 아리아를 들으며 숨을 거두었다. 쇼팽의 나이 39세였다. 파리의 마들렌 성당에서 거행된 장례식에는 삼천 명 이상의 조문객이 자리했다. 죽기 전 쇼팽의 요청에 따라 모차르트의 레퀴엠이 연주되고, 이어 망자의 24개 프렐류드 중 4번째 곡이 오르간으로 연주되었다. 하지만 쇼팽이 죽어서라도 너무나 보고 싶어 했을 상드의 모습은 끝내 보이지 않았다. 그에 더해 상드는 쇼팽 사후 서로 주고받았던 수많은 편지를 모두 태워버렸다.

장례식이 끝나고 쇼팽은 스무 살에 폴란드를 떠나올 때부터 소중히 간직했던 한 줌의 흙과 함께 파리의 페르 라셰즈 묘지에 묻혔다. 그리고 그의 심장은 유언에 따라 고향 바르샤바의 성 십자가 성당으로 돌아갔다. 후일 쇼팽의 유품 정리를 하던 누나가 쇼팽의 귀중품 상자를 열어보니 상드로부터 받은 편지가 두 사람 이름의 첫 글자인 'G, F'가 수놓아진 작은 비단 봉투 속에 들어있었다. 봉투에서는

프레데릭 쇼팽의 무덤

상드의 머리카락도 한 줌 발견되었다. 평생 수많은 연인을 만났던 상드였지만 사랑의 편지를 보낼 때 머리카락을 잘라 함께 보낸 상대는 젊은 날의 연인 뮈세와 쇼팽 이렇게 딱 둘밖에 없었다고 하니, 비록 행복한 결말은 아니었지만 상드에게 쇼팽은 분명 각별한 존재였음이 틀림없다. 어떤가. 우리가 흔히 '낭만적'이라고 칭하는 사랑이 있다면 쇼팽과 상드의 사랑이야말로 그 전형이 아니겠는가.

에르네스트 르낭, 셰퍼가의 일원이 되다

쇼팽과의 사랑 이야기를 끝으로 조르주 상드 전시실을 떠나 2층으로 올라간다. 먼저 '르낭 홀'이라 이름 붙인 방으로 들어선다. 프랑스의 작가이자 문헌학자요, 철학자이자 역사가인 에르네스트 르낭에게 헌정된 방이다. 전시 취지에 맞게 조각가 르네 드 생 마르소René de Saint-Marceaux가 1883년 제작한 에르네스트 르낭의 흉상이 놓여있고, 벽에는 아리 셰퍼의 동생이자 에르네스트 르낭의 장인인 헨리 셰퍼가 1860년 그린 사위의 초상화 〈에르네스트 르낭〉이 걸려 있다. 나이가 주는 여유일까. 아니면 장인 앞에서 포즈를 취하는 사위의 수줍음 때문일까. 그림 속 얼굴과 비교하니 제작 시기가 20년 이상 뒤인 흉상의 미소 띤 르낭의 표정은 한결 편안하게 여겨진다.

낭만적 삶의 미술관에서 만나는 에르네스트 르낭이 다소 뜻밖으로 여겨질 수 있다. 하지만 이 저명한 인물이 이곳 미술관의 역사와 맺고 있는 관계를 알게 되면 이 상황이 자연스럽게 이해가 된다. 에르네스트 르낭은 1854년 이 저택에서 열린 어느 금요 모임에 참석했다가 아리 셰퍼의 조카이자 헨리 셰퍼의 딸인 코르넬리를 만나 사랑에 빠진다. 그리고 2년 후 결혼식을 올린다. 즉, 셰퍼가의 일원이 된 것이다. 특히나 1980년 이 저택의 마지막 소유자였던 그들의 손녀 코리가 파리시에 남긴 유증으로 1983년 '셰퍼-르낭 미술관'이 문을 열었다는 사실을 생각하면 에르네스트 르낭을 필두로 르낭가 일원이 이곳에서 차지하는 자리가 어느 정도인지 알 수 있다.

르네 드 생 마르소,
〈에르네스트 르낭의 흉상〉, 1883

헨리 셰퍼, 〈에르네스트 르낭〉, 1860

전시실에는 르낭가가 배출한 화가의 그림 한 점이 걸려 있다. 바로 에르네스트 르낭과 코르넬리 셰퍼의 아들 아리 르낭Ary Renan이 그린 〈사포〉라는 제목의 그림이다. 에콜 데 보자르에 입학해 엘리 들로네와 피에르 퓌비 드 샤반 아래서 수학했던 아리 르낭은 귀스타브 모로와 친밀한 관계를 맺은 젊은 화가 그룹에 속해있었다. 그래서일까. 고대 그리스 레스보스섬 출신으로 서양사 최초의 여류 시인으로 알려진 사포를 주인공으로 하는 그의 그림에는 상징주의의 영향이 진하게 묻어 있다.

오를레앙가의 사람들

이번에는 아리 셰퍼와 여러모로 돈독한 관계를 맺었던 오를레앙가 사람들의 초상화가 걸려 있는 방을 구경한다. 앞서 얘기했듯 아리 셰퍼는 1822년부터 훗날 1830년 혁명으로 프랑스의 왕이 되는 오를레앙 공 루이 필립의 세 자녀, 페르디낭-필립, 루이즈, 마리에게 미술을 가르치는 선생님이 되면서 오를레앙 왕가와 친분을 쌓게 되었다. 공작의 세 자녀는 모두 그림 공부에 취미를 보였고, 선생과 제자들 사이에 우정의 관계가 맺어진다. 특별히 마리 도를레앙 공주는 그의 지도하에 예술가로서 재능을 발휘하여 프랑스 미술계 최초의 여성 조각가 중 한 명이 되었지만 안타깝게도 스물다섯 젊은 나이로 요절했다. 오를레앙 가문은 변함없이 아리 셰퍼의 지지자요 후원자로 남았고, 루이즈와 마리 공주의 초

오를레앙가 사람들의 초상화가 걸린 방

상화와 루이 필립 왕의 셋째 아들의 부인인 주앵빌 공주의 기념 초상화를 비롯한 많은 그림을 그에게 의뢰했다. 이곳 전시실에서는 아리 셰퍼가 그린 루이즈 공주의 초상화와 주앵빌 공주의 기념 초상화를 볼 수 있는데, 흥미롭게도 이들 그림 옆에는 후일 화가의 아내가 되는 보드랑 장군의 미망인 소피 마랭Sophie Marin의 초상화가 함께 걸려 있다.

이들 젊은 여인들의 초상화 옆에 모든 것을 체념한 듯한 표정으로 슬픔에 잠긴 채 의자에 앉아 있는 나이 든 부인을 그린 미완성 초상화가 보인다. 초상화의 주인공은 루이 필립 1세의 왕비였던 마리 아멜리다. 당시 그녀는 영국으로 망명한 상태였다. 1857년 오를레앙 가문과 인연을 맺은 지 사반세기가 지난 시점에서 아리 셰퍼는 1848년 2월 혁명으로 영국 망명길에 올랐다가 1850년 사망한 루이 필립 왕을 애도하는 마음으로 왕의 미망인인 왕비의 모습을 화폭에 담았다. 죽기 1년 전 소중했던 과거의 인연을 되돌아봤던 것일까. 왕비는 영국 서레이의 클레어몬트에서 '뇌이 백작 부인'이라는 예우를 받으며 남편보다 16년을 더 살았다. 남편을 먼저 보내고, 남은 생을 손자와 증손자들을 위해 헌신했다고 한다. 한때 프랑스의 왕비였지만, 나이 들고 권력을 잃은 그림 속 여인의 모습은 화려함과는 거리가 멀어 보인다. 그저 인생사의 쓸쓸함만이 그녀의 텅 빈 눈빛에 담겨 있을 뿐이다.

아리 셰퍼, 〈슬픔에 잠긴 마리 아멜리 왕비의 초상〉, 1857

19세기 오페라 무대를 점령한 두 자매 이야기

다음 방으로 건너가면 서로 자매지간인 두 여성의 초상화가 우리 눈을 사로잡는다. 먼저 네모난 금박 액자 틀에 타원형으로 표구된 프랑수아 부쇼François Bouchot의 그림 〈데스데모나 역의 말리브란〉의 주인공은 언니인 마리아 가르시아Maria Garcia로 장차 첫 번째 남편의 성인 말리브란이라는 예명으로 활동하게 되는 오페라 가수이다. 그런가 하면 10여 년의 시차를 두고 아리 셰퍼의 손길을 통해 탄생한 두 점의 초상화 〈폴린 비아르도〉와 〈성 세실리아로 분한 폴린 비아르도〉는 후일 결혼으로 비아르도라는 성을 얻게 된 동생 폴린 가르시아를 화폭에 담은 것이다. 마리아와 폴린, 열세 살 터울이 지는 두 자매는 19세기 들어 예술을 넘어 산업으로 발전하기 시작한 오페라 업계에서 독보적인 지위를 가진 유명한 성악가로 활동했다.

그렇다면 두 사람은 어떻게 한 시대를 풍미하는 오페라 가수가 될 수 있었을까? 자매는 스페인 출신으로 파리에서 성악가로 활동하고 있던 부모에게서 태어났다. 어머니 호아키나 시치스Joaquina Sitches는 배우이자 오페라 가수였고, 아버지 마누엘 가르시아Manuel Garcia는 당대 세계 음악계를 호령하던 이탈리아 오페라의 거장 로시니의 〈세비야의 이발사〉에서 알마비바 백작 역을 맡아 호연을 펼치기도 했던 유명 테너였다.

오페라 가수이자 작곡가로 당시 영향력 있는 성악 강사이기도 했던 아버지 가르시아는 어린 자녀들에게 노래하는 법을 가르치고 오페라의 세계에 입문시켰다. 오랫동안 오페라 업계에 몸담았던 아버지는 가수로 성공하기 위해서는 오로지 엄격한 규칙과 철저한 노력, 꾸준한 연습밖에 길이 없다고 생각했다. 그래서 자신의 어린 자녀들을 가르칠 때조차 융통성 없이, 때로 폭압적인 방법을 동원해 실력 향상을 도모했다. 아버지의 기대를 한몸에 받았지만 자의식이 뚜렷했던 맏딸 마리아는 이런 아버지와 끊임없이 충돌했다. 과정이야 어쨌든 두 딸은 부모로부터 물려받은 재능과 어린 시절부터 시작된 혹독한 교육 덕분에 경쟁이 치열한 오페라 업계에서 두각을 나타낼 수 있었다.

큰딸 마리아는 여덟 살 때 처음으로 아버지와 함께 이탈리아 작곡가 페르디난도 파에르Ferdinando Paer의 오페라 〈아그네스〉로 나폴리 무대에 데뷔했다. 17세에는 런던 킹스 극장의 합창단에서 노래를 불렀다. 그해 〈세비야의 이발사〉 공연에서 주연을 맡은 프리마돈나가 갑자기 몸이 불편해져 무대에 오르지 못하자 아버지 가르시아는 딸에게 로지나 역을 맡을 것을 제안했다. 관객들은 혜성처럼 등장한 이 젊은 메조소프라노를 사랑했고, 마리아는 시즌이 끝날 때까지 이 역할을 계속 노래했다. 바야흐로 마리아 가르시아, 달리 말해 말리브란의 명성이 시작된 것이다.

시즌이 끝나자 아버지 가르시아는 오페라단을 이끌고 뉴욕으로 건너간다. 가르시아의 오페라단은 일종의 가족 오페라단으로 가르시아 본인과 큰딸 마리아, 아들 마누엘, 아내 호아키나 시치스가 주요 단원이었다. 훗날 언니만큼 유명한 가수가 되는 막내딸 폴린은 당시

프랑수아 부쇼, 〈데스데모나 역의 말리브란〉, 1831

겨우 네 살이었다. 뉴욕에서 이탈리아 오페라가 공연된 것은 이때가 처음이었다. 마리아는 9개월 동안 8편의 오페라에서 주역을 맡았는데 그중 2편은 아버지가 작곡한 작품이었다.

뉴욕 순회공연은 성공적이었다. 하지만 동시에 가족 구성원으로 이루어진 오페라단이 해체되는 계기가 되기도 했다. 오페라단의 간판인 맏딸 마리아가 갑작스러운 결혼으로 오페라단을 떠난 것이다. 마리아는 뉴욕에서 28세 연상의 은행가 프랑수아 외젠 말리브란 François Eugène Malibran을 만나 급히 결혼했다. 이 결혼에 대해 혹자는 그녀의 아버지가 10만 프랑을 주겠다는 은행가의 약속에 대한 대가로 마리아에게 결혼을 강요했다고 하지만, 또 다른 이야기에 따르면 마리아는 순전히 폭압적인 아버지에게서 벗어나기 위해 스스로 결혼을 선택했다고 한다.

결혼 후 1년이 지났을 때 마리아는 파산한 남편을 떠나 유럽으로 돌아갔다. 그리고 이때부터 마리아 가르시아라는 처녀 시절 이름 대신 남편 성에서 가져온 '말리브란'이라는 예명을 공식 이름으로 사용했다. 남편과 함께 살지도 않고 애정도 없었으면서 남편의 성을 자신의 이름으로 사용한 것을 보면 이 결혼이 그녀에게 어떤 의미였는지 알 것도 같다. 그것은 일종의 독립 선언과도 같은 것이었다. 이제 그녀는 아버지의 후광 없이 오페라 가수로서 홀로 당당히 자신의 인생을 살아갈 터이다.

실제로 유럽으로 돌아온 그녀는 도니제티의 〈마리아 스투아르다〉 초연에서 주연을 맡는 것을 시작으로 유럽 전역을 순회하며 노래하는 오페라 스타로 거듭났다. 이곳 전시실에 걸려 있는 말리브란의 초상화를 들여다보면 무대 위에서 빼어난 외모, 폭풍 같은 성격, 드라마틱한 연기력으로 오페라 관객을 사로잡았던 마성의 가수의 매력과 아우라가 고스란히 전해진다. 그런 그녀가 28세라는 젊은 나이에 예기치 않은 낙마 사고를 당한다. 부상에도 불구하고 고집을 굽히지 않고 공연을 강행하던 그녀는 결국 무대에서 쓰러져 사망했다. 무대 인생의 정점에서 세상을 떠난 것이다. 이 죽음과 함께 그녀는 음악계에서 영원히 잊히지 않을 전설이 되었다.

이렇듯 짧고 특별하고 극적이었던 언니의 삶과 비교하면 동생 폴린의 삶은 잔잔하게 흘러가는 긴 강처럼 편안하고 고요해 보인다. 그녀는 당대로는 드물게 89세까지 장수했고, 사별하는 순간까지 남편과 함께였으며, 목소리가 허락하지 않을 때까지 최고의 오페라 가수로서 부와 명성을 누렸고, 평생 수도 없이 많은 친구와 추종자에게 둘러싸여 사랑받으며 살았다. 그녀의 노래 실력이 언니에 못 미치는 것도 아니었다. 폴린은 네 살 때 웰링턴 공작 앞에서 노래를 불렀고, 여덟 살 때는 로시니 앞에서 재능을 선보였다. 피아노에도 재능이 있었지만, 세상을 떠난 아버지 대신 딸의 교육을 맡았던 어머니는 막내딸에게 피아노보다 성악에 집중할 것을 권했다. 어머니의 뜻에 따라 노래에 전념하던 폴린은 갑작스레 사망한 언니의 뒤를 이어 전문적인 성악가의 길로 들어섰다. 1837년 16세의 폴린은 브뤼셀에서 첫 번째 공식 데뷔 공연을 성공적으로 마쳤다. 2년 후인 1839년에는 런던에서 로시니의 오페라 〈오셀로〉의 데스데모나 역을 맡아 오페라 무대에 데뷔했다.

그런데 곧 당대 최고의 오페라 가수로 승승장구하게 되는 그녀에게 핸디캡이 있었다. 그것은 언니에 비해 확연히 떨어지는 외모였다. 당시 극장 무대는 언니 말리브란처럼 전통적인 미인을 원했는데 폴린의 외모는 그 기준에 턱없이 부족했다. 이곳 전시실에 걸린 두 자매의 초상화를 비교해 보면 당시 이런 평가가 나온 이유를 짐작할 만하다. 폴린은 눈이 크고 둥글며 살짝 앞으로 튀어나온 데다 반쯤은 눈꺼풀로 덮여있고, 노래할 때면 거의 입만 보일 정도로 입술이 크고 두꺼웠고, 짤막한 턱에 목은 길었다. 누가 봐도 무대 위의 주인공에 어울리는 얼굴이 아니었다.

하지만 무대 위에 선 그녀의 자태는 그야말로 위엄이 넘치고 우아했다. 늘씬한 몸매는 그녀를 실제보다 더 커 보이게 했다. 흑발의 머리칼은 윤기가 흘렀고 안색은 밝고 부드러우며 건강미가 넘쳤다. 어려서부터 조숙하고 영리했던 그녀는 지성미도 풍겼다. 무엇보다 노래를 잘했다. 무대 위에서 혼신의 힘을 다해 연기를 펼치며 노래를 부를 때, 오랫동안 갈고닦은 그녀의 노래 실력은 진가를 발휘했다. 청중은 감동했고, 폴린은 금세 언니 말리브란의 부재를 지우고 당대 최고의 오페라 가수로 우뚝 섰다.

새로운 스타의 탄생은 당대 파리 문화예술계 인사들 사이에서도 큰 이슈가 되었다. 한때 상드와 사귀기도 했던 시인 알프레드 드 뮈세는 17세의 폴린이 노래하는 모습에 반해 그녀를 쫓아다니며 청혼까지 했다. 하지만 젊은 오페라 가수 폴린에게 진정한 애정과 존경

아리 셰퍼, 〈폴린 비아르도〉, 1840

심을 품고, 깊은 교감을 나누던 상드는 청혼을 받아들이지 말라고 충고했다. 대신 자신의 살롱 모임에 드나들던 부유한 이탈리아 극장 음악 감독 루이 비아르도Louis Viardot를 소개해 결혼에 이르게 했다. 결혼 당시 루이는 18세의 폴린보다 21살 위였다. 하지만 음악 감독인 동시에 작가이자 유명한 미술 평론가이고 음악 애호가였던 남편 루이는 나이는 어리지만 지적이고 교양 있는 예술가 아내 폴린을 사랑했고 평생 헌신하며 그녀가 오페라 가수로서 성공적인 경력을 이어갈 수 있도록 도왔다.

이들 부부는 쇼팽과 상드 두 사람으로부터 큰 사랑을 받았으며, 종종 노앙과 파리에서 예술과 낭만의 분위기에 흠뻑 젖은 채 함께 시간을 보냈다. 비아르도 부부는 상드의 눈에 예술과 인성 두 가지를 모두 갖춘 상징적 결합체로 보였다. 특히 폴린 비아르도에 대한 쇼팽과 상드의 사랑은 유별났다. 쇼팽과 상드는 그 어떤 친구에 대해서도 그토록 깊은 애정을 품어본 적이 없고, 그토록 완벽한 친화력을 느껴본 적도 없었다고 공공연히 얘기했다. 그러니, 쇼팽과 상드가 헤어졌을 때 그 누구보다 이를 아쉬워한 사람이 폴린이라는 게 충분히 이해가 되고도 남는다.

전시실 벽에 걸린 아리 셰퍼의 초상화 〈폴린 비아르도〉를 다시 바라본다. 1840년 작품이니 아직 스무 살이 채 되지 않은 갓 결혼한 시절의 모습이다. 그림 속 얼굴에서 이곳 아리 셰퍼 저택의 살롱을 비롯해 파리의 여러 살롱에서 유명세를 타기 시작했던, 그리고 아직은 함께였던 상드와 쇼팽의 사랑을 아낌없이 받던 시절의 폴린을 떠올려 본다.

조심성 있는 몸가짐과 차가울 정도로 침착한 태도와는 달리 뛰어난 실력에 더해 내면에서 타오르는 불꽃으로 늘 환하게 빛났던 폴린 비아르도 주변에는 추종자가 많았다. 폴린을 사랑한 많은 사람 중에 러시아의 작가 이반 투르게네프Ivan Sergeevich Turgenev는 특별한 존재였다. 도스토예프스키, 톨스토이와 함께 러시아의 3대 소설가로 꼽히는 투르게네프는 1843년 폴린이 처음으로 러시아의 무대에 섰을 때 3살 연하의 그녀에게 푹 빠져버렸다. 그는 그녀를 찾아갔지만, 이미 결혼해 남편이 있던 폴린은 그를 자신의 여러 추종자 중 하나로 가벼이 여겼다.

하지만 이 만남은 투르게네프의 인생을 송두리째 바꿔놓았다. 폴린에게 끊임없이 존경과 사랑의 편지를 보내던 투르게네프는 2년 후 아예 러시아를 떠나 기나긴 해외 생활을 시작했다. 그는 파리와 노앙에서 상드와 교류하면서 폴린의 곁을 잠시도 떠나지 않았다. 평생을 독신으로 살았던 그는 파리 근교에서 사망할 때까지 오직 그녀만을 바라보았다. 두 사람의 관계는 때론 친구처럼 때론 연인처럼 가까웠다가 멀어지기를 반복했다. 사랑과 우정 사이 어디쯤 자리한 애매한 관계였지만, 폴린과 남편 루이, 그리고 아이들은 대체로 투르게네프를 마치 한 가족처럼 대했다. 1883년 남편 루이와 투르게네프가 4개월 간격으로 폴린 곁을 떠나 저세상으로 갔다. 폴린의 상심은 이루 말할 수 없었다. 투르게네프는 자신의 모든 것을 폴린에게 남기고 떠났다. 처음 본 순간부터 죽는 날까지 근 40년 동안 한 여인만을 일편단심 바라보았던 러시아 대문호의 지고지순한 사랑을 생각하니 이

또한 우리가 찾던 '낭만적 삶'에 대한 하나의 사례로 손색이 없겠구나 싶다.

그나저나 상드의 삶도 그렇고, 투르게네프의 삶도 그렇고, 이런 특별한 삶이 '낭만적 삶'이라면 나 같은 보통사람들은 언감생심 낭만적 삶을 꿈꾸기는 어렵지 않을까. 그저 대리만족으로 충분할 듯하다. 그것이 우리가 책을 읽고, 영화를 보고, 음악을 듣고, 그림을 감상하는 이유일지도 모르겠다.

낭만의 끝에서 현실을 만나다

'낭만'으로 잔뜩 충전된 마음을 안고 밖으로 나온다. 아까 입장했던 입구 반대편에 작은 건물이 하나 더 있다. 이 미술관에 기획 전시가 있을 때 사용되는 건물이다. 2019년 1월 독일 현대 미술가 마르쿠스 뤼페르츠Markus Lüpertz의 작품 전시회가 열렸을 때 들어가 보니 층고가 높고 아담한 사이즈의 공간이었다.

자, 이젠 관람도 끝났겠다, 내가 이 미술관에서 가장 애정하는 곳으로 향할 차례다. 그것은 미술관 본관 오른편에 언뜻 숨어있는 것처럼 보이는 민트색 유리창으로 된 카페다. 카페 안은 마치 온실의 내부처럼 화분이 가득하다. 한쪽 벽에는 로카유 장식 사이로 식물이 자라고 물이 흘러내리는 장식물도 보인다. 카페를 나오면 수령이 200년은 훨씬 넘었을 법한 나무 한 그루가 관람객을 굽어보고 있다.

미술관 카페와 정원 모습

미술관 카페 내부

카페 앞쪽의 정원에는 역시나 민트색으로 칠해진 의자와 테이블이 놓여있다. 햇볕 좋은 봄날이나 가을날에는 이곳 야외 정원 테이블에 자리를 잡고 앉아 차를 마시며 수다를 떠는 사람들이 많이 보인다. 나는 주로 겨울에 이곳을 방문하는지라 싱그러우면서도 온기가 있는 카페 안에 들어가 따뜻한 차 한잔을 마시거나 조금 출출할 때는 야채 수프를 주문해 먹는다. 올해는 날이 좋아 이전과 달리 주스 한 잔을 시켜놓고 정원 테이블 의자에 앉았다. 1월 말이니 아직 한겨울인데 기온이 높아서인지 장미나무에 벌써 꽃이 피었다.

의자에 가만히 앉아 있자니 시끌벅적하게 떠드는 아이들의 목소리가 들려온다. 미술관 바로 옆 건물이 초등학교인데 아마 쉬는 시간인가 보다. 어디서든 아이들이 함께 어울려 뛰노는 모습을 보면 반갑기도 하고 마음 한구석이 환해진다. 최근 들어 한국에서는 인구 감소 추세가 가팔라져서 문을 닫는 학교가 속출한다는데 이곳 프랑스 초등학교에서 담을 넘어 들려오는 아이들의 밝은 목소리를 들으니 마냥 부럽기만 하다. 높은 출산율의 모범 국가로 지난해 잠정 합계 출산율이 우리의 두 배를 넘는 1.68명에 달하는 프랑스에서 저출산 대응 노하우를 배우면 어떨까 생각해 본다.

물론 오해는 마시라. 결혼을 하든 안 하든, 아이를 낳든 안 낳든, 각 개인이 선택할 문제라는 것을 잘 안다. 다만 서로 사랑하는 커플이 어느 날 아이를 갖고 부모가 되고 싶은 마음이 들었을 때 경제적인 이유를 포함해 어떤 이유로든 양육의 부담 때문에 아이 낳기를 포기해서야 되겠는가. 우리 사회가 누구라도 원할 때 마음 편히 아이를 낳아 기를 수 있는 행복하고 안전한 사회가 되기를 바랄 뿐이다. 누구의 아이든 아이들은 모두 우리의 미래다. 이런, 말을 하다 보니 낭만적 삶의 미술관을 방문한 끝에 너무나 현실적인 삶의 이야기로 돌아온 것 같다. 하지만 어쩌겠는가. 낭만적 삶 역시도 현실적 삶에 기대지 않으면 불가능한 것을.

Musée de Montmartre

08 몽마르트르 미술관

주 소 12 Rue Cortot, 75018 Paris

관람시간 월-화, 목-금, 일 10:00~19:00(토 휴무)
수 10:00~22:00

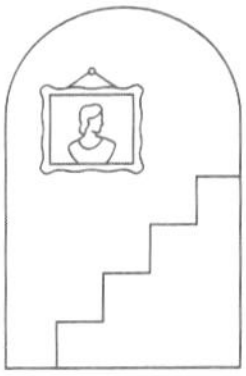

예술과 낭만의 파리, 그 중심에 몽마르트르가 있다. 파리를 한눈에 내려다볼 수 있는 곳, 프랑스 파리 북부 18구에 자리한 몽마르트르 지구는 19세기 후반부터 프랑스 문화예술의 중심지 역할을 해왔다. 실제로 경사진 언덕 위로 펼쳐진 구불구불한 골목길을 헤매며 마주치는 건물이나 거리마다 어느 화가의 그림 속에 등장했다거나 어느 예술가가 그곳에 살았다거나 하는 이야기가 녹아 있지 않은 곳이 없으니 '예술가의 고향'이라는 몽마르트르의 별칭은 괜한 말이 아니다.

오늘의 방문지 몽마르트르 미술관이 있는 코르토가 12~14번지는 그런 점에서 예술가의 고향 몽마르트르를 언급할 때 결코 빠질 수 없는 장소다. 이곳 아틀리에에서 19세기 말부터 20세기 중반까지 그야말로 미술사의 한 장을 장식했던 서로 다른 화파의 화가들이 삶을 살아가고 그림을 그리며 서로 교류했다. 또한 많은 작품 속에 자신들이 생활하고 그림을 그리던 집과 아틀리에의 풍경을 생생하게 담아 두었다. 저마다 체류 기간의 차이는 있지만, 인상파 오귀스트 르누아르, 점묘파 화가이자 무정부주의자였던 막시밀리앙 뤼스Maximilien Luce, 야수파 에밀 오통 프리츠Emile Otton Friez와 라울 뒤피Raoul Dufy, 몽마르트르의 상징적 화가 프랑시스크 풀보Francisque Poulbot를 비롯해 쉬잔 발라동Suzanne Valadon과 그녀의 아들 모리스 위트릴로Maurice Utrillo까지 이 집에서 기거했던 화가들의 면면을 보면 정말이지 세상에 이런 일이 진짜 가능하다고? 하는 놀라움 섞인 감탄이 일어난다.

이들이 살아 숨 쉬던 공간이 1960년 미술관으로 변모했다. 앞서 언급된 화가들의 목록을 생각하고 화려한 회화 컬렉션을 기대한다면 다소 실망할 수도 있다. 이곳은 매번 주제를 달리해 열리는 기획 전시를 제외하면 미술관치고 화가들의 그림을 많이 소장한 편이 아니다. 물론 미술관 전시의 한 축인 몽마르트르에 관한 자료라면 그 양이나 다양성 면에서 타의 추종을 불허하지만, 미술 작품에 한정해서 본다면 오랑주리 미술관이나 마르모탕 모네 미술관처럼 관람객의 눈길을 확 잡아당길 만한 유명한 소장품이 별로 없다는 얘기다.

하지만 이곳엔 컬렉션의 양과 질로만 평가할 수 없는 뭔가가 있다. 공간 자체에서 뿜어 나오는 신비한 아우라라고 할까. 현재 몽마르트르 미술관에는 제일 마지막까지 이곳에서 그림을 그리던 화가 쉬잔 발라동과 모리스 위트릴로가 생활하던 공간과 작업실이 예전 모습에 가깝게 복원되어 관람객을 맞이하고 있다. 매번 그 안으로 들어설 때마다 정확히 뭐라 표현할 수 없는 감정의 파도가 내 안에서 퍼져 나간다. 현재의 내가 과거의 예술가들과 잠시나마 같은 공간을 공유한다는 것. 우디 앨런Woody Allen의 영화 〈미드나잇 인 파리〉의 주인공처럼 시간을 거슬러 올라갈 수는 없겠지만 하나의 공간을 매개로 과거를 살았던 그들과 현재를 사는 우리의 시간이 교차하는 찰나를 경험할 수 있다면 그 얼마나 멋진 일인가. 이런 관점에서 보자면 미술관이 내세우는 '확실히 파리에서 가장 매력적인 미술관'이라는 문구가 과장은 아닌 것 같다. 이곳을 찾는 당신의 마음속에도 그 경이로운 찰나의 순간이 도달하기를.

몽마르트르 가는 길

오늘날 몽마르트르는 두 개의 얼굴을 가졌다고 해도 과언이 아니다. 파리를 찾은 관광객들과 그들을 상대하는 상인들로 정신이 없는 정면과 적당히 세련되고 적당히 인정 넘치는 사람 사는 동네의 모습을 간직한 후면이 그것이다. 몽마르트르 언덕을 올라가는 방법은 대략 세 가지 정도가 있겠다.

하나는 지하철에서 내려 프렌치 캉캉의 원조인 물랭 루주 공연장을 지나 몽마르트르에서 가장 유명한 거리 중 하나인 르픽가를 천천히 구경하며 올라가는 것이다. 이 길을 따라가다 보면 최종적으로 몽마르트르의 심장이라 불리는 테르트르 광장에 도착하게 된다. 식당과 기념품 가게들이 빽빽하게 들어선 광장은 언제든 관광객들과

거리의 화가들로 활기가 넘친다. 올라가는 길에 르픽가 83번지에서 르누아르의 유명한 그림 〈물랭 드 라 갈레트의 무도회〉의 무대였던 레스토랑 '물랭 드 라 갈레트'의 풍차를 만나는 것은 꼭 예술 애호가가 아니더라도 우연히 받게 되는 기분 좋은 선물이다.

다른 하나는 몽마르트르 앞쪽에서 사크레 쾨르 성당을 보면서 언덕을 오르는 것이다. 직물을 파는 가게들과 각종 기념품 가게가 들어서 있는 길을 걷다 보면 회전목마가 보이고 이내 프랑스어로 '퓌니퀼레르funiculaire'라 불리는 일종의 케이블카 탑승구가 나온다. 몽마르트르라는 이름에는 프랑스어로 산을 뜻하는 '몽mont'이라는 말이 붙어 있지만 실제 높이는 약 130미터에 불과하다. 산보다는 언덕이라 불리는 게 더 자연스럽다. 그러니 케이블카도 좋지만 걸어서 올라가도 10분이면 언덕 위에서 당당한 위용을 자랑하고 있는 사크레쾨르 성당 앞에 도착하게 된다.

오래전 유학 시절 나는 한국에서 놀러 온 가족이나 지인들과 함께 몽마르트르 언덕을 오를 때 늘 이 길을 이용하곤 했었다. 그땐 젊어서였는지 시끌벅적한 활기가 마음에 들었고, 파리에 놀러 온 손님들한테는 인파로 붐비는 북적북적한 관광지를 보여주는 게 좋지 않을까 생각했었다. 그랬던 내가 이 길을 이용하지 않게 된 것은 언제부터일까. 나이가 들면 세상을 보고 관계를 맺는 방식, 한 마디로 살아가는 방식이 변한다고 하는데 정말 그런 것 같다. 지금의 나는 어디서든 조용하고 인적이 드문 곳을 선호하고 짧은 시간에 확 불타오르기보다는 천천히 오래 가는 것에 더 마음이 가는 사람이 되었으니까.

그래서인지 요즘엔 몽마르트르에 오를 때면 언덕의 뒤쪽에서 정상으로 오르는 길을 선택한다. 지하철 12호선 라마르크-콜랭쿠르역에서 내려 생 뱅상 묘지, 몽마르트르 포도밭을 끼고 언덕을 오르는 것이다. 운이 좋으면 근처 골목길을 돌아다니다가 맛있는 음식과 친절한 서비스를 제공하는 동네 맛집에서 언덕 위 관광지 식당보다 싼 가격에 만족스러운 한 끼를 해결할 수도 있다. 아니면 길가 아무 카페라도 들어가서 테라스에 자리를 잡고 앉아 지나다니는 행인들을 바라보며 사람 사는 동네 몽마르트르의 정취를 느껴보는 것도 좋겠다.

뭐, 꼭 그게 아니더라도 동선상 제일 가깝기도 하고 길 찾기도 쉬우니 몽마르르트 미술관 방문을 염두에 두었다면 한 번쯤은 이 방법을 택해 길을 나서 보길 권한다.

르누아르의 정원과 그네

지하철 역사를 빠져나와 솔가를 따라 언덕을 올라가다가 아소무아르가와 교차하는 지점에서 왼쪽으로 들어서면 몽마르트르 미술관 입구가 눈에 들어온다. 매표소에서 표를 사서 안으로 들어가면 정면에 '클로드 샤르팡티에 상영관. 스펙타클'이라는 말이 적힌 작은 공간이 눈에 들어온다. 여기서는 짤막한 영상물이 반복해서 상영되는데 들어보니 몽마르트르의 뮤즈인 화가 쉬잔 발라동이 내레이션 형식으로 자기의 삶과 몽마르트르 지역의 역사를 연결해서 설명해 주는 내용이다. 그야말로 미

미술관의 영상 전시실

르누아르 정원

술관의 취지에 딱 맞는 구성이다.

영상물 시청을 마치고 밖으로 나오면 그리 크지는 않지만 잘 정돈된 아름다운 정원이 눈앞에 펼쳐진다. 방금 전 들어온 미술관 입구는 코르토가 12번지에 있지만 오늘날 미술관은 같은 길 8번지에서 14번지에 걸쳐 있는 17세기에 지어진 몽마르트르에서 가장 오래된 두 채의 저택, 즉 오텔 뒤 벨 에르와 오텔 드마른느 사이에 정원이 있는 구조로 되어 있다. 예전에 따로 분리되어 있던 두 집을 이어주는 것이 바로 르누아르 정원이다.

르누아르 정원은 이름이 말해주듯 1875년부터 3년간 이곳에 살았던 인상파 화가 오귀스트 르누아르를 기념해 조성된 공간이다. 르누아르는 이곳에서 몽마르트르 지역을 배경으로 〈물랭 드 라 갈레트의 무도회〉, 〈코르토 거리의 정원〉, 〈그네〉 등 여러 걸작을 그렸다. 2012년부터 이 정원이 르누아르의 그림을 중심으로 재배치됨에 따라 곳곳에 르누아르 그림 속 배경과 관련된 표지판이 서 있는데, 그 중 하나가 키 큰 나무에 매달린 그네다. 그 앞에는 작품 사진과 함께 작품을 설명하는 표지판이 서 있다.

현재 오르세 미술관에 소장된 〈그네〉는 르누아르가 1876년에 이곳 코르토가의 정원에서 그네를 타고 담소를 나누는 젊은이들의 일상을 그린 것이다. 숲속 나뭇잎 사이로 들어오는 빛이 인물의 얼굴과 옷, 모자 위에 작은 반점들을 뿌려 놓는다. 반짝이는 빛의 향연은 나무 등걸과 숲길에서도 한창 진행 중이다. 밝고 환한 기운이 그림 전체에 가득하다. 평범한 일상에서 맞이하는 소소한 행복이랄까.

르누아르 정원의 그네

오귀스트 르누아르, 〈그네〉, 1876

그림 속에는 그넷줄을 잡고 선 여인과 그녀 앞에서 무언가 말을 하는 남자, 그리고 그림 왼편에서 이들을 바라보는 또 한 명의 남자와 어린아이가 등장한다. 두 사람은 어떤 이야기를 나누고 있는 것일까? 수줍은 듯 시선을 살짝 피하면서 옅은 미소를 짓고 있는 여인의 얼굴을 보면 남자가 건네는 말을 상상할 수 있을 것도 같다. 저 멀리 오른쪽 후경에도 담소를 나누고 있는 네 명의 인물들이 보인다.

파란 리본이 층층이 달린 흰 드레스 차림으로 그네를 타는 여주인공의 모델은 잔 사마리Jeanne Samary다. 당시 그녀는 코메디 프랑세즈에서 주로 단역을 맡아 연기하던 열아홉 살의 무명 여배우였다. 그러던 그녀가 몽마르트르 이웃에 살던 르누아르의 눈에 들어 모델로 발탁된 것이다. 1876년 〈그네〉를 필두로 르누아르는 몽마르트르 체류 기간 중

잔을 모델 삼아 여러 편의 초상화를 그렸다. 이 시절 완성된 〈물랭 드 라 갈레트의 무도회〉에도 그녀의 얼굴이 등장한다. 그야말로 몽마르트르 시절 르누아르의 최애 뮤즈 중 한 명이 된 것이다.

그녀가 르누아르를 위해 처음으로 포즈를 취했던 작품 〈그네〉는 제3회 인상주의 전시회에 출품되었다. 그림은 당시 비평가들로부터 환영받지 못했지만, 오늘날에는 르누아르의 초기 인상주의 경향의 대표작 중 하나로 인정받고 있다. 르누아르의 모델로 유명세를 탄 잔 사마리는 이후 본업인 배우로서도 큰 성공을 거두었다. 1882년 결혼해서 아이를 셋 낳고 활발하게 활동하던 그녀는 아쉽게도 1890년 서른셋의 나이에 장티푸스로 사망했다. 르누아르 그림 속 잔 사마리의 밝고 풋풋한 얼굴을 보고 있자니 본업인 배우로서 연기하는 모습은 어땠을까 자못 궁금해진다.

정원 아래쪽으로 조금 내려오면 매년 10월 이곳에서 생산된 포도 축제가 열리는 몽마르트르 포도밭이 한눈에 내려다보인다. 이곳엔 계단과 벤치, 연철 테이블이 있어 다양한 식물과 나무들, 특히 포도나무를 감상하기에 이상적인 장소다. 몽마르트르 포도 축제 기간에는 매주 토요일마다 포도주 시음과 더불어 포도밭 가이드 투어도 진행된다고 한다. 파리에서 뭔가 새롭고 특별한 경험을 원한다면 축제 기간에 맞춰 몽마르트르를 방문해 보는 것도 좋겠다. 10월이면 한창 학기 중인 나로서는 아직은 그저 꿈같은 이야기지만 말이다.

포도밭에서 눈을 돌려 오른쪽을 바라보면 꽤 넓은 규모의 녹지가 보인다. 처음에 봤을 때는 르누아르 정원과 인접해 있어 '정원의

몽마르트르의 포도밭

일부인가? 미술관 정원이 꽤 크네.' 싶었는데 그게 아니었다. 놀랍게도 이 푸른 녹지 공간의 정체는 파리 몽마르트르 언덕 한가운데 자리 잡은 야생의 공간인 생 뱅상 공원이었다. 50년 이상 버려졌던 도시의 황무지에 동식물이 자연적으로 터를 잡았고, 이를 파리시에서 야생 정원으로 탈바꿈시킨 곳이라고 한다.

전체 규모가 2,000m²에 달하는 이 공원은 4월부터 10월까지 시에서 주최하는 가이드 투어를 제외하고는 관람객의 출입이 제한된다. 덕분에 많은 동식물이 서식하고 번성해서 몽마르트르 언덕의 생물 다양성을 유지하는 데 도움이 된다고 한다. 몽마르트르 미술관 한

가운데서 숨겨진 야생의 공간을 만나게 될 줄이야. 공원을 방문하면 구불구불한 숲길은 물론 연못, 습지를 따라가며 자연 생태계를 관찰할 수 있다. 일정상 직접 들어가 보지는 못했지만 몽마르트르 중심부에 도시의 소란스러움을 비껴나 자연이 주는 평온함을 누릴 수 있는 공간이 있다는 것만으로도 뭔가 위안을 받은 느낌이다

몽마르트르 역사 따라잡기

이제 본격적으로 미술관 탐방을 시작하기로 한다. 먼저 정원 아래쪽 포도밭이 내려다보이는 곳에 자리한 메종 뒤 벨 에르로 향한다. 이곳은 현재 몽마르트르의 역사와 문화를 알리는 상설 전시관으로 운영되고 있다. 1층에 들어서면 벽 한 면을 꽉 채운 12개의 몽마르트르 사진이 관람객을 반긴다. 오른쪽 전시실에는 몽마르트르의 역사 변천사를 따라갈 수 있도록 그림과 사진, 각종 서류, 편지 등이 질서 정연하게 배치되어 있다.

오늘날 몽마르트르 하면 예술과 낭만을 먼저 떠올리기 마련이지만 사실 이곳은 아득한 옛날부터 종교적인 성소로 유명했고 예배를 드리러 오는 사람들이 많았다고 한다. 여기에는 이미 갈로 로만 시대부터 이교도의 신을 모시던 신전이 있었다. 3세기 중반 교황 파비아노에 의해 갈리아에 파견된 파리 주교 생 드니가 선교 중 박해를 받아 순교하는 일이 발생했다. 성인들의 삶을 다룬 전설에 따르면, 생 드니는 도끼로 머리를 잘린 뒤에도 죽지 않고 자신의 머리를 들고 북쪽으로 한

메종 뒤 벨에르 전경

전시실 입구의 몽마르트르 사진

참을 걸어갔다고 한다. 그리고는 신이 정해준 죽음의 자리에 이르러서야 손으로 그곳을 가리키고 쓰러지는데, 이곳에 생 드니 바실리카 대성당이 세워졌다. 기독교 공인 후에 어원상 순교자의 산을 의미하는 몽마르트르 언덕에 생 드니의 순교를 기념한 작은 성당이 지어졌다.

1133년 루이 6세 통치기에는 중세시대 내내 순례자들이 자주 찾던 이곳에 왕립 수녀원이 설립되었다. 이 수녀원은 채소밭과 포도밭을 재배하면서 몽마르트르 전역에 걸쳐 막강한 교권을 행사했다고 한다. 수녀원의 권한은 17세기 루이 14세 시대에 들어서 축소되었고, 프랑스 대혁명 때 원장이 처형되고 수녀원의 모든 재산이 국가로 귀속되었다. 그런가 하면 1534년 8월 15일에는 바스크 지방 출신의 스페인 성직자로 1528년 파리에 와서 학업에 전념하던 이냐시오 데 로욜라Ignatius de Loyola가 여섯 명의 신학생들과 함께 몽마르트르에서 빈곤과 순결의 맹세로 서원하고 후일 '그리스도의 군대'라고 불리게 될 예수회를 창립하는 일도 있었다.

이처럼 종교적 중요성을 지니던 몽마르트르가 근대사의 한 페이지에 자신의 이름을 새기게 된 것은 19세기 후반 파리 코뮌 봉기 사건과 함께이다. 사정인즉슨 이러하다. 보불전쟁에서 패한 프랑스에서 제2제정이 무너지고 공화정이 시작된다. 의회를 장악한 왕당파들은 파리 시민들의 반대를 무릅쓰고 비스마르크가 제시한 굴욕적인 종전 협정에 서명했고, 마침내 1871년 3월 1일 독일 군대가 승리의 행진을 하며 파리로 입성한다. 이에 파리 시민들은 조기를 내걸고 밤에도 불을 켜지 않는 방식으로 저항의 의지를 표명했다. 3월 18일 당시 행정 수반이었던 티에르Adolphe Thiers는 파리 시민들의 무장봉기를 막기 위해 국민방위대, 즉 시민의용군이 보유하고 있던 227문의 대포를 회수할 것을 명하고, 국민방위대의 강제 해산을 시도했다. 그런데 그가 회수하고자 했던 대포가 바로 몽마르트르에 보관되어 있었다. 양 진영 간 군사적 대치와 무력 충돌은 불가피했다. 정부군은 대포를 뺏기 위해 몽마르트르로 출동했고, 국민방위대와 몽마르트르의 군중들은 시민들이 십시일반 기부한 돈으로 마련한 대포를 지키기 위해 온몸으로 정부군을 막아섰다.

그 와중에 정부군 소속의 르콩트와 토마 장군이 총살당하는 일이 벌어진다. 그 여파로 티에르 정부는 베르사유로 퇴각하고 파리에서 시민 자치 정부인 파리 코뮌이 결성된다. 파리 코뮌은 노동자의 권리를 보호하고 정치와 종교를 분리하는 등 급격한 사회 개혁 조치를 시행하면서 약 70일간 자치적으로 파리를 통치한다. 하지만 1871년 5월 21일 파리에 입성한 정부군은 이른바 '피의 일주일' 동안 무차별 공격을 감행했고, 거리마다 바리케이드를 치고 결사 항전을 벌였던 파리 시민들은 결국 무릎을 꿇을 수밖에 없었다.

봉기의 결과는 참혹했다. 당시 파리 코뮌의 마지막 항전에서 사망한 시민의 수는 적게는 1만 명부터 많게는 5만 명까지로 추정될 뿐, 지금까지도 그 규모가 정확히 파악되지 않는다. 어디 그뿐인가. 파리 코뮌 가담자 중 살아남은 사람들도 고초를 피하기는 어려웠다. 전해지는 말로는 약 7천 5백 명의 사람들이 당시 누벨 칼레도니아로 종신 유배형을 떠났다. 오텔 뒤 벨 에르 1층에 전시된 사진 자료와 그림들은 몽마르트르의 대포를 사수하고자 했던 데서 시작된 파리 코뮌의 역사를 생생하게 증언하고 있다.

한편 19세기 후반 몽마르트르의 역사에서 또 하나 특기할 만한 사건은 다름 아닌 몽마르트르의 상징인 사크레쾨르 대성당 건립이다. 로마네스크와 비잔틴 양식이 혼합된 형태로 하얀 돔이 우아하게 솟아 있는 사크레쾨르 대성당은 오늘날 에펠탑, 몽파르나스 타워와 함께 파리의 풍경을 감상할 수 있는 명소이자 파리 전역에서 그 모습을 볼 수 있는 파리의 대표적인 랜드마크로 알려져 있다. 하지만 놀랍게도 그 유명세에 비해 역사는 그리 오래되지 않았다.

때는 바야흐로 조금 전 언급했던 보불전쟁과 파리 코뮌의 봉기 발생 얼마 후였다. 프랑스 가톨릭계를 중심으로 보불전쟁의 패배와 독일군 점령으로 침체된 국민적 사기를 진작시키고 프랑스 민족의 영광과 부흥을 기원할 필요성이 제기되었다. 이런 분위기에서 사크레쾨르, 즉 성심 성당의 건축 계획이 추진되었다. 프랑스 전역에서 모금 운동이 벌어지고 1875년 성당 기공을 위한 첫돌이 놓였다. 이후 지속적인 성금 모금으로 재원을 마련한 덕분에 1914년 마침내 성당이 완공되었다. 하지만 같은 해 7월 제1차 세계대전이 발발한다. 1914년 10월 17일로 예정되어 있던 축성식은 어쩔 수 없이 연기되었고, 1919년 패전 독일의 항복 선언 이후에야 행사가 치러질 수 있었다. 성당의 건립 취지를 생각해보면, 승전 후 오래 기다렸던 대성당의 축성식에 모인 프랑스인들이 느꼈을 감회와 여러 갈래로 뻗어갔을 마음이 짐작될 것도 같다.

몽마르트르 최초의 카바레 르 샤 누아르

반갑게도 2층 전시실 입구 벽에 검은 고양이가 그려진 포스터가 걸려 있다. 파리의 기념품샵이나 센강 변의 부키니스트 서점을 지나갈 때면 누구나 두 눈을 치켜뜨고 머리 위와 코 양옆으로 가늘고 긴 수염이 난 이 위풍당당한 풍채의 고양이의 모습을 본 적이 있을 것이다.

프랑스어로 검은 고양이라는 뜻을 가진 포스터의 주인공 '르 샤 누아르Le Chat Noir'는 파리 몽마르트르 언덕 보헤미안 구역에서 가장 먼저 문을 연 카바레의 이름이다. 1881년 11월 18일 화가 로돌프 살리스Rodolphe Salis가 개장한 이 공간은 무한한 가능성을 지닌 젊고 천재적인 예술가들이 몽마르트르를 무대로 언젠가 자신의 것이 될 성공을 꿈꾸던 예술의 터전이었다. 카페이자 카바레의 이름인 '르 샤 누아르'는 주인장 로돌프 살리스가 가게를 열기 위해 공사를 하던 중에 길 잃은 검은 고양이를 발견한 데서 유래되었다고 한다.

당시로는 획기적으로 피아노가 있는 카페 르 샤 누아르에서 사람들은 노래를 부르고, 음악을 연주하고, 현대 예술을 논하는 강연회를 개최하고, 퍼포먼스, 그림자 연극 등 새로운 공연예술을 관객에게 선보였다. 이곳의 특별한 분위기와 예술적 정취가 입소문을 타면서 예술에 심취한 파리의 명사들이 하나둘씩 이곳을 찾아 왔다. 몽마르트르의 검은 고양이 카페는 19세기 말 파리 사교계 인사들이 선호하는 만남의 장소 중 하나가 되었고, 이 카페를 드나드는 것은 한마디로 보헤미안적인 삶의 상징이 되었다.

전시실 계단 벽에 걸린 검은 고양이 포스터

하지만 르 샤 누아르가 대중적인 인기를 누리며 일약 파리의 대스타로 우뚝 서게 된 것은 뭐니 뭐니해도 스위스 출신으로 몽마르트르에 거주하던 화가 테오필 알렉상드르 스타인렌Théophile Alexandre Steinlen이 1896년 처음으로 제작한 카바레 홍보용 공연 포스터 덕분일 것이다. 가로 40cm, 세로 62cm 크기의 컬러 석판 인쇄 포스터에는 아래쪽으로 빨강색, 위쪽으로 노랑색 바탕 위에 검은 고양이 한 마리가 크게 그려져 있다. 고양이의 머리는 붉은 후광으로 둘러싸여 있는데, 잘 읽어 보면 중세시대에 사용되었던 전쟁 구호 "몽주아! 생 드니!"를 패러디한 "몽주아, 몽마르트르", 즉 '나의 기쁨 몽마르트르'라는 모토가 눈에 들어온다. 고양이의 오른쪽에는 "조만간, 로돌프 살리스의 르 샤 누아르 투어"라는 아주 짧은 텍스트가 세로로 적혀 있다. 정말이지 간단하면서도 효과적으로 사람들의 시선을 사로잡는 탁월한 광고 전략이 아닐 수 없다. 이후 스타인렌의 검은 고양이 포스터는 최초의 기본형을 시의적절하게 변주해 가며 지속적으로 발행되었고, 오늘날까지 많은 이들이 집에 복사본 한 장은 가지고 있을 정도로 큰 인기를 끌게 되었다.

이 작품의 엄청난 성공을 목격한 몽마르트르의 다른 카페와 카바레에서도 서둘러 포스터 제작에 나섰고, 광고와 홍보 효과를 톡톡히 거두었다. 이러한 포스터 작품의 의미는 상업적 측면에만 있지 않다. 당시 몽마르트르 거리를 도배하다시피 했던 홍보용 포스터는 이미지와 문자가 결합된 최초의 텍스트이자 예술 작품으로서 화가와 문인들에게 새로운 영감과 자극을 주었다. 또한 고급 예술에서 소외된 도시의 하층민들에게는 최초의 예술적 경험의 기회를 제공했다. 예컨대 파리 도심 재개발에서 밀려나 몽마르트르로 모여든 도시의 하층민들, 세탁부와 재봉사, 광산 노동자 등이 이 포스터를 통해 예술과 문화를 접했던 것이다. 시간이 넉넉하다면 이곳 미술관에 전시된 다양한 포스터에서 당대 인기를 구가하던 주요 카페와 카바레의 이름을 살펴보고, 각 매장별로 특징적인 디자인이나 홍보 스타일을 찾아 서로 비교해 보는 것도 재미있겠다.

르 샤 누아르의 예술가들

포스터의 검은 고양이에게 안녕을 고하고 전시실 안으로 들어가면 인상적인 작품들이 우리를 반긴다. 먼저 입구에서 정면으로 보이는 벽에 걸린 거대한 크기의 그림을 보자. 이 작품은 몽마르트르의 뛰어난 캐리커처 작가 아돌프 윌레트Adolphe Léon Willette가 1884년 르 샤 누아르 카바레를 위해 그린 장식화로 아마도 그의 작품 중 가장 유명한 그림이라 할만하다. 1884년 로돌프 살리스로부터 카바레 옆의 새로운 공간을 장식해 달라는 의뢰를 받은 윌레트는 카바레의 저녁 축제 분위기를 마치 배경 음악처럼 사용하면서 빈방의 벽에 사전 스케치 없이 그림을 그렸다. 거의 한 달에 걸친 작업 끝에 옅고 차분한 톤으로 실제와 상상의 캐릭터와 상징을 풍부하게 사용하여 복잡한 내러티브를 구성하는 즉흥적이고 기발한 작품이 완성되었다.

좀 더 가까이에서 들여다보면 오른쪽 위 몽마르트르를 상징하는 풍차에서 출발해 왼쪽으로 오페라, 아래쪽으로 파리의 다운타운 위를 날아가는 캉캉 무용수들, 가면을 벗은 가면무도회 참가자들이 눈에 들어온다. 당연히 몽마르트르의 상징이자 이 그림이 걸린 카바레의 이름인 검은 고양이도 한자리를 차지하고 있다. 야단법석을 떨며 일종의 히스테리 상태에 빠진 뮤즈, 예술가, 피에로의 카니발 퍼레이드에는 어딘가 모르게 과잉된 쾌락이 지배하고 있다. 하지만 몽마르트르의 축제 분위기, 보헤미안적 삶의 악덕과 미덕 등을 풍자한 이 그림에서 죽음과 허무의 표지를 찾아내기란 그리 어려운 일이 아니다. 몽마르트르

아돌프 윌레트, 〈파르체 도미네〉, 1884

에서 시작해 죽음의 무도를 연상시키는 장면으로 끝나는 이 그림에서 모든 이의 공통된 운명인 죽음과 삶의 허무함에 대한 환기, 가볍고 경박한 쾌락에 대한 일종의 반어적인 경고를 읽을 수도 있겠다.

윌레트의 그림을 감상하고 뒤로 돌아서면 테오필 알렉상드르 스타인렌이 1885년경 제작한 두 점의 〈고양이와 달〉을 마주하게 된다. 몽마르트르를 무대로 활동했던 스타인렌은 유독 고양이 그림을 많이 그렸다. 세계적 명성을 얻게 된 르 샤 누아르의 검은 고양이 포스터 외에도 그가 그린 삽화나 포스터, 판화, 그림, 조각 작품 속에는 의인화된 고양이가 자주 등장한다. 실제로 스타인렌은 고양이를 좋아했다. 몽마르트르 콜랭쿠르가 58번지에 있던 그의 집에는 너무 많은 고양이가 살고 있어서 '고양이 집'이라고 불렸다고 한다. 어쨌든 위아래로 나란히 걸린 두 작품에서 달은 고양이와 싸우는 건지 아니면 장난치는 건지 기분에 따라 인자한 할아버지 같았다가 뿔난 아저씨 같기도 한, 그야말로 변화무쌍한 표정을 짓고 있다.

그런가 하면 같은 전시실 두 면의 벽을 가득 채우고 있는 다수의 흑백 이미지들은 1891년 11월 11일 르 샤 누아르에서 공연된 앙리 리비에르Henri Rivière의 일곱 번째 그림자 연극 〈다른 곳에서!〉에서 발췌한 장면들이다. 이 작품은 앙리 리비에르와 모리스 샤를 도네Maurice-Charles Donnay가 공동 작업한 결과물로 무대 장치 디자인과 연출은 앙리 리비에르가, 극의 대본은 극작가인 모리스 샤를 도네가 맡았다.

앙리 리비에르는 그림자의 예술적 가능성과 잠재력을 처음 발견한 사람이었다. 1886년 르 샤 누아르의 그림자 극장 감독으로 임명된 리비에르는 비록 존경과 찬사를 받는 예술 형식까지는 아니더라도 그림자 연극을 예술성 있는 볼거리로 만들기 위해 부단히 노력했다. 이런 그의 노력은 대중들의 인정을 받았고, 갈수록 높아진 인기

테오필 알렉상드르 스타인렌, 〈고양이와 달〉, 1885

앙리 리비에르, 〈다른 곳에서〉, 1891

덕분에 1892년부터는 몽마르트르의 카바레 극장을 벗어나 원정 공연을 떠날 정도가 되었다. 사실 전시실 벽에 걸린 흑백의 이미지들만으로는 당시 그림자 연극이 어떤 식으로 공연되었는지 구체적으로 상상하기는 어렵지만 무언가 새로운 양식을 고안하고 발전시키고자 했던 한 예술가의 천재성을 알아보기에는 충분하다.

카페 라브뢰부아르의 아연 카운터

전시실을 나와 몇 계단 올라가면 어느 카페의 내부를 통째로 옮겨 놓은 것 같은 작은 방에 들어서게 된다. 실제로 이곳은 1924년부터 몽마르트르의 라브뢰부아르가에서 장사를 하다가 1957년 폐점한 카페의 내부를 일부 재현해 놓은 장소다.

19세기에서 20세기로 넘어가면서 몽마르트르 지역에 새로운 주거 단지가 생기고 관광지 개발이 이루어지면서 라브뢰부아르가 역시 변화의 여파를 피하기 어려웠다. 거리의 풍경이 새롭게 탈바꿈하는 가운데 끝까지 저항하던 곳이 하나 있었으니, 바로 라브뢰부아르가 14번지에 있던 '라 메종 조르주'라는 이름의 식료품점이었다. 포도주 판매에 특화되어 있던 이 가게는 1924년 바이오라는 성을 가진 부부에게 팔렸다. 제1차 세계대전 참전 군인이었던 남편 앙리 바이오Henri Baillot는 이 가게를 식당 겸 술집으로 바꾸고 상호를 거리의 이름이기도 한 '라브뢰부아르'로 정한다. 프랑스어로 '라브뢰부아르l'abreuvoir'는

카페 라브뢰부아르의 아연카운터

짐승들의 물먹이터를 일컫는 말이다. 예전에 농부들이 가축들에게 물을 먹이려고 왔던 데서 거리의 이름이 비롯되었으니, 이제 목마른 사람들도 이 카페에서 술 한 잔 마시며 목을 축이라는 것이 퇴역 군인 주인장의 뜻이었다.

그러던 중 1939년 제2차 세계대전이 터지고 프랑스는 독일 점령하에 놓인다. 나치 독일군이 아연으로 만든 술집의 카운터를 군사물자로 징발한다는 소식을 들은 바이오 부부는 이를 막고자 가게의 아연 카운터를 석고 벽 뒤에 숨겨놓는다. 덕분에 아연은 징발되어 용해되는 것을 피했고, 파리 해방 후 본래 모습 그대로 술집 카운터에 되돌아왔다. 이런 사연 덕분에 원래는 여느 술집 카운터와 다를 바 없던 부부의 아연 카운터가 자유 프랑스를 위한 저항운동의 상징으로서 일종의 아우라를 갖게 되었다. 이곳 몽마르트르 미술관에서 우리를 맞이하는 술집 라브뢰부아르의 카운터가 바로 그 주인공이다. 1957년 식당은 문을 닫았고, 식당이 있던 자리는 일반 가정집으로 변모했다. 하지만 부부의 아들인 루이가 이야기가 담긴 이 유명 카운터를 폐기하는 대신 이곳 미술관에 기증하기로 했고, 이로써 몽마르트르 미술관 안에 지역의 산 역사를 증언하는 또 하나의 작은 전시실이 만들어졌다.

카운터 뒤쪽 벽에는 역시 몽마르트르를 중심으로 활동했던 화가 마르셀 르프랭Marcel Leprin이 1924년에 그린 〈아름다운 카페 여주인〉이 걸려 있다. 전시실의 아연 카운터가 재현된 그림 속에서 카페 여주인은 거울을 뒤로 하고 왼손에 행주를 쥔 채 옅은 미소를 지으며 카운터 앞에 서 있다. 꾸미지 않고 자연스럽게, 오랜 노동으로 굵어진 팔뚝이 드러나는 검정색 반팔 원피스를 입은 모습으로 그림 속에 영원히 박제된 카페 여주인을 바라보며 당시 막 장사를 시작한 바이오 부인의 하루를 상상해 본다. 아마 많은 시간 힘들고 고단했을 테지만 그 고단함과 힘듦 사이사이에 즐거움과 기쁨을 누리는 순간들도 분명 있었을 것이다. 말은 안 해도 우리를 바라보는 카페 여주인의 눈길에서 제집처럼 찾아 주는 동네 단골손님들에 대한 고마움, 자기 손으로 만들어 내는 음식과 서비스에 대한 자부심, 성실한 노동으로 자신과 가족의 삶을 지켜 내고 있다는 보람 같은 것들이 느껴진다. 어느 시대 어디에서든 하루하루 자기 자리에서 최선을 다하는 모든 이들의 표정이 그러하듯.

몽마르트르의 화가들

전시실에 걸린 각종 포스터와 다양한 삽화들을 구경하고 한 층 더 올라오면 바로 몽마르트르 거주 화가들의 작품을 한데 모아 놓은 전시 공간에 도달한다. 전시실 입구 벽에 "이 층의 전시실은 데이빗 E. 와이즈만과 자클린 E. 미셸의 후원으로 리모델링되었다."라는 말이 새겨져 있다. 전에 이곳에 왔을 때는 물랭 루주와 라 굴뤼La Goulue로 대표되는 물랭 루주 댄서들의 사진과 그림을 비롯해 프렌치 캉캉의 역사에 관한 자료들을 전시해 놓은 공간이 분명히 있었는데 이번에는 보이지 않는다. 그 사이 전시실을 개조하고 전시의 구성을 바꾼 모양이다.

가만히 둘러보니 제일 먼저 투명한 줄무늬가 있는 종이 위에 인쇄된 르누아르의 채색 석판화들이 눈에 띈다. 여기에 전시된 작품들은 대개 인물들의 초상이나 여성 누드 습작 소품들이지만, 반갑게도 르누아르의 가장 유명한 그림 중 하나인 〈두 소녀, 모자 장식하기〉의 습작 버전이 내 눈에 들어온다. 이 작품은 베르트 모리조의 딸인 쥘리 마네가 사촌인 폴 고비야르Paule Gobillard의 모자에 꽃 장식을 달아주

오귀스트 르누아르, 〈두 소녀, 모자 장식하기〉, 1893

는 모습을 담은 2인 초상화로 르누아르를 좋아하는 사람이라면 어디선가 한 번쯤 본 적이 있을 만큼 잘 알려진 그림이다. 소녀들이 모자를 장식하는 모티프는 여인과 소녀를 많이 그린 르누아르 작품에 빈번하게 등장하는 주제지만 언제 봐도 따뜻함과 순수함이 느껴진다. 여기 걸린 석판화에서는 르누아르 특유의 풍요로운 색감은 찾아볼 수 없지만 부드러운 터치는 여전하며 그림 속 사랑스러운 소녀들의 표정이나 몸짓은 색채의 장식 없이도 그 자체만으로 관객의 시선을 사로잡기에 충분하다.

몸을 돌려 반대쪽 벽면을 바라보면 몽마르트르 미술관을 대표하는 화가인 쉬잔 발라동의 그림 네 점이 십자가 모양으로 걸려 있다. 맨 왼쪽의 그림은 〈코르토가의 정원〉(1928)이고, 가운데 위쪽에는 자기 자신을 그린 자화상인 〈여인의 초상〉(1934)이, 그 아래쪽에는 그녀의 아들을 그린 〈모리스 위트릴로의 초상〉(1921)이 보이고, 마지막으로 오른쪽에는 〈안락의자에 앉은 여인〉(1919)이 자리하고 있다.

쉬잔 발라동의 그림은 대개 크기가 큰 대작보다는 주로 가까운 사람들을 모델로 해서 그린 인물화, 사는 곳 근처의 풍경을 그린 풍경화 혹은 꽃다발과 같은 정물화가 주를 이룬다. 그것은 아마도 가난한 세탁부의 사생아로 태어나 어린 나이부터 험한 세상에 뛰어들어 스스로 생계를 책임져야 했고, 화가들의 모델을 서다가 어깨너머로 배운 그림 실력을 발휘해 화가가 된 그녀의 이력 때문일지도 모르겠다. 어엿한 화가지만 화가라고 자신을 당당히 내세우지 못하고, 먹

쉬잔 발라동의 그림들

고사는 이유로 자기가 좋아하는 그림 작업에만 온전히 몰두할 수 없는 상황에서 큰 욕심은 부리지 않았을지언정 절대로 포기하는 법은 없이 함께 살던 아들과 어머니를 비롯해 주변의 지인들을, 사물들을, 풍경들을 꾸준히 그려낸 화가 쉬잔 발라동. 누군가 중요한 건 꺾이지 않는 마음이라고 했던가. 그녀의 그림에서 나는 절망과 시련 가운데서도 꺾일 줄 몰랐던, 아니 어쩌면 꺾이기를 온몸으로 거부했던 단단한 마음의 심지를 본다.

마지막으로 몽마르트르에 살았던 포스터 아티스트이자 삽화가였던 프랑시스크 풀보의 그림으로 시선을 돌린다. 6남매 중 장남으로 태어난 풀보는 어린 시절부터 그림에 재능을 보였다. 하지만 에콜

프랑시스크 풀보, 〈거울을 보는 어린아이〉, 연도 미상

프랑시스크 풀보, 〈무제〉, 1912

데 보자르에 지원하는 대신, 다양한 삽화 잡지에 지속적으로 기고하면서 아돌프 윌레트, 테오필 알렉상드르 스타인렌 같은 동시대 몽마르트르의 화가들과의 교류를 통해 자신만의 그림 스타일을 만들어간다. 1901년 몽마르트르에 정착한 그는 1908년에는 이곳 미술관이 있는 코르토가 12번지에 짧게 체류하기도 했다. 1910년부터는 노동자 계층 어린이를 주제로 한 광고 포스터를 자주 그렸는데, 그가 창조한 이 하층 계급의 파리 소년들은 그의 이름을 따서 '풀보'라고 불렸다. 풀보의 '풀보들'은 열악한 사회적 조건에도 불구하고 비극적인 상념에 빠지는 대신, 때로는 영악하다 싶을 만큼 씩씩하게 삶을 헤쳐나가는 꾀 많고 영리한 아이들이다. 친구인 윌레트와 함께 몽마르트르의 르픽가에 '레 프티 풀보'라는 이름의 진료소를 열어 불우한 어린이들을 돕는 데 헌신하기도 했던 이 예술가의 작품에는 유머와 유쾌함이 가득하다.

이 전시실에 걸린 풀보의 두 작품 역시도 귀여운 풀보를 그린 석판화다. 〈거울을 보는 어린아이〉라는 제목의 작품 속엔 커다란 구슬 목걸이를 걸고 빨간색 꽃무늬가 있는 초록색 숄을 허리에 두른 채 깃털 달린 모자를 손으로 매만지며 만족한 표정으로 깨진 거울 조각에 비친 자기 모습을 바라보는 여자아이가 있다. 그런가 하면 또 다른 사내아이가 등장하는 〈무제〉라는 제목의 그림은 프랑시스크 풀보가 유머 삽화가들의 주간 모임을 위해 고안한 포스터로, 작품 속에서 양손에 인형을 끼고 있는 꼬마는 예술가를 상징하며, 초록색 커버로 묶인 도화지와 뒷면 배경을 이루는 낙서는 예술 창작의 즉흥적 자유를 연상시킨다. 풀보는 이 포스터를 통해 모든 만화가에게 존재하는 아이 같은 면을 상기시키려 했다고 한다.

하지만 살면서 아이 같은 면이 필요한 건 비단 만화가들만은 아닐 것이다. 『어린 왕자』를 쓴 생텍쥐페리의 말처럼 "모든 어른은 한때 어린이였다."라는 사실을 기억한다면, 각박한 세상에서 돈과 시간에 매어 쳇바퀴 돌 듯 살아가는 우리네 삶에서도 때로 동심으로 돌아가는 기적 같은 순간들이 찾아 오지 않을까.

특별 전시 작가의 자격

오텔 뒤 벨 에르 전시관을 나와 다시 정원을 거슬러 올라 미술관의 또 다른 전시관 건물인 오텔 드마른느로 향한다. 카페 르누아르와 직각으로 연결된 코르토가 12번지의 이 건물에서는 주로 기획 전시가 열린다. 매번 '와, 이런 주제로 전시회를 기획하다니 신선하네' 싶은 특별 전시들이 이어지지만, 내가 보기에 이곳에 전시되는 작가들은 공통적으로 한 가지 자격을 갖추고 있다. 그것은 몽마르트르에 살았거나, 몽마르트르를 그렸거나, 몽마르트르를 사랑했거나, 암튼 어떤 식으로든 몽마르트르와 관련이 있어야 한다는 것이다.

2024년 1월 몽마르트르 미술관 특별 전시의 주인공은 다름 아닌 테오필 알렉상드르 스타인렌이었다. 그렇다, 고양이를 사랑한 집사요, 그 유명한 르 샤 누아르의 검은 고양이를 그린 바로 그 스탄인

테오필 알렉상드르 스타인렌, 〈귀향〉, 1897

렌 말이다. 파리의 지하철 광고판에 줄줄이 붙은 전시회 홍보 포스터에서 파란색 털코트를 입고 붉은 입술을 앙다문 채 두 눈을 부릅뜨고 전면을 뚫어져라 응시하는 빨강머리 여인의 초상을 처음 봤을 때는 그 작품을 그린 작가가 몽마르트르의 고양이 화가 스타인렌일 거라고 생각을 못했었다.

아, 그러니까 이 작가가 고양이만 그린 것이 아니었다. 작가 사망 100주년 기념으로 2023년 10월 13일부터 2024년 2월 11일까지 몽마르트르 미술관에서 열린 스타인렌 특별 전시에는 내 눈을 사로잡은 이 강렬한 여인의 초상화 외에도 평생 예술과 정치를 결합함으로

써 일종의 예술적 '앙가주망engagement'을 실천해 왔던 작가답게 파리의 일상, 노동자 계급, 거리의 부랑자들을 묘사한 100여 점의 삽화, 포스터, 회화 작품들이 관객을 맞이하고 있었다.

당연한 말이지만 기간이 정해진 특별 기획 전시의 경우에는 전시를 위해 한자리에 모였던 작품들이 전시 일정을 마친 후 모두 원래의 자리로 돌아가게 된다. 말하자면 우리가 어떤 특별 전시에서 본 것과 똑같은 구성에 동일한 조합의 그림들을 다시 한자리에서 볼 가능성은 거의 제로에 가깝다는 얘기다. 그래서일까. 내가 특별히 애정하는 작가의 작품들을 모은 전시나, 특별히 컨셉이 마음에 들었던 기획 전시를 보고 나올 때면 매번 다시는 못 볼 사람을 두고 떠나는 심정이 되어 마음 한구석이 아려 오곤 한다. 이곳 몽마르트르 미술관의 기획 전시 중에서도 내 맘에 오래도록 남아있는 아주 특별했던 몇몇 전시들이 있다. 가장 최근에 본 것으로는 2023년 1월에 만났던 '페르낭드 올리비에와 파블로 피카소, 바토 라부아르의 친밀함 속에서'라는 제목의 전시가 그랬다.

페르낭드 올리비에, 그녀는 파블로 피카소의 첫사랑으로 잘 알려져 있다. 1904년 비가 억수같이 쏟아지던 어느 날, 고양이를 품에 안은 피카소가 비를 피해 뛰어든 몽마르트르의 낡은 건물 복도에서 운명처럼 마주쳤다고 했던가. 그녀의 나이 스물셋, 아름다운 이혼녀 페르낭드는 단숨에 피카소의 마음을 빼앗았고, 그녀와 바토 라부아르에서 동거를 시작하면서 가난했던 젊은 청년 화가 피카소의 그림은 우울한 청색을 벗어나 장밋빛으로 물들게 된다. 페르낭드와 파블로 피카소의 관계를 생각하면 페르낭드를 모델로 한 피카소의 장미 시대 여성 초상화가 전시회의 메인 포스터로 사용된 것도 충분히 이해가 간다.

하지만 이 전시회가 인상 깊었던 것은 늘 이처럼 파블로 피카소의 첫 번째 동반자이자 그의 초기 작품에 영향을 미친 모델이요 뮤즈로만 알려졌던 페르낭드 올리비에를 피카소라는 렌즈 없이 오롯이 그녀 자체로 바라볼 수 있는 기회였기 때문이다. 피카소와의 사랑은 짧았다. 짧았던 행복의 날들이 지나가고 피카소가 다른 여인과의 사랑을 찾아 그녀를 떠난 후에도, 그러니까 불같이 찾아왔다가 바람같이 떠난 사랑의 열정 이후에도 그녀의 삶은 당연하게도 어김없이 이어졌다. 피카소의 연인일 때만큼 주목받지는 못해도 그녀는 남은 삶을 현대의 여성으로, 모델로, 예술가로, 작가로 치열하게 살아 냈던 것이다. 전시장에 나온 작품의 수가 아주 많진 않았지만, 그림 외에도 그녀가 남긴 글, 편지 등을 보며 처음으로 피카소의 첫 번째 연인이 아닌 인간이자 예술가인 페르낭드 올리비에의 삶과 마음을 들여다볼 수 있었다. 좋은 기획의 전시는 이렇게 관람객이 가졌던 생각의 틀을 바꾸게 할 수도 있다.

그런가 하면 2016년 1월 방문 때 만났던 쉬잔 발라동 탄생 150주년 기념 전시도 아직까지 내 맘에 남아있는 귀한 전시 중 하나다. 2015년 10월 16일부터 2016년 2월 15일까지 열렸던 당시 전시의 제목은 '코르토가 12번지의 쉬잔 발라동, 모리스 위트릴로, 앙드레 우터'였다. 쉬잔 발라동은 1912년부터 몽마르트르 미술관이 있는 코르토가 12번지의 스튜디오에서 아들 모리스, 그리고 모리스의 친구이자 자신의 연인으로 후일 두 번째 남편이 되는 앙드레 우터André Utter와 함께 살았다. 자신을 사이에 둔 우터와 모리스 사이의 긴장 관계와 갈등에도 불구하고, 쉬잔 발라동은 이곳에서 화가 경력에서 가장 생산적인 시기를 보냈다. 후일 '지옥의 트리오'라 불리게 된 이 세 사람의 기묘한 조합은 동시대 사람들의 입방아에 오르내렸지만, 정작 지옥의 트리오를 이룬 세 명의 화가는 나날의 긴장과 열정을 불쏘시개 삼아 창작 의지를 불태웠고 각자 자신의 수작을 세상에 내놓을 수 있었다.

전시회 당시 이들 세 사람의 작품을 나란히 전시하는 방식도 좋았지만, 나는 무엇보다 여러 곳에 흩어진 쉬잔 발라동의 작품을 대여해 한자리에 모아놓은 풍부한 구성이 마음에 들었다. 그런 특별 전시가 아니라면 이 화가의 작품을 한곳에서 몰아 보는 일은 불가능하다. 사실 그 점에서 보자면 쉬잔 발라동을 주인공으로 내세운 이곳 몽마르트르 미술관의 사정도 별반 다르지 않다. 이곳 미술관에서 쉬잔 발라동의 작품을 많이 볼 수 있을 것이란 기대는 안 하는 게 좋다. 여기엔 그녀의 작품이 별로 없다. 하지만 앞서 언급했다시피 이곳엔 작품 수의 부족을 상쇄할 만한 특별한 아우라가 있다. 작품은 뿔뿔이 흩어졌지만, 이곳 코르토가 12번지가 그녀의 많은 걸작이 태어난 산실임은 변하지 않는 사실이다. 이제 우리가 만나볼 것이 바로 쉬잔 발라동의 아파트와 그녀의 아틀리에다.

쉬잔 발라동을 추억하며

특별 전시가 열리는 공간을 나와 계단을 오르면 아기자기하게 꾸며진 작은 아파트에 들어서게 된다. 거울과 꽃병이 있고, 여기저기 그림과 사진이 걸린 아담한 공간이다. 그림들은 복제품이지만 흑백 사진 속 주인공을 통해 여기가 쉬잔 발라동의 사적 공간을 재현해 놓은 곳임을 알 수 있다. 이쯤에서 주위의 시선에 아랑곳하지 않고 자신의 기구한 운명을 스스로 개척하면서 당당히 동료 화가들과 어깨를 나란히 하는 화가로 우뚝 선 쉬잔 발라동이라는 여인의 삶에 대해 조금 더 상세히 이야기해 보기로 하자.

쉬잔 발라동의 어릴 적 이름은 쉬잔이 아니었다. '마리아'라고 불리던 마리 클레망틴은 1865년 가난한 세탁부의 사생아로 태어났다. 딸 둘을 데리고 파리 몽마르트르 뒷골목에 정착한 그녀의 어머니 마들렌은 입에 풀칠할 돈을 버느라 어린 딸들을 보살필 여력이 없었다. 열 살도 안 된 어린 나이에 몽마르트르의 거리에서 온갖 허드렛일을 하며 가족의 생계에 손을 보태던 마리 클레망틴은 열네 살 때 서커스단에 입단해 곡예사로 일하기 시작했다. 하지만 화려한 성공을 꿈꾸게 했던 서커스단 생활은 서커스 공연 중 공중그네를 타다 추락하는 것으로 막을 내린다. 사고 후 더는 서커스를 할 수 없었던 마리 클레망틴은 생계를 위한 자구책으로 화가의 모델이 되기로 한다. 서커스 무대의 주인공이 될 수 없다면 대신 그림 속 주인공이라도 되고 싶었던 걸까.

다행히 거리에서 성장한 소녀의 거친 듯 단단한 아름다움, 둥근 얼굴에 자그마한 키, 밝은 갈색 머리카락, 빛나는 파란 눈은 매력적인 모델을 찾던 주류 화가들의 주목을 받기에 충분했다. 1880년 그녀가 처음 모델을 선 것은 파리 시청과 소르본 대학 등 주요 공공건물에 대규모 벽화를 그리면서 이른바 '국민 화가'라 불릴 정도로 존경받았고, 후일 19세기 후반 등장하는 상징주의 미술의 선구자로 추앙받게 되는 피에르 퓌비 드 샤반의 화실에서였다. 그녀는 곧 오십 대 후반에 들어선 화가의 모델이자 애인이 되었고, 얼마 후에는 스물네 살의 나이 차가 있는 르누아르의 모델이자 비공식 연인으로 함께 했다. 이때부터 그녀는 몽마르트르의 예술계를 드나들면서 많은 이들

쉬잔 발라동의 아파트 풍경

의 연심을 받고, 이들과 관계를 맺었다. 그중에는 스페인 귀족이자 문인이며, 비평가이자 화가였던 미겔 위트릴로Miguel Utrillo도 있었다.

1883년 겨울 18세의 마리 클레망틴이 아버지가 밝혀지지 않은 아이를 낳았다. 출산 당일 그녀의 곁에는 산파와 술에 취한 어머니밖에 없었다. 가혹한 운명의 장난일까. 사생아로 태어났던 그녀의 몸에서 다시 사생아가 태어났다. 몽마르트르의 뮤즈요 인기 모델이었던 그녀의 출산 소식은 삽시간에 퍼져 나갔고, 르누아르를 위시해 그녀와 관계를 맺었던 화가들은 갓 태어난 아기와의 연관성을 강하게 부인했다.

젊은 엄마는 아이에게 자신의 성을 따라 모리스 발라동이라는 이름을 붙여주었다. 후일 이 아이가 모리스 위트릴로로 불리게 된 것은 한때 그녀를 사랑했던 미겔 위트릴로가 1889년 아이를 호적에 올려주고 법적 아버지로서 자신의 성을 준 덕분이다. 생물학적 아버지가 누구인지는 끝까지 확인되지 않았으나, 열여덟 살의 어린 엄마는 아이를 지키기 위해 나름의 최선을 다했다. 가족이 늘어났다는 것은 돈을 더 많이 벌어야 함을 의미했다. 마리 클레망틴은 1883년경부터 모델로 일하던 화가들의 어깨너머로 그림을 배우고 화가가 되기를 꿈꾸었지만, 실질적 가장으로서 갓난아기와 나이 든 어머니를 봉양하기 위해 모델 생활을 그만둘 수 없었다.

그 힘든 시기에 만난 화가가 바로 그녀의 친구이자 연인이요, 은인이 된 앙리 드 툴루즈 로트렉Henri de Toulouse-Lautrec이었다. 아이를 낳은 후 마리 클레망틴은 어머니와 함께 투를라크가로 이사를 갔고, 마침

쉬잔 발라동의 사진

쉬잔 발라동, 〈쉬잔 발라동 자화상〉, 1883

그곳에 로트렉이 아틀리에를 빌려 작업을 하고 있었다. 두 사람은 곧 친밀한 유대를 나누는 사이가 되었다. 그녀는 로트렉을 위해 모델을 서기도 했다. 그런데 로트렉의 그림 속 그녀는 이전 르누아르나 샤반의 그림 속에서 보았던 그저 어여쁘기만 한 여성이 아니다. 로트렉은 마리 클레망틴에게서 거친 세상을 헤치고 하루하루 고단한 삶을 버티며 살아 내는 한 인간의 고독과 슬픔을 보았고, 이를 자신의 그림 속에 생생하게 옮겨 놓았다.

그것만이 아니었다. 우연히 그녀의 데생을 보게 된 로트렉은 화가가 될 만한 자질을 단번에 알아보았다. 그리고 화가로서 새롭게 날

갯짓을 시작하는 그녀에게 딱 맞는 새로운 이름을 지어주었다. 쉬잔, 그것은 바로 성경의 다니엘서에 등장하는 여인으로 자신을 겁탈하려 했던 권세 높고 음탕한 장로들에 맞서 당당히 싸운 수잔나의 프랑스식 이름이었다.

그렇게 마리 클레망틴 발라동은 쉬잔 발라동이 되었다. 이후 로트렉은 그녀를 자신과 절친한 사이로 당대 최고의 권위를 누리던 화가 드가에게 데려간다. 안경 너머로 젊은 여인의 스케치를 천천히 들여다보던 50대 초반의 화가는 긴장으로 꽁꽁 얼어붙은 그녀에게로 고개를 돌리며 "너도 우리 중 하나가 되겠구나."라고 말했다. 그날 이후 드가는 쉬잔을 동료 화가로 인정했고, 판화 에칭 기술을 알려주는 등 여러모로 도움을 주며 보호자를 자처했다.

쉬잔은 드가의 도움을 받아 1891년 살롱전에 처음으로 작품을 출품했다. 1894년에는 여성 화가 최초로 국립예술학회에 작품을 전시했고, 이어 국립예술원 회원이 되었다. 평단의 인정과 함께 화가로서의 삶이 정식으로 시작된 것이다. 그렇다고 해서 사랑에 대한 그녀의 열정이 식은 것은 아니었다. 엄마가 된 이후로도 끊임없는 스캔들로 몽마르트르를 시끌벅적하게 만든 쉬잔 발라동은 1893년 새로운 사랑을 시작한다. 몽마르트르에 거주하면서 늘 검은 옷차림으로 카바레 르 샤 누아르에서 피아노를 연주하던 가난한 음악가 에릭 사티 Erik Satie가 그 대상이었다. 쉬잔은 첫눈에 반한 그에게 모델이 되어 달라고 부탁했고, 그렇게 그녀의 첫 번째 유화가 완성되었다. 덥수룩한 머리카락과 수염에 검은색 중절모자를 쓰고 깃이 목까지 올라온 흰

쉬잔 발라동, 〈에릭사티의 초상화〉, 1893

색 셔츠 위로 검은색 겉옷을 입은 남자. 짙은 눈썹에 붉은 입술, 안경 너머로 꿈꾸는 듯 크게 뜬 두 눈. 에릭 사티의 젊은 날을 박제한 초상화는 쉬잔의 첫 번째 전시회에 전시되었다.

가난한 음악가와 화가가 된 모델은 서로를 열렬히 원하고 사랑했지만 그 사랑은 오래 가지 않았다. 수많은 남성 편력 가운데서도 쉬잔은 에릭 사티에게 특별한 감정을 느꼈다. 하지만 안타깝게도 사랑하는 여인에게서 여섯 살에 잃어버린 기억 속 엄마의 잔상을 보게 된 사티는 더는 그녀와 사랑을 나눌 수 없었다. 사티의 변심에 충격을 받은 쉬잔은 같이 살던 아파트에서 뛰어내리며 자살 소동까지 벌였다. 다행히 쉬잔은 목숨을 구했고, 이후 다른 남자를 만나며 뜨거웠던 사티와의 지난 사랑을 잊었다.

반면 에릭 사티는 쉬잔과 이별 후 다른 어떤 여자와도 내밀한 관계를 맺지 않고 오로지 음악에만 몰두했다. 59세의 나이로 사망한 사티의 방에는 수신인이 모두 쉬잔 발라동으로 되어 있는 부치지 않은 편지 한 묶음이 있었고 쉬잔이 그려준 사티의 초상화와 사티가 그린 쉬잔의 초상화가 나란히 걸려 있었다. 또한 쉬잔과 그녀의 아들 모리스, 그리고 에릭 사티를 바라보는 개 한 마리가 함께 찍힌 사진 한 장이 발견되었다. 사진 뒷면에는 '사랑스러운 쉬잔 발라동의 사진'이라는 사티의 고딕 필체가 남아있었다. 단 한 번의 사랑을 평생의 사랑으로 간직한 가난한 음악가와 평생 여러 사람을 사랑했지만 매번 사랑하는 순간만큼은 진심이었던 자유로운 영혼의 화가를 함께 떠올려 본다. 정말이지 사랑의 방식에는 정답이 없는 것 같다.

한데 쉬잔의 남성 편력은 여기서 끝나지 않았다. 사티와 헤어진 지 얼마 안 되어 쉬잔은 사티의 친구이자 돈 많은 은행가인 폴 무시스Paul Moussis를 사귀기 시작했고, 1896년 그와 결혼한다. 그녀의 나이 서른이었다. 폴 무시스는 예전 로트렉의 화실에서 만났던 쉬잔을 한결같이 바라보았고, 오랜 기다림 끝에 부부의 연을 맺게 되었다. 무시스는 아내의 예술 세계를 존중했고, 안정적으로 그림을 그릴 수 있도록 물심양면 지원했다. 결혼 후 외관상 평온해 보이는 시간이 꽤 오랫동안 흘러갔다.

쉬잔 발라동, 〈아담과 이브〉, 1909

그러다 1909년, 매년 가을 파리에서 열리는 진보적 성향의 미술 전람회 살롱 도톤에 쉬잔의 파격적인 작품 〈아담과 이브〉가 출품된다. 그리고 같은 해 그녀는 남편과 이혼했다. 무슨 일이 있었던 것일까. 이즈음 쉬잔은 자기보다 21살 어린, 아들의 친구 앙드레 우터와 사랑에 빠졌다. 그러니까 〈아담과 이브〉에 등장하는 두 주인공은 자신과 우터였던 것이다. 그간 아내의 여러 스캔들에 관대한 태도를 보였던 남편 무시스도 아들뻘의 젊은 남자와 사랑에 빠진 것만큼은 용서할 수가 없었다. 늘 엄마의 부재와 사랑의 부족으로 아파했던 아들 모리스 역시 또 한 번 크게 상처를 입었다. 세상도 두 사람의 사랑을 좋은 눈으로 바라보지 않았다.

하지만 쉬잔과 우터는 아랑곳하지 않고 서로를 맹렬하게 사랑했다. 1912년 쉬잔은 아들 모리스와 애인 우터를 데리고 이곳 코르토가 12번지로 들어온다. 지옥의 트리오 혹은 저주받은 삼위일체라 불리던 세 사람은 이곳 드마른느 전시관에 복원되어 있는 아파트와 아틀리에에서 함께 살며 그림을 그렸다. 2016년 내가 보았던 전시는 바로 이 시기에 이루어진 작업의 결과물이었다.

자, 그래서 우터와의 사랑은 어떻게 되었을까? 1914년 두 사람은 마침내 결혼하여 정식 부부가 되었다. 하지만 꿈 같은 신혼에 대한 기대도 잠시 제1차 세계대전이 발발하고, 징집 대상이었던 우터는 1915년 훈련소로 떠난다. 당시 우터의 나이 29세, 쉬잔의 나이 50세였다. 5년 후 우터가 제대하고 아내 곁으로 돌아왔다. 하지만 둘의 관계는 예전 같지 않았다. 서로 헤어져 있던 세월의 여파였을까. 한

쉬잔 발라동의 아틀리에

눈에 사랑에 빠져 세상을 놀라게 했던 연상연하 커플은 점차 사랑하는 부부라기보다 잘 나가는 아내와 그런 아내의 그림을 판매하는 딜러의 관계로 변해 갔다. 두 사람은 1924년 리옹 북쪽에 위치한 샤토 드 생 베르나르를 구입해 악화된 알콜 중독 증세로 고통받는 모리스와 함께 살면서 부부 관계를 유지했지만 결국 1926년 이혼 서류에 도장을 찍었다. 하지만 질긴 인연은 이혼 후에도 이어졌고 1932년 쉬잔은 개를 데리고 산책하는 우터를 그림으로 남겨 놓기도 했다.

사랑은 떠나갔지만 예술에 대한 쉬잔의 열정은 식지 않았다. 나이가 들면서 전시도 줄고, 그림 판매도 잘 되지 않았지만 1938년 4월 7일 사망할 때까지 그녀는 붓을 놓지 않았다. 나이 든 자신의 모습을 솔직 당당하게 담아 놓은 그림을 보면 젊은 시절만큼 아름답지는 않아도 삶의 온갖 풍파를 겪어 내고 지금의 나이에 도달한, 단단하고 주체적인 한 인간이 보인다. 낯빛은 생기를 잃었고 피부는 늘어지고 몸은 살집이 불어 처졌지만 그게 뭐 대수인가. 그것은 모든 인간에게 공통으로 주어지는 세월의 무게가 아니던가.

이곳 호텔 드마른느 꼭대기 층에는 쉬잔의 아틀리에가 예전 모습 그대로 복원되어 있다. 안에 들어서자 벽 한 면을 차지하는 커다란 유리창으로 환한 빛이 들어온다. 창문 밖 파란 하늘에 걸린 흰 구름, 잎이 떨어진 겨울의 나뭇가지를 바라본다. 삶이 그대를 속일지라도 매번 사랑에 빠지고, 사랑의 쓴맛에 가슴 아플지라도 슬퍼하거나 노하지 말지어다. 평생 고단한 일상 속에서도 사랑하고 사랑받기를 주저하지 않았던 사람, 오롯이 혼자 힘으로 발견한 예술가의 정체성을 소중히 여기며 삶의 마지막까지 꼭 붙들고 지켜 내려 애썼던 사람, 쉬잔 발라동에게 마음으로부터 경의를 표한다.

생 뱅상 묘지에서 모리스 위트릴로를 생각하다

미술관을 나서며 쉬잔의 아들 모리스 위트릴로를 생각한다. 조금 전 쉬잔의 아파트 거실 벽난로 위에서 본 엄마와 아들의 사진이 마음에 걸린다. 모리스가 여섯 살 무렵에 찍은 사진이다. 손을 잡은 모자의 모습이 담겼음에도 사진 전반에 흐르는 쓸쓸한 분위기를 포착하기란 그리 어려운 일이 아니다. 여섯 살 소년 모리스의 멍한 눈빛에선 또래 아이들에게서 볼 수 있는 귀여움이나 장난기 대신 무언가 처연한 슬픔이 느껴진다.

열여덟 살에 엄마가 된 쉬잔은 홀로 아들을 키운다는 것만으로 자기 역할을 다했다고 믿었던 듯하다. 어린 엄마는 아들을 사랑했지만, 자기 삶의 무게를 견디는 것조차 힘에 겨웠다. 생계를 위해 일을 하고 좋아하는 그림을 그리면서도 삶의 외로움과 구질구질한 번뇌를 떨치기 위해 몽마르트르의 밤거리를 전전하며 술을 마시고 남자를 만났다. 자신처럼 사생아로 태어난 어린 아들의 마음까지 챙길 여유가 없었다.

엄마의 사랑에 굶주린 아이는 학교보다 거리의 뒷골목을 좋아했고, 가끔 정신 이상 행동을 보이기도 했다. 이런 행동을 보일 때마다 쉬잔을 대신해 모리스를 돌보던 외할머니는 어린 손자에게 술을

젊은 엄마 쉬잔과 아들 모리스

조금씩 주었다. 술에 익숙해진 아이는 열 살 무렵부터 친구들과 어울리며 밖에서도 술을 마셨고, 몽마르트르의 뮤즈이자 스캔들 제조기인 엄마 주변을 맴도는 숱한 남성들을 보며 점점 더 세상과 담을 쌓아 갔다. 외로움을 달래려 마시던 술은 점차 모리스의 몸과 마음을 피폐하게 만들었다. 급기야는 1901년 그의 나이 열아홉 살 때 알코올 중독으로 인한 분노와 폭력 성향으로 정신병원에 감금되었다.

무시스와 결혼하고 파리 북쪽 조용한 외곽 마을에서 지내던 쉬잔은 그제야 아들의 곁에 머물며 이제껏 하지 못한 엄마의 역할을 행한다. 알코올 중독 치료를 위해 그림 그리기를 권한 의사의 말에 따라 아들에게 그림을 가르치기 시작했다. 함께 그림을 그리며 아들이 위태로운 삶과 결별하고 새로운 삶을 시작하도록 도왔다. 그렇다고 알코올 중독 증세가 완전히 치료된 것은 아니었다. 그 후에도 모리스는 반복되는 알코올 중독과 정신병 증세로 수차례 정신병원을 들락거렸다. 하지만 그림 그리기가 적어도 그에게 부재했던 삶의 의미를 되찾게 해준 것은 분명하다. 모리스는 쉼 없이 몽마르트르의 풍경과 파리의 외곽 지역, 서민 동네의 골목길을 자신의 외로운 시정에 빗대어 화폭에 담으면서 자기 안에 쌓은 담을 조금씩 허물고 세상 밖으로 나갈 수 있었다.

아까 들렀던 오텔 뒤 벨에르 전시관에 원본이 걸려 있고, 오텔 드마른느 쉬잔 발라동의 아파트 벽에 복제화가 걸려 있는 〈모리스 위트릴로의 초상화〉에는 정장 차림에 팔레트와 붓을 든 화가 모리스의 모습이 담겨 있다. 쉬잔 발라동이 1921년 37세 때의 모리스를 그린 그림이다. 어릴 적 사진에서 본 외로운 소년의 공허한 눈빛이나 술에 찌든 알코올 중독자 청년의 방황하는 눈빛이 아니라, 당당하게 자기 길을 걸어가는 화가 모리스의 결연한 눈빛이 우리의 시선을 사로잡는다. 삶의 시련을 극복하고 화가가 된 아들의 앞날을 응원하는 엄마의 마음이 느껴진다. 응원이 통한 것일까. 모리스는 점차 술에서 벗어나려고 노력했고, 이후 자기만의 독보적인 예술 세계를 구축하면서 화가로서 엄마에 버금가는 명성을 쌓아 나갔다.

1935년 모리스는 부유한 수집가이자 벨기에 은행가의 미망인인 다섯 살 연상 포엘 부인과 결혼한다. 1910년대부터 남편과 함께 몽마

라 메종 로즈

르트르를 드나들며 쉬잔 발라동과 모리스 위트릴로의 그림들을 구매하던 이 여인에 대해 모리스는 1925년 4월 14일 〈뤼시 포웰 부인에게〉라는 제목의 소네트에서 다음과 같이 감사를 표하고 있다. "오, 부인, 내 영혼을 위로하는 당신의 품위 있는 선물들, 그리고 화가인 나를 소중히 여겨 홍수처럼 보내 주는 말로 표현할 수 없는 당신의 친절에 대해 얼마나 많은 감사를 드려야 할지요."

1933년 남편이 사망하고 유산을 상속받은 부유한 미망인은 쉬잔 발라동과 속내 이야기를 나누는 사이가 되었다. 그리고 "내가 죽은 후에 누가 내 아들을 돌봐줄까?"라며 걱정하는 쉬잔에게 모리스

생 뱅상 묘지의 모리스 위트릴로 무덤

와 결혼하고 싶다는 뜻을 내비친다. 결혼 후 뤼시 발로르Lucie Valore는 20년 동안 남편의 알코올 중독 재발을 막기 위해 애썼고, 그림 판매와 수입 관리를 도맡아 하면서 모리스가 다른 걱정 없이 온전히 그림에 전념할 수 있도록 독려했다.

몽마르트르 미술관을 나와 모리스 위트릴로의 그림을 통해 불멸화된 길모퉁이의 핑크빛 작은 집 '라 메종 로즈'를 바라보며 다시 포도밭을 끼고 내려간다. 오른쪽으로 돌아서면 생 뱅상 묘지 입구에 도달한다. 그곳에 모리스와 뤼시 위트릴로 부부가 잠들어 있다. 많은 이들이 화가로서 모리스 위트릴로의 최고 작품들은 이른바 '백색 시대'라 불리는 1908년부터 1914년 사이에 그려진 그림들이라는 데 동의한다. 자기 친구를 사랑하는 엄마를 바라보며 한없는 외로움과 질투를 느끼고 알코올에 의존한 채 그림을 통해 내면의 고통을 발산하던 시기였다. 반면 뤼시와 결혼 후 건강을 회복하고 명성까지 얻었던 시기의 그림에서는 더는 위트릴로의 예술혼이 보이지 않는다고 박한 평가를 내리기도 한다.

하지만 생 뱅상 묘지에 나란히 누워 잠든 두 사람의 무덤 앞에서 나는 모리스 위트릴로가 50세가 넘은 나이에 한 여인을 만나 가족을 이루고 안정된 생활을 누린 것이 참 다행이라고 생각했다. 예술혼을 안정된 결혼 생활과 맞바꾸었다고, 결혼과 함께 그림의 쇠퇴기가 시작됐다고 안타까워하기에는 결혼 전 그의 삶이 너무 힘들고 고통스럽지 않았던가. 화가로서 평가를 조금 덜 받더라도 결혼 후 인간으로서 조금 더 행복했다면 그것으로 충분하지 않을까.

그는 대중의 사랑과 평가를 받는 화가이기 이전에 외롭고 병들었으며 상처받은 여린 인간이었다. 아내의 사랑과 보살핌 덕분에 오랜 고통의 근원이었던 엄마의 부재를 위로받았다면 그 얼마나 다행인가. 그렇게 생각하니 내내 마음 쓰이던 사진 속 어린 소년의 공허하고 쓸쓸한 눈빛을 잊을 수 있을 것 같다. 잠든 그곳에서는 부디 엄마에 대한 미움도, 그리움도, 세상에 대한 미련도, 분노도 없이 그저 편안한 휴식을 누리기를 진심으로 바란다.

참고문헌

구황, 『인상파 화가의 여인들』, 수필과비평사, 2021.
문희영, 『수잔 발라동. 그림 속 모델에서 그림 밖 화가로』, 미술문화, 2021.
박송이, 『미드나잇 뮤지엄 파리』, 빅피시, 2023.
버지니아 울프, 『댈러웨이 부인』, 최애리 역, 열린책들, 2009.
브리짓 퀸, 『우리의 이름을 기억하라 : 미술사가 놓친 위대한 여성 예술가 15인』, 박찬원 역, 아트북스, 2017.
이소, 『화가가 사랑한 파리 미술관』, 다독다독, 2017.
이창용, 『미술관을 빌려드립니다』, 더블북, 2022.
이혜준 외 3인, 『파리의 미술관』, 클로브, 2023.
정연복, 『예술속의 삶 삶속의 예술』, 도서출판 등, 2020.
조르즈 뤼뱅, 『문학 앨범 조르즈 상드』, 이재희 역, 가인사, 1993.
최내경, 『몽마르트르를 걷다』, 리수, 2009.
최상운, 『파리 미술관 산책』, 북웨이, 2014.
페터 H. 파이스트, 『르누아르』, 권영진 역, 마로니에북스, 2022.
피에르 드 놀라크, 『비제 르 브룅, 베르사유의 화가』, 정진국 역, 미술문화, 2012.
후세 히데토, 『파리 미술관에서 아름다움을 보다』, 서지수 역, 재승출판, 2016.
Cécile Aufaure et Juliette Singer, *Histoire des musées de la Ville de Paris*, Paris Musée, 2017.
Dominique Bona, *Berthe Morisot, Le secret de la femme en noir*, Grasset, 2000.
Dossier de l'Art, *Gustave Moreau, l'artiste et son musée*, n° 225, 2015.
Eugène Delacroix, *Journal, pages choisies*, éditions Mille et une nuit, 2002.
Jérôme Godeau, *La maison de mes souvenirs George Sand*, Paris Musée, 2022.
Laurence Madeline, *Musée de l'Orangerie*, SCALA, 2017.
Ludovic Vitet, *Peintres modernes de la France – Ary Scheffer*, FB Editions,

2015.
Marie-Noël de Gary, *Musée Nissim de Camondo: La demeure d'un collectionneur*, Les Arts Décoratifs, 2007.
Musée Marmottan Monet, *Guide des collections*, Académie des beaux-arts, 2020.
Musée de Montmartre, *Guide du musée de Montmartre*, Somogy éditions d'art, 2016.
Nicole Barry, *Pauline Viardot*, Flammarion, 1992.
Nora Seni et Sophie le Tarnec, *Les Camondo ou l'éclipse d'une fortune*, Babel, 2018.
L'Objet d'art, *Musées de la ville de Paris*, hors-série, n° 92, 2015.
L'Objet d'art, *Musée de l'Orangerie*, hors-série, n° 149, 2020.
Pascale Bertrand et collectif, *Musée Jacquemart-André*, Connaissance des arts, 2014.
Sylphide de Daranyi, *Paul Guillaume: Marchand d'art et collectionneur (1891-1934)*, Flammarion, 2023.

고형욱, "샤넬 같은 시골 여자에게 절대 양보하지 않겠어", 〈이야기가 있는 유럽 미술관〉, 채널예스, 2011.
문광훈, 〈들라크루아 '단테의 조각배'〉, 경향신문, 2007.01.12.

www.musee-orangerie.fr
www.marmottan.fr
madparis.fr/Musee-Nissim-de-Camondo-125
www.musee-jacquemart-andre.com
www.musee-delacroix.fr
musee-moreau.fr
museevieromantique.paris.fr
museedemontmartre.fr

내가 사랑한 파리의 작은 미술관

아주 특별하고 멋진 파리 탐방기

초판 1쇄 2024년 7월 17일
2판 1쇄 2024년 11월 7일

지은이 신정아
발행인 박연관
기획 신선호
편집장 장혜정
도서편집 박미현
디자인 최재영
인사행정 이근영 김지은
재무회계 안소영 강재린
출판행정 김가은
캐릭터 김세원
발행처 한국외국어대학교 지식출판콘텐츠원
02450 서울특별시 동대문구 이문로 107
전화 02)2173-2494~7
FAX 02)2173-3363
홈페이지 http://press.hufs.ac.kr
전자우편 press@hufs.ac.kr
출판등록 제6-6호(1969. 4. 30)
인쇄·제본 (주)케이프린텍 053)583-6885

ISBN 979-11-7199-270-6 [03980] **정가** 18,000원

* 잘못된 책은 교환하여 드립니다.

HU;NE 은 한국외국어대학교출판부의 어학도서, 사회과학도서, 지역학도서 Sub Brand이다. 한국외대의 영문명인 HUFS, 현명한 국제전문가 양성(International+Intelligent)의 의미를 담고 있으며, 휴인(携引)의 뜻인 '이끌다, 끌고 나가다'라는 의미처럼 출판계를 이끄는 리더로서, 혁신의 이미지를 담고 있다.